论城市的合约性质

统筹城乡发展新视角

焦永利◎著

The Contractual Nature of the City

A New Perspective on Coordinating Urban-Rural Development

中国人民大学出版社
·北京·

图书在版编目（CIP）数据

论城市的合约性质：统筹城乡发展新视角/焦永利著．—北京：中国人民大学出版社，2016.9

ISBN 978-7-300-23195-2

Ⅰ.①论… Ⅱ.①焦… Ⅲ.①土地制度-经济体制改革-研究-中国 Ⅳ.①F321.1

中国版本图书馆 CIP 数据核字（2016）第 183124 号

论城市的合约性质——统筹城乡发展新视角

焦永利　著

Lun Chengshi de Heyue Xingzhi：Tongchou Chengxiang Fazhan Xin Shijiao

出版发行	中国人民大学出版社		
社　　址	北京中关村大街 31 号	**邮政编码**	100080
电　　话	010－62511242（总编室）		010－62511770（质管部）
	010－82501766（邮购部）		010－62514148（门市部）
	010－62511173（发行公司）		010－62515275（盗版举报）
网　　址	http://www.crup.com.cn		
经　　销	新华书店		
印　　刷	唐山玺诚印务有限公司		
开　　本	720 mm×1000 mm　1/16	**版　　次**	2016 年 9 月第 1 版
印　　张	18.25 插页 1	**印　　次**	2025 年 6 月第 2 次印刷
字　　数	222 000	**定　　价**	99.00 元

序1：重构城乡要素配置理论的学术求索

叶裕民*

永利博士的著作终于付梓，我备感欣慰，也思绪万千。作为他的博士研究生导师，深知这是他长时间的求索与思考的结晶，在他年轻的学术生涯中写上了厚重的一笔，仅此作序，以示祝贺。

《论城市的合约性质》一书重构了城乡要素配置理论，为统筹城乡发展研究提供了新的框架。永利的博士论文题目是《统筹城乡发展制度创新研究——以成都统筹城乡综合配套改革为例》，在对成都多年跟踪观察研究的基础上，提出统筹城乡发展的本质是通过制度创新，建立城乡要素有效配置的体制机制。但是，迄今为止的统筹城乡发展主要借助传统的发展经济学理论，以及未考虑制度约束的市场模型，不能从根本上揭示中国统筹城乡发展的交易成本，从而导致统筹城乡发展的研究一直存在理论不够透彻的问题。通过研究，创新性地提出宏观合约结构理论，建构了纳入交易费用的城乡要素配置模型，有效解释了城乡要素流动及其效率的内在逻辑，也为统筹城乡发展制度创新构建了新的分析思路。鉴于该研究的关键创新是建构了宏观合约理论，以此为框架分析提出全新的城乡发展逻辑框架，特别是针对城市合约的结构性特征进行了深入

---

* 叶裕民，中国人民大学公共管理学院教授、博士生导师，城乡发展与规划研究中心主任。

分析，因此将本书命名为《论城市的合约性质》。

本著作至少实现了三大理论创新：

第一，构建了包含交易费用的要素配置模型。书中论证了作为新古典经济学核心分析工具的供需曲线是对现实经济运行的“过度”简化，缺失的重要环节是交易费用（制度安排）。基于欧文·费雪的资产—收入理论、新制度经济学对交易费用的相关研究，在传统供需曲线模型所包含的资源配置与收入分配两项内容基础上，该书加入了交易费用曲线并对其做了结构化分析，从而构建了制度化的供需模型。这一创新模型成为更好的研究城乡要素配置的基础性工具，通过该模型的推导，得出了资产增值的“不可能三角”，以需求弹性推导组织要素“侵蚀”能力及合约选择定律，交易费用限定资产交易边界、暗含市场规模界定等创新性结论。

第二，提出了城市合约理论的分析框架。以“包含交易费用的要素配置模型”为基础，构建了纳入政府作用的合约理论分析框架，运用该框架对城市的合约性质进行了论证，创新了城市研究的视角，提出城市可以被视作一类特殊“产品”，由政府提供共用品并与企业家、人力资本、土地等要素合作“生产”出来，各类要素以（结构性）合约的形式合作生产并获取收入，要素合约的集合构成一市之经济，城市发展、城市化进程的本质是改善合约结构并降低制度费用。

第三，基于城市合约理论构建了中国统筹城乡发展制度创新系统。该书运用城市合约理论观察当前中国城市化面临的问题，包括：城乡之间存在产权制度和公共服务水平的差异；城市体系存在结构失衡和要素市场分割；城市内部存在合约结构扭曲、制度性逆向补贴。最后，给出了中国统筹城乡制度创新的系统架构与政策建议。

博学、审问、慎思、明辨、笃行，是永利的追求。

永利本科毕业于武汉大学城市设计学院建筑系并拥有法学双学位，硕士研究生就读于中国人民大学公共管理学院城市规划与管理系，获得公共管理（城市规划管理）硕士学位，博士毕业于中国人民大学经济学院区域与城市经济研究所，获得城市经济学博士学位。这一求学经历使得他的知识结构比较完整，形成了从工学到公共管理再到经济学的学科背景，积累了从建筑学的微观视角、到城市规划的中观视角、再上升到较为宏观的区域和城市经济学视角的知识储备，可谓之“博学”，这为他综合地考察城乡发展问题提供了基本的学术基础。

“审问、慎思”是永利求学的基本方法。或许是由于多学科的转化，每次转化都为他开辟了一个新的学术天地，或许是出于他敏而好学的本性，与永利相处的最大体会就是他对新的学术思想孜孜不倦，感悟能力强，问题意识也非常强，这使得他的学术研究得以逐步深入。记得永利对成都模式考察稔熟于心之后，因对现有理论不满而苦闷不已。于是我介绍他学习张五常的合约理论，他读后异常兴奋，日夜不眠，不太长的时间后，就形成了城市合约理论雏形，此后反复多次找导师及师兄弟，乃至外系外院的同学切磋，直至思想清明，问题透彻，初步完成理论创新，才开始动笔成文。这就是他的“明辨与笃行”，也是我聊以欣慰之处。

中共十六届三中全会提出的“五个统筹”以及成都长期的统筹城乡发展前沿实践，为永利的研究提供了天时和地利。

21 世纪初，中国城乡二元结构凸显，成为国家现代化进程的重大障碍。2003 年 10 月，在中共十六届三中全会作出的《中共中央关于完善社会主义市场经济体制若干问题的决定》中，明确提出“五大统筹”作为“完善社会主义市场经济体制的目标和任务”，并将统筹城乡发展放在首位。统筹城乡发展上升为国家战略。成都市从 2003 年开始推动城乡一体化发展，并因其成效显著，于 2007 年成为国家统筹城乡发展综合配套改革试验区。在很长时期内，成都以统筹城乡发展作为谋划全市发展的总战略，构建了完整、系统的统筹城乡发展制度架构，在多个改革领域取得了丰硕成果，积累了鲜活经验。“晓看红湿处，花重锦官城”，成都统筹城乡发展的持续探索为研究中国城乡发展提供了难得一遇的研究素材。我从 2003 年开始跟踪研究这一进程，永利也在 2010—2013 年攻读博士期间密集调研、跟踪研究成都实践。我们合著的《中国统筹城乡发展的系统架构与实施路径：来自成都实践的观察与思考》已于 2013 年出版，这本书的目的是系统总结和描述成都统筹城乡发展的政府治理经验，为我国其他地方政府推进统筹城乡发展提供借鉴，以降低我国统筹城乡发展的重复成本。正是以此为基础，永利在理论求索的道路上继续前进，终于有了我们手头的《论城市的合约性质》。可以认为，这是对前一本书理论的深化和完善。我为学生的这种学术继承和创新而骄傲！

路漫漫其修远兮，吾将上下而求索。永利刚刚为著作封笔，国家又开启了新的征程。十八大所提出的国家现代化目标依旧，道路却更加具体而艰难，新常态、去库存、补短板、市民化、全面建成小康社会……一系列新的国家改革战略与时俱进，学术研究也要再出发。期待永利耕耘不辍，知行合一，不忘初心，为国家奉献更多的学术成果，期待永利真正成为国民表率、社会栋梁！

序2：基于成都统筹城乡改革试验的理论求索

葛红林*

《论城市的合约性质》是青年学者焦永利博士的著作，这本书在很大程度上是基于对成都统筹城乡综合配套改革试验的梳理总结与理论思考，因我与成都的特殊渊源，邀请我为之作序。

成都是国家重要的高新技术产业基地、商贸物流中心和综合交通枢纽，西部地区重要的中心城市，自古享有“天府之国”的美誉。2001年我作为赴西部挂职锻炼的第一批中央部委和企业中青年干部，挂职担任成都市委副书记，自此与成都结下不解之缘。2003年6月我转任成都市代市长，2003年8月到2014年10月任成都市市长。我有幸在成都工作整整13年，一天不多、一天不少，这段经历已经成为我生命中弥足珍贵、反复回味的一段岁月。

一座城市的使命和价值，有三点很重要：第一，这座城市城乡居民的幸福感和优越感是否不断增强；第二，这座城市的发展后劲和对国家的经济贡献是否不断提高；第三，这座城市的社会发展经验和做法是否被市外所引用和借鉴。2003年以来，通过推动以统筹城乡发展为主轴的一系列改革与实践，成都的使命与价值在上述三个方面都取得了明显

* 葛红林，中国铝业公司党组书记、董事长，曾于2003—2014年任成都市市长。

进展。

“锦江春色来天地，玉垒浮云变古今。”十几年间，成都的经济持续健康快速发展，社会事业全面进步，人民生活水平明显提高，城乡面貌发生巨大变化，城市综合竞争力和国际影响力显著提升，全市呈现出城乡同发展共繁荣的良好局面，并于2007年被国务院确定为统筹城乡综合配套改革试验区，试验所取得的一系列经验上升为国家层面政策，也被兄弟省市广泛引用和借鉴。

这些成绩的取得首先得益于成都始终致力于城乡一体化发展，思路清晰地实施“三个集中、六个一体化、四大基础工程”：“三个集中”是指工业向集中发展区集中、农民向城镇和新型社区集中、土地向适度规模经营集中；“六个一体化”是指城乡规划一体化、城乡产业发展一体化、城乡市场体制一体化、城乡基础设施一体化、城乡公共服务一体化、城乡管理体制一体化；“四大基础工程”是指农村产权制度改革、农村土地综合整治、村级公共服务和社会管理改革、农村新型基层治理机制建设。

我离开成都已将近两年，回想起来，上述做法让农民真正受益了，而且是可持续的。感谢永利博士作了较为详细的陈述，在我看来，不仅对成都统筹城乡发展历程作了系统总结和提炼，而且从基础理论层面作了深化研究，提出了城市合约结构理论这一创新性框架。

书中提出，城市生成与运行中，各类要素实现流转、重组、合作生产并获取收入，要素之间合约的不断集成就构成了一市之经济，因此可以将城市本身视作一种特殊的“产品”，由政府提供服务于企业与居民的共用品，与企业家、人力资本、土地、资本等要素合作“生产”或“供给”出来。从制度经济学的角度看，政府与企业都是经济运行中的一类“组织要素”，政府的基本职能是“组织提供因交易费用极高、市场无法自然生成的共用品”，包括：城市化过程中的规划与建设以及城市日常运行过程中的公共服务与社会管理。因为政府负责的共用品多而复杂、定价费用高，我们便用政府合约代替市场交易达成共用品领域的资源配置。

我曾先后在企业与政府工作，具有类似感受。企业管理与政府管理具有相通的一面，企业管理主要追求企业价值最大化，体现为增加员工收入、上交更多税收、增强企业后劲，而政府管理追求社会效益最大化，体现为对群众生活品质提升的贡献、对城市发展实力增强的贡献、对国家经济和社会发展的贡献。基于上述观点，我提出城市管理是一门科学，不能把它作为一个官位来简单看待，要将城市管理纳入规范的研究序列加以支持，引起全社会包括更多专家学者重视和从事城市管理科学和工程研究，同时也激发更多市长不很在意城市行政级别高低，而把市长岗位作为学问来研究、作为职业来从事，更多在意谁将城市管理得更科学，致力于钻研城市管理、精心城市管理、创新城市管理，在市长岗位上做得更长些，涌现出更多肯干、能干、会干的“城市 CEO”。本着这样的考量，我从 2003 年起到辞去市长职务之日，对工作过程进行了详细记录，分工作记录、活动纪实、工作批示、专题研究等几个部分对市长历程进行了全景式资料汇集，期待这份资料在未来能够对推动城市管理和市长学研究提供支撑。

回到这本著作本身，很高兴看到书中很好地将城市管理作为一类要素融入城乡要素配置的理论框架之中，从合约结构的创新视角构建起城乡要素配置与制度创新的互动关系。制度更带有根本性、全局性和长期性，市长治理之道的关键一点是要做到“向制度投资”，把制度设计作为解决问题的基础、把制度优化作为提升工作的关键、把制度创新作为促进发展的动力。

展望未来，城市政府作为推进城市发展的“集团军”，需要发挥更好的作用，也需要越来越多具有高超管理能力的“城市 CEO”。永利博士的这本书为这一研究方向提供了创新视角，作出了初步探索，期待未来能够继续深化，将“城市管理”这一类独特要素以及“城市管理者”本身的理论研究得更加透彻，为更高水平的城市管理提供支撑。

序 3：认识、尊重、顺应城市发展规律，让人们在城市生活更美好

倪虹*

2015 年 12 月，中央城市工作会议在北京召开。习近平总书记、李克强总理作了重要讲话，明确了城市工作在党和国家全局中举足轻重的地位，提出了城市发展的指导思想、总体思路和重点任务。这次会议指明了今后一个时期我国城市发展的方向，吹响了城市发展的新号角，必将成为我国城市发展史上的一个重要里程碑。会议特别强调，要充分认识、尊重、顺应城市发展规律，走出一条中国特色城市发展道路。

从我国过去 30 多年的城市发展实践来看，政府引导的城镇化和城市发展取得了举世瞩目的辉煌成就。城市数量大幅增加，人口快速增长；建成区大规模拓展，基础设施显著改善；城市经济高速发展，居民财富迅速积累。同时，也必须清醒地看到，我国的城市发展正面临着新的形势，经济发展进入新常态，城市发展已处在新的历史转折点。只有把城市发展好了，把城市工作做好了，才能有效地应对一系列艰难险阻和复杂考验，才能成功跨越“中等收入陷阱”，才能顺利实现中华民族伟大复兴的中国梦。

城市发展是一个复杂的要素重组过程。我国已经进入城镇化较快发

---

* 倪虹，住房和城乡建设部副部长。

展的中后期，城市发展方式、经济结构、社会结构等都处于复杂的重构和转型中，市场已经开始发挥决定性作用。只有顺应这种趋势，提供符合市场运行规律、降低市场交易成本的制度安排，才能更好地发挥政府的作用，城市才会建设和发展得更好。对于从事公共政策研究和实践的人来说，如何高效组织这个交易与重组过程，至关重要。这也是城市政府存在的理由与行为的方向。

焦永利博士在他的博士毕业论文的基础上，不断地潜心钻研，又有了新的收获。这本书从合约理论出发，创新性地提出了宏观合约结构理论，为我们观察城市给出了新的视角。通过论证城市的合约性质，分析城市生成与运行中的合约结构特征，该书提出了改善合约结构、化解城乡资源配置扭曲的政策建议。这些分析有助于我们在城市工作中更好地贯彻落实中央城市工作会议精神和有关供给侧结构性改革的要求，有助于我们更好地理解城市和规划、建设、管理城市。

城市是人类文明的结晶，也是人类的永恒话题。做好城市工作，离不开理论的研究。众人拾柴火焰高，期待未来有更多研究城市发展规律的创新性成果，共同构筑好中国特色城市发展道路的理论大厦。

前　言

当今世界，生活在城市的人口数量已然超过农村。但究竟什么是城市？众说纷纭。

回归城市形成与发展的本质来看，可有如下理解：“城”者，卫也，对应于产权；“市”者，易也，对应于交易。本书正是从这样的基础概念出发，尝试构建了制度经济学视角下的城市（发展）理论。通过论证城市的合约性质，分析城市生成与运行中的合约结构特征，进而提出改善合约结构有助于化解城乡资源配置过程中存在的扭曲、促进城市的“供给”。

从统筹城乡发展的现实角度考量，本书认为中国城乡发展面临的核心问题既非超大城市的拥挤，也非乡村的萧条，真正的大问题是：有效率的中等城市发育以及相伴随的中产阶层形成。这个层级发育好了，上可以缓解超大城市的拥挤，下可以疏解农村发展的压力。如何在城乡发展过程中高效率地“生产”或“供给”出这样一个层级，从而构建起现代化的城市体系？这就需要城乡、区域通盘考虑，推动统筹城乡的系统性制度变革，形成激励相容格局，激发城乡市场要素更自由地流动，更高效地重组、集聚。

研究这样宏大的主题，需要进行理论层面的思考，更需要实践层面的经验支撑。成都市从 2003 年开始坚定推动城乡一体化发展，探索了大量有效经验，本书基于对成都一系列做法的跟踪研究，最终凝练为“论证城市的合约性质”这一理论视角与研究进路。

本书具体包括三个部分：理论研究、实践路径、实证分析。

一、理论研究

这一部分涵盖本书第一章到第四章。通过对统筹城乡发展与制度创新相关研究成果进行回顾，明确了本书的研究问题与研究框架。进而融合新结构经济学、新兴古典经济学、新制度经济学三大理论渊源，论证了城市的合约性质，并以之作为统筹城乡发展制度创新的分析框架。接下来，运用这一新的理论视角对当前中国城乡发展面临的问题进行了剖析，最后在第四章中提出了中国统筹城乡发展制度创新的理论架构与总体思路。

第一章通过研究回顾总结了学术界对统筹城乡发展制度创新的基本共识，包括：以城乡二元体制为特征的制度滞后是当前城乡发展失衡的根本原因，涉及城市设置制度、土地制度、公共财政制度、社会保障制度、户籍制度等诸多领域，统筹城乡发展的根本任务是推进各领域的改革，创造条件发挥市场在资源配置中的决定性作用，政府加快职能转变，渐进地提供城乡一体化的基本公共服务。城乡一体化本身也是现代城市体系生成的过程，其内涵不仅是人口的空间转移，本质上是符合市场规律的城乡各类要素的流转、重组与集聚，从制度的视角看，这一过程的根本动力是要素潜在租值释放，阻力是交易费用。进而将研究问题界定为如何通过制度创新降低城乡一体化的交易费用。这一问题需要构建一个融合“城乡发展”与“制度创新”两个方面的理论框架。

第二章在新结构经济学、新兴古典经济学、新制度经济学三大理论的基础上，尝试论证了城市的合约性质，并以之作为全书统一的理论视角。并且，在论证过程中发展了融入交易费用的曲线模型，以之作为具体制度领域的分析工具。

这一理论创新的要点包括：经济运行的一般流程为“资产—流转—收入”三个环节，其中“流转”是核心；分析资产的流转（重组），关键是确定权利主体面对的局限条件，局限条件可分物理性与制度性两类，而“制度性局限条件”是“制度”的正确含义；以合约为视角，制度、产权这两个概念统一于合约及其结构性。合约可分两层：第一层是产权安排，决定全社会的竞争规则；第二层是具体合约，其结构性条款则是微观层面的制度安排，用以应对千变万化的现实交易费用（信息、监管、定价等）。分析经济决策要坚持“向前看”，资产权利通过具有一定结构性的合约实现与其他要素的交换或合作生产，其目的是获取未来的一部分净增值收益。

基于上述要点，第二章论证了城市的合约性质，将城市（体系）视作由政府提供共用品，与企业家、人力资本、土地、其他资本等要素通过一定合约结构而合作“生产”或“供给”出来。政府这一组织型要素的特性是同时参与两层合约。因此，既然城乡一体化发展的根本动力是城乡各类要素通过不断流转实现高效重组、空间集聚，就可以通过分析合约结构来规范地研究制度问题，统筹城乡制度创新被定义为改善城市生成与运行过程的合约结构。

第三章运用城市合约结构理论及其推导工具，对新中国成立以来的城乡关系制度演进及当前面临的问题进行了分析，认为可将新中国城乡关系演化划分为三个阶段：第一个阶段是计划经济时期，发展特征是城乡二元体制形成并固化；第二个阶段是传统城市化时期，发展特征是合约结构局部得到改进；第三个阶段是城乡一体化时期，基本特征是城乡二元体制逐步消融。当前，统筹城乡发展所面临的主要问题是：在城乡之间，产权制度和公共服务水平存在根本差异；从城市体系的发育来看，设市冻结、规模结构失衡及要素市场分割是主要问题；从城市内部来看，存在明显的合约结构扭曲与制度性逆向补贴。

第四章融合了理论研究及问题分析，并提炼了长期跟踪研究的成都市统筹城乡综合配套改革经验，提出了未来统筹城乡发展的理论架构与总体思路。主要观点是：在制度、市场、治理三个层面破解城乡二元体制，推进城乡要素同质同权的产权制度改革，构建公共资源城乡均等化配置的体制机制。调整改善合约结构，增强城市（体系）生成过程中的市场化水平，促进城市间要素边际收益趋于一致，生成动力充足、分布均衡、结构合理的现代城市体系。

二、实践路径

以成都市统筹城乡综合配套改革经验为经验与印证，展开第一部分中的制度创新理论与总体思路。书中第五、六、七章分别从政府职能转变、公共服务均等化、农村产权制度改革等三个方面阐述其理论基础、逻辑框架以及成都实践的具体路径、做法。在这三章的理论基础部分，都运用合约结构理论的创新推导工具进行了形式化论证。

第五章首先在理论基础部分提出了政府两层职能论：第一层是界定并维护产权，创造市场发挥作用的前提；第二层是“共用品”生产环节，通过明确政府内部层级间的权责关系，促进竞争，降低政府组织要素与其他要素间的交易费用。其次，在逻辑框架部分，提出以“两法一化”作为城乡一体化进程中政府职能转变的基本路径。再次，详细阐述了成都市转变政府职能促进城乡一体化发展的改革做法。最后，从企业与居民的视角对成都市政府职能转变的成效进行了检验。

第六章首先在理论基础部分提出了人力资本外部性特征要求决策范围内最高层级政府进行统筹安排的观点。进而在逻辑框架部分提出推进城乡基本公共服务一体化的时序安排与实施路径。在统筹城乡发展进程中，必须首先确立全域发展格局的总体预期，再推进公共资源的均衡配置，否则公共投入的综合效益无法实现，随着城乡公共福利差距的收窄，循序推进户籍制度改革，最终实现城乡人口自由双向流动。在实践路径部分，详细论述了成都市在教育、就业、医疗卫生、社会保障、户籍制度等领域的改革措施与做法。成都市的实践的基本特点是：以覆盖城乡的公共财政制度作为打破二元体制的基石，以配套标准化作为推进公共服务均等化的基本手段，形成农村公共服务与社会管理的分类供给机制。

第七章首先运用三组经济学模型分析了城市（体系）生成过程中的要素配置效率，特别是城乡建设用地要素的配置效率。这三组分析分别运用修正了的“效用—福利”模型分析土地征用制度，运用城市土地供需均衡模型分析建设用地的供需情况，以及运用推广了的佃农模型推导出“超大城市非土地要素效率损失假说”。基于这些理论分析，该章提出了城市（体系）生成中的全要素效率改进论。其次，该章提出了走向城乡统一要素市场的逻辑模型，勾勒了当前制度安排经由过渡性安排最终实现城乡要素市场一体化的改革框架。最后，该章详细论述了成都市深化农村产权制度改革的具体做法。

三、实证分析

第八章是本书的实证研究部分，分为三个小节。首先，该章利用全国地级以上城市数据，测算了不同规模城市的要素边际收益水平，证明了城乡一体化过程中存在明显的效率损失即制度费用；其次，该章对超大城市非土地要素效率损失假说进行了检验，结果证明假说无法被证伪，说明当前设市制度、财税体制、城市开发体制等管制存在扭曲市场决策、造成效率损失的问题；最后，该章对成都市统筹城乡发展的客观效果进行了检验，从全市以及一个村庄的微观案例两个层面，用数据与事实呈现了统筹城乡综合配套改革给农村与城市带来的巨大变化。

最后，第九章基于理论研究、实践路径、实证分析，提出了未来改进城乡发展合约结构、促进城乡一体化目标实现的七个方面的政策建议。

目　录

第一章　统筹城乡发展与制度创新 …………………………………… 1

第一节　研究统筹城乡发展的理论、政策与实践意义 ………………… 1

第二节　统筹城乡发展与制度创新研究综述 …………………………… 4

第三节　研究问题与研究框架……………………………………… 13

第二章　论城市的合约性质：一个新的城市理论模型…………………… 16

第一节　关于科学研究方法论的探讨………………………………… 16

第二节　城市合约性质的理论渊源…………………………………… 23

第三节　从合约看城市：城市是一组要素合约的系统集成……… 41

第四节　形式化工具：加入交易费用的曲线推导………………… 62

第三章　城乡关系的历史与现状：新视角下的观察…………………… 85

第一节　中国城乡关系制度演进的三个阶段……………………… 86

第二节　城乡发展面临的突出问题………………………………… 94

第四章　改进合约结构：统筹城乡制度创新的总体思路 ……………… 103

第一节　中国统筹城乡发展制度创新的总体架构 ………………… 103

第二节　制度、市场、治理三个层面破解城乡二元体制 ……… 111

第三节　城市合约准入：设市制度改革的形式化证明 ………… 114

第五章　转变政府职能：优化城乡之间、城市之间、城市内部合约结构 ……………………………… 122

第一节　理论建构：政府两层次职能论 ………………… 122
第二节　逻辑框架："两法一化"作为转变政府职能的基本路径 ………………………………………… 126
第三节　成都实践：改善行政合约结构的具体做法 …… 129
第四节　合约结构改善的绩效：企业与居民视角 ……… 136

第六章　公共服务均等化：人力资本积累与人口自由流动 ………… 141

第一节　理论建构：人力资本外部性要求最高层级政府统筹 … 141
第二节　逻辑框架：确立总体格局并推进公共资源均衡配置 … 145
第三节　成都实践：以"配套标准化"作为公共服务均等化的基本手段 ………………………………… 151
第四节　具体领域公共服务均等化的制度创新与做法 ……… 159
第五节　循序同步推进户籍制度改革，实现人口自由双向流动 … 164

第七章　农村产权制度改革：城市化动力结构调整 ………… 167

第一节　理论建构：城市生成中的全要素效率提升论 ………… 168
第二节　逻辑框架：从行政运作走向市场运作 ……………… 185
第三节　成都实践：深化农村产权制度改革的具体做法 ……… 187

第八章　实证分析：检验理论与假说 ………………………… 212

第一节　全国城市体系边际收益测算 ……………………… 212

第二节　推广佃农模型的假设检验 …………………………… 217
第三节　成都案例：农村资产与流动的变化 ……………… 221

第九章　主要结论与政策建议 …………………………………… 232

第一节　主要结论 ………………………………………………… 232
第二节　政策建议 ………………………………………………… 233

附表 ……………………………………………………………… 244

参考文献 ………………………………………………………… 263

第一章 统筹城乡发展与制度创新

统筹城乡发展作为推进中国新型城市化、实现城乡一体化方法的集合，是一项关系国民经济发展全局的复杂工程，其核心是全面深化改革，推进系统性制度创新。

第一节 研究统筹城乡发展的理论、政策与实践意义

一、理论背景与意义

长期以来，中国城乡关系的理论演进一直与自上而下的城乡管理需要紧密相关，进入21世纪才开始引入规范的发展经济学、制度经济学研究范式。但迄今为止，仍未形成一套系统应对城乡二元结构、促进城乡一体化发展的完整理论框架，这是统筹城乡发展理论研究所面临的历史性任务。

改革开放前，基于计划经济体制与管制型政府治理的城乡关系及其一整套制度安排限制了城乡关系理论探索的空间。改革开放以来，服务

于经济快速增长的城乡关系理论成为主导。相对计划经济时期而言取得了重大进步，但是脱胎于计划经济的一整套城乡二元体制在基本经济制度、行政管理、公共服务供给、户籍制度等层面依然顽固存在，制约国民经济在城乡之间实现良性循环，并由此导致了城乡收入差距扩大、社会冲突加剧、人力资本积累缓慢等一系列重大问题。

在此背景下，以中共十六届三中全会提出“五个统筹”为标志，中国政策层面及学术界开始全面探索新型城乡关系理论。一般认为，统筹城乡发展的关键是要在制度层面取得突破，通过全面深化改革，推进新型工业化、信息化、新型城市化、农业（村）现代化，从而使中国跨越中等收入陷阱，顺利实现全面建成小康社会以及进入中等收入发达国家的战略目标。对应于此，创新统筹城乡发展制度创新的研究视角，进而构建完整的理论框架并在此框架下对相关领域的制度创新进行分析论证，具有十分重大的理论意义。

二、政策背景与意义

在计划经济时期，城乡剪刀差是城乡关系的典型写照；改革开放以后，调整城乡关系的方针是“多予、少取、放活”，但实际效果有限，无法有效缩小城乡居民收入差距（陆学艺，2009）。

2003 年 10 月，中共十六大报告提出：“统筹城乡经济社会发展，建设现代农业，发展农村经济，增加农民收入，是全面建设小康社会的重大任务。”中共十六届三中全会审议通过的《中共中央关于完善社会主义市场经济体制若干问题的决定》进一步提出“五个统筹”：统筹城乡发展、统筹区域发展、统筹经济社会发展、统筹人与自然和谐发展、统筹国内发展和对外开放，统筹城乡发展居于“五个统筹”之首。这标志着统筹城乡发展成为国家层面的重大政策方向。

此后，中央针对统筹城乡发展作出了一系列战略部署。

2007 年 6 月 7 日，国家批准成都市和重庆市设立全国统筹城乡综合配套改革试验区，要求“全面推进各个领域的体制改革，并在重点领域和关键环节率先突破，大胆创新，尽快形成统筹城乡发展的体制机制”。

2008 年 10 月 12 日，中共十七届三中全会通过的《关于推进农村改革发展若干重大问题的决定》为改革开放进入新 30 年指明了农村改革与统筹城乡发展的基本方向：“坚持不懈推进农村改革和制度创新……充分发挥市场在资源配置中的基础性作用……健全符合社会主义市场经济要求的农村经济体制”，“推进城乡基本公共服务均等化，实现城乡、区域协调发展，使广大农民平等参与现代化进程、共享改革发展成果”。随后发表的《人民日报》评论员文章《为推进农村改革发展提供制度保障》指出：“我们必须深刻认识农村制度建设和创新的重大意义……制度建设具有根本性、全局性、长远性”。

2012 年 11 月，中共十八大报告强调：“城乡发展一体化是解决‘三农’问题的根本途径。要加大统筹城乡发展力度，增强农村发展活力，逐步缩小城乡差距，促进城乡共同繁荣”。

这些政策文件勾勒了统筹城乡发展的背景、方向与目标。但是，时至今日，全国性的统筹城乡发展制度架构尚未形成，全国各部委之间、各地区之间以及各地区内部各部门之间发展政策与制度冲突仍然十分明显。如何将中央方向性的政策文件转换为系统的制度安排，明晰改革的具体路径，并在各地区加以落实，是本书研究的重要内容。

三、实践背景与意义

统筹城乡发展战略提出前后，全国各地踊跃探索，积累了丰富经验，也在实践中暴露出一些问题。由于地方政府缺乏系统理论研究和学习，致使大量简单的错误和可以避免的弯路在许多地区重复出现，大大增加了中国统筹城乡发展的实践成本。实践中的误区使得统筹城乡发展在一些地方成为政府违背居民意愿强制进行村镇合并、实施城乡建设用地增加挂钩项目、掠取土地的手段，农民利益受到侵犯，社会矛盾激化（叶裕民，2012）。如何系统总结改革成功经验，提炼出具有普遍意义的做法向全国推广具有重大的实践意义。

第二节　统筹城乡发展与制度创新研究综述

一、国外城乡关系研究的三大经典领域

国外关于城乡关系的经典研究包括三大领域：（1）马克思主义城乡关系理论；（2）发展经济学范式下的二元经济结构理论与模型；（3）城市规划学领域田园城市理论、有机疏散理论、Desakota 模式等。

马克思和恩格斯认为，城乡关系总体上要经历由“一体”到“分离”到“联系”最终到“融合”的过程。城乡融合是在“扬弃”的基础上实现城乡之间“更高级的综合”，“结合城市和乡村生活方式的优点而避免二者的偏颇和缺点”[①]，其主要路径是充分发挥城市的中心作用带动农村发展。

本书附表 1 展现了二元经济结构理论的演进。包括：刘易斯劳动力供给二元结构模型（1954）、“刘易斯-拉尼斯-费景汉”模型（1961）、乔

① 《马克思恩格斯全集》，中文 1 版，第 4 卷，368 页，北京，人民出版社，1958。

根森模型（1961）以及托达罗模型（1970）。二元经济结构理论把握了发展中国家两部门经济的突出特征，如两极分化、各自内部循环、农村剩余劳动力大量存在、城市失业现象明显等，并研究了通过劳动力转移实现城乡收入收敛的基本规律。

城市规划学本身就起源于对城市问题以及城乡不平衡发展的反思，以霍华德田园城市理论（1898）为代表，其他理论包括沙里宁的有机疏散思想（1942）、麦吉（T. G. McGee）针对东亚城乡发展提出的 Desakota 模式（1987）等。特别是麦吉（2008）针对亚洲城乡转型提出：任何制度应对都必须综合考虑“拓展了的大都市区域”（extended metropolitan region，EMR），将传统的城乡二分法转换为更加协调的规划策略，以可持续发展的策略统筹考虑城市和乡村的各类活动，最终目标是创造出可持续的都市区、城市及社会。

二、国内统筹城乡发展研究的热点领域

在国内，学者们主要从统筹城乡发展的背景、战略目标、基本内涵、重点任务、实施路径以及地方经验总结与评价等方面展开研究，形成了一些共识。

关于统筹城乡发展的背景。学术界普遍认为计划经济时期形成的城乡二元体制及其对城乡二元结构的强化是城乡发展不均衡的根源，相关学者从历史和国民经济全局的视野开展了深入讨论（叶裕民，2001；杜润生，2005；陈国富和倪春华，2006；温铁军，2008；陆学艺，2009；曹殿义等，2009；孙久文，2010）。有学者认为当前我国城乡利益二元化问题仍很突出，实质上仍然是农业在哺育工业，农村在支持城市，农业产业化没有形成利益链，农村基本公共服务均等化仍处于低水平操作阶

段（陆学艺，2009）。

关于统筹城乡发展的重大意义。学术界认为统筹城乡发展对转变经济发展方式、构建现代产业体系具有战略意义，是中国构建和谐社会的必经之路（蒋贵凰，2008），中国下一轮改革发展的重点（厉以宁，2008），解决好“三农”问题的根本方针（陆学艺，2009），是我国完善社会主义制度体系、确立社会主义优越性、平稳跨越“中等收入陷阱”、顺利迈进高收入国家行列的战略选择（叶裕民，2012）。

关于统筹城乡发展的战略目标。一般认为统筹城乡发展的战略目标就是实现城乡一体化。有学者用“四个一体化”加以阐述，即“经济一体化、社会一体化、制度一体化以及城市内部二元结构一体化”（叶裕民，2010）；有学者认为城乡一体化就是要实现城乡居民在政治权利、收入分配、社会福利等方面逐步趋于平衡、趋于公平、趋于均等（陆学艺，2011）；有学者提出了“双向城乡一体化”的概念，认为一方面可使农民“带资进城”，加快城镇化建设，另一方面，城里愿意迁到农村的个人和企业也可以带资带技术下乡，城乡分割的户籍制度随之取消（厉以宁，2011）。

关于统筹城乡发展的基本内涵。学者们认为统筹城乡发展就是要改变传统的发展模式，对城乡之间的利益进行协调与平衡，联动解决传统模式下积累的问题。有学者指出统筹的主体是党中央、国务院和各级地方党委和政府，改变过去重（城市）一头，轻（农村）一头，乃至挖一头，补一头的做法（陆学艺，2009）；有学者给出了更为完整的表述：统筹城乡发展是针对以城市为核心、以增长为导向的传统工业化和传统城市化积累的弊病，将乡村的发展纳入区域发展的框架下统筹安排，建立城市与乡村之间开放融通的发展机制，面向全体国民构建发展机会和公共服务趋于均等的城乡一体化管理制度，联动解决城市化过程中的城市问题与乡村问题、新型工业化发展和现代农业发展问题，建立中国现代社会结构的发展模式（叶裕民，2011）。

关于统筹城乡发展的重点任务。学者们普遍认为核心的任务是破除城乡二元体制，推进城市化健康发展。共识集中于农村产权制度改革、户籍制度改革、社会保障与公共服务均等化等方面，但在具体的表述上则有不同。

有学者认为重要任务是对户籍制度、土地征用制度、财税金融体制和社会保障制度进行改革（赵兴罗，2004）；有学者认为当前瓶颈是农村金融服务滞后，而制约因素是现行农村经济体制（厉以宁，2008），这些体制障碍包括农村产权制度、土地承包制度、农民就业环境和农民社会保障缺失等，一旦体制障碍消失，农村不愁没有资本可用（厉以宁，2011）；有学者提出要实行统筹发展基础教育、统筹城乡居民迁徙权、统筹城乡居民就业、统筹城乡社会保障制度、统筹工业现代化与农业现代化和统筹城乡生态环境等战略（孙久文，2010）；有学者指出支撑城乡二元体制的核心体制有三个：城乡分治的户籍制度、产权不明晰的土地制度、城乡不平衡的财政制度。当前农村要向城市改革学习，按照社会主义市场经济体制的要求，对户籍、土地、财政等制度进行改革（陆学艺，2011）。

有政策界人士指出统筹城乡发展涉及的深层次改革，如推进大中城市户籍制度改革、建立城乡统一社会保障体系以及形成促进农村土地依法流转的机制方面等仍急需大力推进（朱之鑫，2008）；统筹城乡发展要面对土地经营承包关系和耕地保护、国家粮食安全、调整国民收入分配格局形成覆盖城乡的公共财政体系、改革农村金融体制、引导城市资本有序进入农村、改革城市户籍制度和完善农村社保共六个命题（李德水，2008）。

多数学者认为统筹城乡发展的重点是推进新型城市化，城乡实行通盘考虑，打通城乡生产要素合理流动的市场渠道，促进农村的劳动力、土地等生产要素和城市的人才、资本和技术等生产要素双向流动与有效组合（姜绍华，2004）；关键是大量农民脱离农业，到城市获得稳定的就业机会（党国英，2012）；有学者认为以“两栖人口”为基本特征的传统城市化是造成重大宏观问题的基本原因，围绕走新型城市化道路推进系统制度创新是统筹城乡发展的重要内容，需要完成三大任务：第一，推进以城镇体系为载体的新型工业化以扩大就业；第二，推进城市以户籍、公共住房、教育、医疗为重点的一整套制度改革，促进农民工及其家属市民化进城，完成“化”的过程，持续积累人力资本，推进社会和谐；第三，在农村地区实施与城市统一标准的均等化公共服务体系，并全面推进乡村地区的市场化和民主化改革，为乡村居民发展提供公平的制度基础（叶裕民，2011）。

关于统筹城乡发展的实施路径。路径是重要任务的先后安排，在这一研究领域学者们共识较少，主要原因在于目前的研究大多停留在从理论上探讨改革大方向，对于在具体实践中如何安排改革顺序关注较少。同时，统筹城乡发展的具体路径必须结合地方实践，方能明确是否可行。

有学者提出了统筹城乡发展“理念转变、体制改革、建立机构”的总体路径安排，认为作为统筹、调控主体的各级党委和政府一定首先要有新的观念和认识，历史阶段不同，战略方向和工作任务就应该作出相应改变；其次，必须对现行的城乡体制机制进行改革；最后，必须在组织上落实，设立相应的机构（陆学艺，2009）。

成都统筹城乡综合配套改革经验提供了完整经验，其改革路径可以总结为：以“三个集中”为主要内容的开始阶段，以“六个一体化”为内容系统构建城乡一体化体制机制、全面推进的阶段，以深入推进“农村四大基础工程”为核心的深化改革攻坚阶段。

关于统筹城乡发展各地探索模式的总结与评价。学术界对成都、重庆两个国家级统筹城乡综合配套改革试验区探索模式的研究、总结、评价较多，此外，对于浙江嘉兴“两分两换”模式、天津模式、江苏江阴模式、广东南海集体土地开发模式等也研究较多。

有学者总结认为，从重庆、成都的改革实践来看，在坚持土地所有权、使用权和农业用途性质不变并在农民自愿的原则下，引导农民参与土地使用权和宅基地使用权的流转、实现规模化经营是一条很好的出路（李德水，2008）。

叶裕民教授（2011）长期跟踪研究成都改革实践，她将成都统筹城乡综合配套改革经验总结为：核心内容是新型城市化，基本特征是系统有序推进，最大贡献是对完善社会主义制度的有效探索，最重要结果是解放和发展生产力，形成城乡居民同城同权、共创共享新格局。她通过对新型工业化、新型城市化、农业（村）现代化[①]三者进行研究并把握三者的内在联动规律，构建了统筹城乡发展的战略架构。目前，这一战略架构得到了国内成都、北京、广州等城市政府的高度认可。

---

① 中共十六大（2002）提出走新型工业化道路，其内涵是：科技含量高、经济效益好、资源消耗低、环境污染少、人力资源优势得到充分发挥。中共十七大（2007）提出走中国特色城镇化道路，按照统筹城乡、布局合理、节约土地、功能完善、以大带小的原则，促进大中小城市和小城镇协调发展。《国民经济和社会发展第十二个五年规划纲要》提出积极稳妥推进城镇化，包括构建城市化战略格局、稳步推进农业转移人口转为城镇居民、增强城镇综合承载能力三项战略任务。其中，城市战略格局内容是：遵循城市发展客观规律，以大城市为依托，以中小城市为重点，逐步形成辐射作用大的城市群，促进大中小城市和小城镇协调发展。中共十六大（2002）以后，党中央明确宣布把“三农”问题作为党和政府工作的重中之重。自此，党和政府采取了一系列支农、惠农的政策和措施，每年召开一次农村工作会议，连续发出“中央一号文件”。2004 年中央一号文件决定取消农业特产税，逐年减征农业税。2005 年，提出建设社会主义新农村的战略，国家增加支农资金的投入。2006 年正式宣布废止《中华人民共和国农业税条例》。

三、统筹城乡发展与制度创新研究进展

通过检索相关学术文献发现，统筹城乡发展在制度创新方向上的研究热度持续上升，但是，研究成果的绝对数量仍然较小，说明统筹城乡制度创新存在一定的理论难度和认识困难。从研究主题来看，统筹城乡发展制度创新总体安排、土地制度、社会保障制度是学术界的主要关注领域。在具体制度领域中，土地制度研究占据绝对数量优势，说明土地制度是学术界最为关注的领域。

关于制度创新与统筹城乡发展的关系。大多数学者认为制度创新是统筹城乡发展的关键（姜作培，2003；赵保佑，2004；黄立新，2004；陈国富和倪春华，2006；汪洋，2007；张季，2008；孙中叶，2009；张志强，2010；李海鑫，2011），或者认为统筹城乡发展就是一个制度创新和改革的过程（陈锡文，2004），必须通过推进城乡综合配套改革，构建城乡统一的社会经济制度体系（韩俊，2006）。叶裕民教授的《中国城市化之路》是国内第一本从制度角度系统研究城市化和城乡一体化的论著。

关于统筹城乡发展制度创新的领域。主要包括：（1）户籍管理制度（姜作培，2003；赵保佑，2004；刘炜，2005；曹明华，2005；韩俊，2006；王慧娟，2008；邱凤林，2009；孙中叶，2009；李翠霞，2010；李海鑫，2011）；（2）土地产权制度（赵保佑，2004；刘炜，2005；杨晓达，2006；张艳萍，2007；孙中叶，2009；李海鑫，2011）；（3）就业制度（姜作培，2003；赵保佑，2004；刘炜和黄忠伟，2005；曹明华，2005；韩俊，2006；张艳萍和朱敏，2007；王慧娟，2008；邱凤林，2009；李翠霞，2010；李海鑫，2011）；（4）社会保障制度（姜作培，

2003；刘炜，2005；曹明华，2005；张艳萍，2007；王慧娟，2008；邱凤林，2009；孙中叶，2009；李翠霞，2010）；（5）公共财政制度（韩俊，2006；杨晓达，2006；王慧娟，2008；李海鑫，2011）；（6）金融制度（姜作培，2003；赵保佑，2004；曹明华，2005；韩俊，2006；王慧娟，2008；邱凤林，2009；李海鑫，2011）；（7）（乡镇）行政管理制度（赵保佑，2004；刘炜，2005；曹明华，2005）；（8）公共产品供给制度（赵保佑，2004；邱凤林，2009）；（9）教育制度（刘炜，2005；张艳萍，2007；孙中叶，2009），农产品交易制度（刘炜，2005），农业生产社会化制度、合作经济组织化制度、维权组织制度（杨晓达，2006），空间规划制度、产业发展制度（邱凤林，2009），等等。

关于统筹城乡发展制度创新的阻碍与动力。学者们认为既得利益集团的阻力、传统模式的路径依赖（温铁军，2008）、政府职能转变的滞后（田宝玉和赵云耕，2006）等是主要障碍。关于统筹城乡发展制度创新的动力，学者们有两种主张，一种主张政府主导，一种主张激发乡村内部的动力。如周其仁教授（2010）用“还权赋能”总结成都统筹城乡综合配套改革经验；有学者认为需建立乡村内部动力机制（蒋贵凰，2008）；也有学者指出要从提高农民和打工者的组织化程度等具体细致的工作入手（温铁军，2008）。

近年来，逐步有学者开始采用规范的新制度经济学方法研究统筹城乡发展制度创新问题，并取得了一些成果。有学者在广义的交易费用概念基础上构建了一个分析城乡差距的基本框架，并从最小化交易费用的角度寻求城乡统筹发展的制度创新路径，认为农村市场交易在组织、技术条件等方面的不足所引起的高额交易费用是造成城乡差距扩大的重要原因，进而提出应该从农村的公共产品供给制度、信息科技服务体系、流通体制和土地制度以及户籍制度等方面进行创新（郭建辉，2010）；有研究认为要构建整体均衡的新制度体系必须寻求最佳切入点，城乡居民相同的参与权和表达权是构建新均衡制度的前提（朱鸿翔，2012）；有研究运用新制度经济学理论研究统筹城乡发展过程中的政府治理，认为市、县治理是最佳的统筹空间，地方政府治理变革要紧抓职能重组与机构再造，明确政府与市场、社会的分工（贾海薇和朱正威，2012）。

关于统筹城乡发展过程中的农村产权制度创新。学术界从20世纪80年代就开始持续呼吁农民土地权利的界定与法律承认（周其仁，1986），国际上相关研究也强调了产权具有正式法律表达对资本形成的意义（德·索托，《第三条道路》，1989；《资本的秘密》，2000）。

在统筹城乡发展的大背景下，农村产权制度研究近年来成为热点。学者们认为，现行的土地制度阻碍城乡、全国统一土地要素市场的形成（杨洁，2012），征地补偿低和城市房价高的一大原因是工业用地价格太低，导致政府一方面压低对农民的补偿，另一方面推高城市住宅用地价格（陈锡文，2012），未来需要淡化所有权、对具体产权进行细分（张曙光、刘守英，2011），明晰产权归属是深化改革的核心和基础（袁铖，2008；高洁等，2009；周其仁，2010；何立胜，2010；李鑫锋等，2011），农村居民点不断扩张成为我国耕地面积减少的重要原因（许坚，2012），节省建设用地要着眼于农村人口向大中城市的转移，最终实现城乡建设用地同权同价（蔡继明，2009）。为此，需要对《土地承包法》、《土地管理法》、《物权法》等法律进行修订以适应统筹城乡发展的要求（刘江，2008），强化承包地和宅基地的物权属性，对农民还权赋能（蔡继明，2009；周其仁，2010），区分公益性和非公益性用地，缩小政府征地范围，政府只管规划和管制土地用途，从所有权属的问题中脱身出来，变成监管和仲裁者（陈锡文，2012），提供公共服务构建土地产权流转体系（周其仁，2010；何立胜，2010；李鑫锋等，2011），农民可以以出租、入股形式参与土地开发，用地企业采用市场机制跟农民谈判（陈锡文，2012）。

关于统筹城乡发展过程中的社会保障制度创新。有学者认为建立统筹城乡的社会保障制度是促进社会公平、完善市场经济体制的要求（马娟娟，2009），应以促进城乡社会保障制度的衔接为社会保障制度建设的切入点（郭旭彦，2008），难点在于形成一个制度框架大致统一、城乡能够衔接、保障方式多样的保障体系（胡成，2007），应当强调政府责任，努力扩大覆盖范围，加快社会保障法制化建设（《山东城乡社会保障一体化研究》课题组，2010）。

第三节　研究问题与研究框架

从研究回顾可见，学术界对统筹城乡发展及其制度创新的共识包括：

（1）中国全面建成小康社会的难点在农村，而“三农”问题的解决必须跳出农村加以审视，根本出路在于减少农民，关键是走出一条新型城市化道路，为农村现代化创造条件；（2）统筹城乡发展、新型城市化进程面临制度上的系统性挑战，基于城乡二元体制惯性的制度滞后和路径依赖是导致城乡失衡的根本原因，涉及城市设置制度、土地制度、公共财政制度、社会保障制度、户籍制度等诸多领域；（3）统筹城乡发展就是构建现代化产业体系及其空间格局的过程，根本任务是推进各领域改革，发挥市场在配置资源中的决定性作用，促进城乡要素自由有序流动、高效重组，政府加快转变职能，渐进提供城乡一体化的基本公共服务。

研究存在的不足主要体现为：(1) 在研究对象上，对于城乡发展的结构变动往往局限于二元经济的城与乡两个方面，把城市抽象为同一均质的空间，对于城市体系内部的结构变动规律及其与城乡一体化的关系关注较少，对城乡结构变动的实证测算及其与制度创新关系的联动考虑较少，而城市体系结构优化本身是城市化健康推进的重要内容。(2) 在研究方法上，制度创新的研究方法存在不够规范的问题。虽然近年来开始有学者采用新制度经济学的规范分析范式开展研究，但总体上还存在着“就制度说制度”，没有将“发展”与“制度”二者融入统一的分析框架，制度创新方向及改革具体路径缺乏内在统一的逻辑等问题。(3) 在研究内容上，多数研究集中于改革的总体方向，对改革具体路径以及各领域改革之间关系的研究较少。

根据以上分析，本书认为城乡一体化进程中的城市化就是现代城市体系生成的过程，其内涵不仅是人口的空间转移，本质上是符合市场规律的城乡各类要素的流转、重组、集聚，其根本动力是要素潜在租值释放，阻力是交易费用。诺思（1972）认为，经济指标变动更多的是现象本身而非经济发展的原因，同理，城乡一体化、新型城市化的比例性指标也多是现象本身，而非问题之原因。因而，当前学术界将统筹城乡发展的重心设定于制度创新，即降低城乡一体化发展的制度费用。

鉴于此，将本书研究问题界定为：如何通过制度创新降低城乡一体化的制度费用，促进城乡要素的高效重组与集聚。为解决这一理论问题，本书尝试建立一个更为一般的理论框架，这个框架需要能够内生解释“城乡发展”与“制度创新”两个领域，进而衍生出制度创新的总体框架，并在这一总体框架下明确各个领域的制度创新路径（见图 1—1）。

研究背景与文献回顾
方法论基础
宏观合约结构理论：统筹城乡制度创新一般框架
三大理论渊源
中国城乡关系制度演进与当前问题
加入交易费用的曲线推导体系
统筹城乡发展制度创新理论架构与总体思路
公共服务均等化：人力资本积累与人口自由流动
转变政府职能：改善政府与市场及政府层级间合约结构
农村产权制度改革：全面实现城市化的动力结构调整
理论建构
逻辑模型
成都实践
理论建构
逻辑模型
成都实践
理论建构
逻辑模型
成都实践
实证测算
基本结论与政策建议

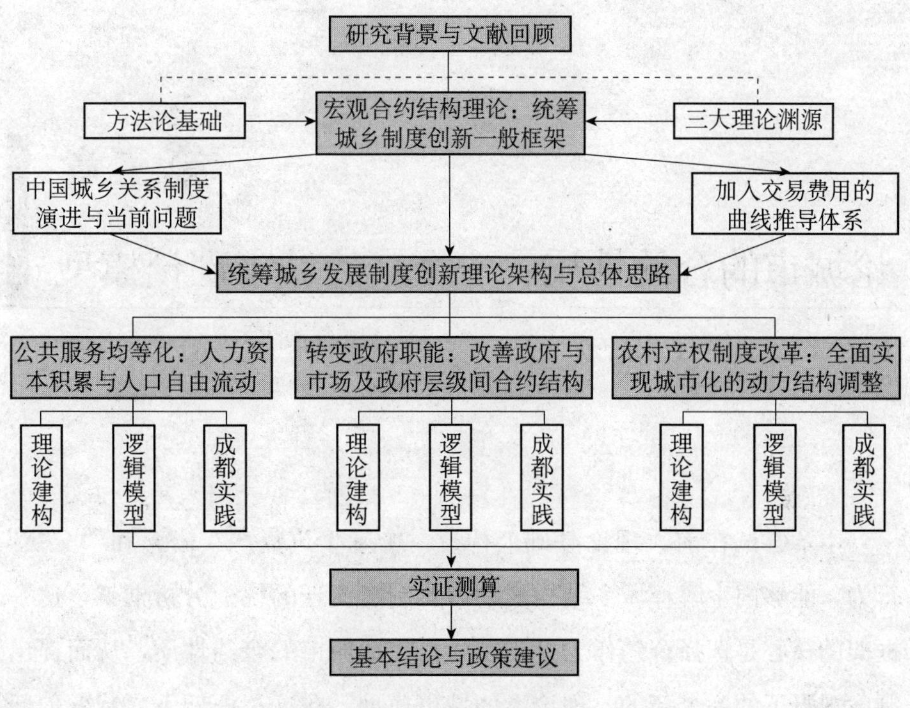

图 1—1 研究框架图

第二章

论城市的合约性质：一个新的城市理论模型

本章尝试在前人理论基础上构建一个基于“资产”概念和“交易”行为，能够内生解释城乡结构变动以及制度变迁的统一分析框架，这一框架的核心是选择合约作为基本视角，论证城市的合约性质，从而提出制度视野下的一个新的、理论上的城市模型。在这一框架下，制度创新与合约结构优化是同义的，其本质作用是降低交易费用、拓展市场范围、促进租值释放，政府特别是地方政府作为一般化了的组织型要素加入城市体系的“生产”或“供给”。

本章包含四小节，分别是宏观合约结构理论的方法论基础、三大基础理论的回顾、城市合约结构理论的基本框架以及融入交易费用的推导模型。

第一节　关于科学研究方法论的探讨

科学的本质是寻找客观世界的规律，在形式上我们称之为确定性链条，它是解释客观世界种种现象的工具，并需要将推导出的假说以事实加以验证。

研究起于问题，问题即是客观世界诸现象之间的关系无法得到解释。因此，理论研究可分为两个层次：（1）现象—关系—疑问—理论—验证，这是理论研究的整体脉络；（2）核心环节是理论与现象的关系，需要关注“内洽”与“外洽”，内洽是指理论的内部推导符合形式逻辑，外洽即须经过事实的验证。聚焦到经济学，则：（1）要找到经济学的现象与问题，提出理论并进行验证；（2）理论工作要符合“内洽”与“外洽”两个标准。

一、科学方法论：现象、理论与验证

科学理论是在现象与现象之间架起因果联系的桥梁，即对当前无法提供确定性的现象间关系提出新的解释，由此推出假设性推断，这一推断必须返回去由现象（真实的数字指标或“夸张的”的事件、行为）进行验证。

例如，爱因斯坦就认为科学是“用系统的思维，把这个世界中可感知的现象尽可能彻底地联系起来。说得大胆一点，它是这样一种企图：通过构思过程，后验（posterior）地来重建存在”（爱因斯坦，1940）[①]。周其仁教授也认为：“科学首先是一个信念——凡现象皆有规律。理论是一种想象的答案，是以假说形式存在的因果联系”[②]。

① 爱因斯坦：《爱因斯坦文集（第三卷）》，181页，北京，商务印书馆，1979。
② 根据周其仁教授北京大学CCER双学位选修课“新制度经济学”课件整理。

（一）从现象到问题再到理论

科学意义上的现象是指那些可以从纷繁世事中独立出来的因素，其形式可以是数字指标或者确定无疑的陈述，爱因斯坦认为科学“试图把所发现的联系归结为数目尽可能少的几个彼此独立的概念元素。正是在这种把各种各样东西合理地统一起来的努力中，它取得了最伟大的成就”（爱因斯坦，1940）①；所以，科学意义上的理论问题就是指两个或多个现象之间的相互关系无法得到解释，或无法用现有理论解释（现有理论已经被证伪）。

针对问题提出新的解释，推导出假说，如果不能被尽可能大规模的数据或极具代表性②的行为所证伪，那么就暂时接受这一理论是客观世界运行的规律，即用理论的概念体系“后验地重建了存在”。

（二）理论的内洽：逻辑推导的一致性

“任何一个理论体系，都必须有一个不变的东西，才能建立起一个内部逻辑自洽的理论体系。”③ 经济学分析的基础是需求定律（形式化了的理性人假设），以此贯穿资源配置、交易费用与合约结构的关系，不同的合约结构（制度安排）造成不同的降低交易费用的行为方向，进而造成资源配置的不同效果。

统筹城乡发展关键在于制度创新，本书将制度安排作为一个重要变

---

① 爱因斯坦：《爱因斯坦文集（第三卷）》，185页，北京，商务印书馆，1979。

② “极具代表性”即意味着尽可能克服爱因斯坦所说的“经济现象很难排除其他变量的影响”这一困难。

③ 林毅夫：《本体与常无：经济学方法论对话》，第2版，31页，北京，北京大学出版社，2012。

量，转而从合约的角度来研究如何调整合约结构从而降低城乡发展的交易费用。

（三）理论的外洽——以实际现象检验理论推导的假说

张五常教授认为“以科学方法解释现象是以理论推出可以被事实验证的假说”①。周其仁教授指出，发现规律的路线至少包括：（1）迷信：想象的因果关系并拒绝验证；（2）经验和对经验的归纳；（3）从经验上升到经验科学；（4）观察、问题、理论假说、检验、一般化，这几种路线关键的区别在于是否可以从理论中提炼出“用可观察现象检验的命题”②。

这就是说，存在A现象与B现象，A的变动可观察，B的变动也必须可观察，理论是用来解释二者之间的因果关系。如需求定律，A为价格，B为需求量，价格上升，则需求量下降，即是理论。如果这一变动不能被证伪，就暂时作为解释与推测世界变化的规律。

二、经济学方法论：关键在于找准“约束条件”③

林毅夫教授将他自己的经济学方法论总结为“本体”与“常无”两个主题词。强调经济学家应当以“常无”的心态，从经济学的本体，即理性人基本假设出发，研究新出现的经济现象。

① 张五常：《经济解释（卷三）：受价与觅价》，78页，北京，中信出版社，2012。

② 根据周其仁教授北京大学CCER双学位选修课“新制度经济学”课件整理。

③ 学术界通常将“约束条件”与“局限条件”通用，本书亦采取这样的理解。

（一）经济学与自然科学的异同

经济学与自然科学的相同点在于“都企图发现对一类范围有限的现象普遍适用的规律，尽可能弄清楚这些现象的相互关系”，而自然科学与社会科学的差别仅在于“在经济领域里，由于所观察到的经济现象时常要受到许多很难分别开来估计的因素的影响，使得要发现普遍规律很困难”（爱因斯坦，1940）[①]。因而，经济学研究“要找有趣而又有启发性的现象入手。新奇的现象开头是一个谜，要解释。这也是说要找寻可以验证的假说。跟着我们要把假说一般化，希望能推广到很多其他不同的现象”[②]。

（二）理性决策是经济学理论的前提假设

林毅夫教授认为“经济学的理论都是建立在（理性）这个本体论的基础上的。……但理性在不同的约束条件下的表现方式是不一样的”[③]。其中，最大的约束条件就是产权界定与合约自由度。“本体”所指的自私假设，实际上在需求定律中已经内含了。

（三）关键要找到可观察的约束条件变动

在理论研究中，最重要的是“辨识可以观察到的局限变动”[④]，也就是找到爱因斯坦所说的“能够分开来估计的因素”。经济学理论就相应地转化为考察经济主体“面对的约束条件”及其在一定约束条件下的“行

① 爱因斯坦：《爱因斯坦文集（第三卷）》，267页，北京，商务印书馆，1979。

② 张五常：《经济解释（卷三）：受价与觅价》，176页，北京，中信出版社，2012。

③ 林毅夫：《本体与常无：经济学方法论对话》，第2版，9～10页，北京，北京大学出版社，2012。

④ 张五常，《中国的经济制度》，135页，北京，中信出版社，2009。

为选择”两个现象之间的规律。

张五常将经济学归结为需求定律，此间两个关键词为“简化与转换”。简化是指经济学理论直至最后归于一条需求定律，用以作为解释人们所有行为；转换是指将一切影响人们行为选择的各种复杂的约束条件转变为需求定律中的可观察、可验证变量，如价格。由此可以延展到研究制度的基本路径，“经济学的主旨是从局限条件的转变来解释行为的科学，因而在多项政策性的法例上下过工夫……希望从中找到一些局限条件的转变引用到需求定律那边去”①。

对于本书的研究主题而言，上述方法论可做如下应用：

从现象中抽象出关键约束条件非常重要，因而本书抽象出合约结构这一关键的约束条件。从合约结构的角度观察各类主体在城市生成、运行中的行为选择。显然，经济主体的选择与交易费用相互影响，并共同决定了资源配置及收入情况。

从统筹城乡发展的实践来看，对农村而言，通过确权与搭建资产流转平台，农村资产的交易费用降低了，根据新制度经济学理论，交易费用降低则交易量会上升。于是提出如下假设：交易成本降低（约束条件转变）—农村资产交易大升（行为转变）这一因果关系可以用客观发生的案例及数据加以验证，如果不能证伪，则说明新制度经济学关于交易费用的理论是正确的，可以加以推广、更一般化地解释现象。

三、小结：构建确定性链条并以事实验证

科学研究的目的在于寻找或构建“确定性链条”，用以解释当前理论

① 张五常：《经济解释（卷三）：受价与觅价》，156页，北京，中信出版社，2012。

所不能解释的客观现象，而确定性链条的不断积累是人类社会发展进步的真正根源，确定性在纵向上的积累及横向上的传播与运用使得人类认知世界、改进自身福利的能力不断增强。

在操作层面，需要从理论设想的确定性链条中推导出假说（新解释），并经由事实的验证，如果不能证伪，即可以暂时接受为规律，从而增强人们认识客观世界的确定性。

基于这一认识，要取得对理论本身的共识不必从结论着眼，而应着重于找到共同认同的一个链条。即：(1) 以广泛认同的公理作为确定性链条的起点；(2) 采用广泛认同的方法与逻辑。则：结论必为大家认同，否则或修正公理，或改进方法及逻辑。

理论的实践价值何在？如上所述，理论是构建确定性链条，而利用这种确定性能够推断未来的发展。经济学理论因而可以作为人类未来行为的指导，用以改进经济运行、提升社会福利。

确定性链条“公理性假设—逻辑推理—结论（假说）”在经济学领域的逻辑映射，即本书将要提出的“资产—流转—收入”框架。其中，核心环节的“流转”所遵循的铁律是需求定律，其形式是合约（包括了传统经济学曲线模型所不包含的交易费用及其结构性）。

故研究统筹城乡发展可转化为如下视角：（地方）政府作为一类特殊主体，与其他经济主体以一定合约结构“生产”或发展城市（体系）这一综合性“产品”。关键的研究问题就在于阐述清楚这一连串合约的内在嵌套结构，并找到改进方案即系统性制度变迁，使得合约中理性的各类主体面临的约束条件发生调整，使推进新型城市化从而实现城乡一体化的制度费用得以降低。

第二节　城市合约性质的理论渊源

本书尝试论证城市的合约性质，这一视角创新基于三大理论渊源：新结构经济学理论、新兴古典经济学理论以及新制度经济学理论。前两大理论着重对城乡发展过程中经济结构、空间集聚体系变动规律以及促成其变动的发展战略进行分析；新制度经济学理论则是研究制度创新的基础性理论，本书重点关注该学派中的合约理论，并将政府理论融入合约结构理论加以完善。

一、反思传统发展经济学的新结构经济学

传统的发展经济学主要采用结构主义研究方法，关注经济结构变动的经验规律以及后发国家发展战略，重点是政府与市场关系的协调。针对最初的二元结构模型存在的问题，此后研究深入到现代产业部门内部，提出了更为全面的结构转换理论。其中，以配第-克拉克定理（1940）、钱纳里工业化发展阶段论（1958）、罗斯托经济成长阶段论（1960，1971）等研究成果最具代表性（见附表2）。

关于推进结构变动的发展战略，主要分为平衡增长战略与非平衡增长战略，但都主张政府在结构变动中发挥主导作用。其中，平衡增长战略包括罗森斯坦-罗丹（P. N. Rosenstein-Rodan）大推进理论（1943）、诺克斯（Nurkes）平衡增长理论（1952）等；非平衡增长战略包括赫希曼（Albert O. Hirschman）非平衡增长战略（1958）、佩鲁（F. Perroux）发展极理论（1955）、缪尔达尔（Gunnar Myrdal）地理二元结构论（1957）等（见附表3）。

林毅夫教授（2010）回顾了发展经济学的演进，认为传统的发展经济学对于指导后发国家实现现代化"仍显苍白无力"，进而提出了"新结构经济学"理论，认为经济结构内生决定于要素禀赋结构，倡导以新古典经济学的方法来研究经济结构变迁以及政府、市场在此过程中所起的作用。

这一理论的要点包括：(1) 将基础设置（infrastructures）作为一个新的组成部分引入经济体禀赋。基础设置包括硬性的（有形的，如高速公路、电信系统等）和软性的（无形的，如制度、社会资本等）。基础设置影响每个企业的交易费用和投资边际回报，并且对于单个企业来说，绝大多数基础设置都是外生供给的，无法被企业决策内化。[①] (2) 经济体的禀赋结构在每个特定发展水平是给定的，最优产业结构也会随之不同。因此，特定的产业结构要求与之相适应的基础设置来降低运行和交易费用。(3) 在给定的发展水平，市场是配置资源最有效率的根本机制。同时，个体企业无法内化对基础设置的改进，因此，政府还必须在发展过程中发挥积极而重要的协调或提供基础设置改进以及补偿外部性的作用。

这一理论提供了一个内生解释要素结构、产业结构、基础设施、政府行为等内容的分析框架，将结构变动与制度（交易费用、政府作用）做了联动考虑，目前正在不断深化。

---

① 从这一点可以得到启示：中国此前的改革对于企业本身及企业内部的基本关系已经理清。未来改革要拓展到企业围墙外，推进要素改革、城市开发制度改革等无法被企业主体内生的经济要素。

二、内生解释城市体系生成的新兴古典经济学理论

杨小凯新兴古典经济学理论（1998）能够内生解释市场、分工与结构，对于城市以及城市体系的生成尤其具有解释力。其基本框架为：(1) 市场由于个人选择专业化水平的自利决策而内生出现，供给和需求皆源于分工，交易效率是生产力的推动力量；(2) 随着分工的演进，同样的资源可以生产更多的产品，社会的市场化程度也随之提升；(3) 专业化水平决定市场规模，在此专业化水平下进行资源配置的决策决定各类需求的种类与规模；(4) 市场最重要的功能是寻找最优的网络规模与组织效率，从而减少稀缺性（见图 2—1）。

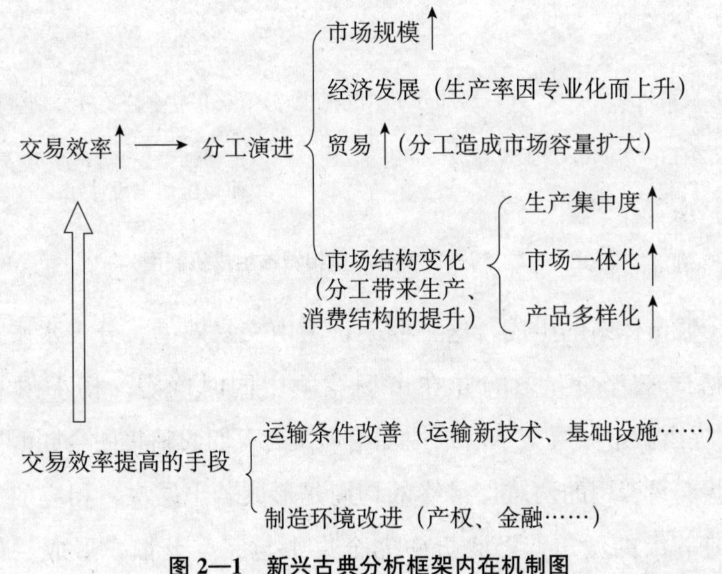

图 2—1　新兴古典分析框架内在机制图

投射到城乡发展的层面，这一框架认为城乡的分离、城市体系的生成都是分工演进的结果，因为集中到城市能够降低交易费用（Yang and

Rice，1994）。经济集聚内生于专业化、差异化以及报酬递增的经济现实。图 2—2 展现了这一演进过程：随着分工的深化，城市规模扩大，集聚点减少，城市居民由于交易费用较低，其收益也高于农村居民，出现过渡性的二元结构，在自由迁徙的条件下，分工进一步深化，城乡居民收入差逐步收敛，实现一体化。

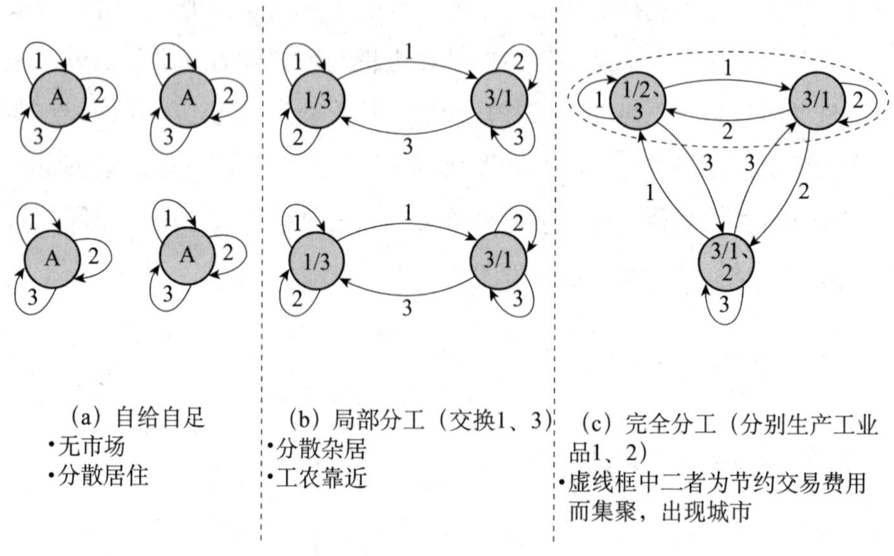

图 2—2　新兴古典分析框架城市生成机制图

对于城市体系的生成，这一框架认为由交易效率、分工水平、交易的地理格局三者交互影响并在市场竞争中同时确定。杨小凯和霍宾（1990）提出城市分层金字塔结构理论，认为人们面临集中会同时减少与增加一些交易费用的两难，最终的均衡是形成若干层次，相应的交易发生于相应等级的城市，以此折中完全集中与完全分散，形成“最大城市——国际贸易；中等城市——邻省贸易；小镇——邻近贸易”的层次，并且随着分工水平上升，最优城市层次会增加。这对全社会是最优的，因其允许人们通过择业在各层次和各行业之间自由流动，从而不断提升效率。

我们知道，在新结构经济学与新兴古典经济学理论的两位创始人林毅夫教授与杨小凯教授之间，在国家发展的层次对于“比较优势”曾经产生过一次影响极为广泛的争论，这场争论集中于后发优势与后发劣势。这场争论实际上已经开始将比较优势这一概念动态化并且与改革、制度创新联系起来，也就是将“制度”这一传统要素禀赋之外的新变量引入发展的视野。林毅夫教授的新结构经济学所阐述的基础设置在很大程度上即是将制度内生化，而杨小凯教授所认为的交易费用下降促进分工，进而内生市场规模与结构，这一交易费用的降低过程也是新制度经济学的研究领域。因此，本书随后将新制度经济学引入考察视野。

三、新制度经济学与合约结构理论

新制度经济学起源于科斯教授的著名论文《企业的性质》(1937)，以产权、交易费用为基本概念，构建了涵盖产权理论、价格理论、竞争理论、企业理论、制度变迁理论在内的研究范式。代表人物包括：奥列弗·威廉姆斯、阿曼·阿尔钦、哈罗德·德姆塞茨、道格拉斯·诺思、张五常等人。张五常认为“经济学的古典及新古典经济学分两大项：资源（或资产）的使用与收入的分配。新制度经济学的兴起，主要是加上了第三项：制度的安排”[①]。其四卷本《经济解释》(2010，2011，2012，2013) 以需求定律与合约理论为主体，提出了较为符合中国国情的新制度经济学完整框架。周其仁教授近年来的论著在多个领域展现了新制度经济学强大的解释力，如“货币与汇率”系列评论、“城乡中国”系列评

① 张五常：《制度的选择》，224 页，网络版：http：//staff. ustc. edu. cn/～shzhang/chinese/papers/jjjs. pdf。

论等。天则研究所主持的《中国制度变迁的案例研究》已经出版了一批成果，引起了广泛的注意。

表2—1展现了新制度经济学关于“制度”的基本看法。

产权制度是各类制度安排的基础。这一方向的代表性论文包括：德姆塞茨的《关于产权的理论》及《产权的交换和行使》、阿尔钦和德姆塞茨合作的《产权范式》以及阿尔钦的《产权经济学》等。要点包括：(1)合作需要先界定产权，不同的产权界定会产生不同的资源配置效率；(2)界定产权本身也有费用，产权制度从无到有，是由于出现了新的技术或形式，使得产权制度带来的“净利益”增加了；(3)交易可以被看作产权的交换以及重新界定。

关于制度变迁理论。20世纪70年代，诺思先后著书《制度变迁与美国经济增长》（North and Davis，1971）和《西方世界的兴起》(North，1973)，运用新制度经济学探索了制度的产生与演化，强调制度创新是经济发展的决定条件。认为制度变迁分为强制性与诱致性两类，并且具有“路径依赖”特征，“路径依赖Ⅰ”是步入良性循环，“路径依赖Ⅱ”则“锁定”(lock-in)于恶性循环轨道。这一理论坚持“制度决定论”，认为资本、劳动力投入的增加以及技术进步本身只是“增长本身”，而不是增长的原因，经济增长的真正原因是能够提供适应个人刺激的有效制度。

表2—1　“制度”相关内容比较表

维度	内容
定义	制度(institution)是在多人、多次重复的情境中的人的行为规范(盛洪，2003)
分类	正式制度(formal institutions)：法律、法规以及契约； 非正式制度(informal institutions)：传统、习俗、道德规范等
基本制度	产权、企业、市场、国家

续前表

维度	内容
功能	影响经济效率以及经济发展； 确立社会秩序，降低风险和不确定性（Douglas North）； 影响要素所有者之间的风险和收益配置
分析范式	制度的供给与需求；制度的成本与收益
制度的生成 （成本—收益分析）	市场机制有代价（Coase，1937），制度的根本目的是减少交易费用； 制度的成本包括产生及执行制度的费用； 新制度的收益（交易费用的减少）大于成本时，新制度才有可能生成
供给与需求	制度的供给方与需求方多是一个或多个团体； 制度影响范围广时，容易出现"搭便车"（free ride）行为
马克思主义 制度理论	生产力决定生产关系（制度）； 生产关系对生产力具有反作用

新制度经济学形成了新的理论范式，然而，在其内部依然存在模糊之处——竞争、产权、交易费用、制度变迁、合约等概念之间相互影响的机制尚缺乏统一的理论阐释。张五常教授所开拓的合约结构理论提供了将这些概念纳入内洽体系的可能。这里主要回顾这一理论框架，并在本章第三节中进行拓展。

《佃农理论》（1969）一书奠定了现代合约经济学的基础，认为合约双方都存在竞争约束，只要能够自由调整边际投入，竞争会使得**各类要素的边际收入趋于均衡**，在形式上采用固定租金、分成租金等，其资源利用的效率都一样。基于佃农理论，张五常开始反思传统企业理论，他认为合约的结构是理解工业组织（industrial organization）的重心所在，1983年发表《公司的合约性质》，指出企业内部关系是一组合约关系，与市场中合约关系的区别仅在于企业内合约多是要素之间的合约关系。此后，在《经济解释：制度的选择》（香港花千树三卷本第三卷，中信出版社四卷本第四卷）以及《中国的经济制度》中提出了完整的合约结构理论。

（一）竞争、产权与合约：合约一般理论

1. 有稀缺必有竞争，产权制度是约束竞争的规则

任何社会都有资产，资产都存在稀缺性，有稀缺则必有竞争，有竞争就需要有竞争的规则。不同的产权制度是不同的约束竞争的规则，规则转变就是方法论中所说的局限条件转变，人们面对局限条件的转变，根据同一理性原则，作出不同的行为选择。从历史来看，约束竞争的产权制度可分为四类：以资产界定权利、以等级界定权利、法律管制、风俗或宗教约束。张五常认为“采用不同的权利结构，界定着经济制度的本质”①，“市价只是多种竞争准则的其中之一。价低于市，排队轮购，或走后门，或大打出手，或论资排辈，凡此种种，能付而又愿付代价高者胜”②。

（1）产权制度是理性经济人所面对的最显著的约束条件。

如方法论所述，经济学的本体——理性原则不变，而竞争的准则有了改变，经济主体的行为选择就会改变。容易理解，在经济活动中，资产如果没有确定的竞争规则安排，人们不会自愿把资产投入到社会之中参与竞争，并且不会有充足的动力去创造与积累资产。交易就是产权的交换与重组，它是每一项交易都必须面对的约束条件，分分秒秒影响着市场的每一运行环节，因而，产权制度是经济主体面对的最显著的约束条件。“产权制度划定了竞争的游戏规则，游戏规则不变，竞争者只会在规则的约束下进步。……然而，产权制度的转变是另一回事。这后者转变也是因为自私而起，转变后的交易费用可能不减反加。”③

---

① 张五常：《中国的经济制度》，127～128页，北京，中信出版社，2009。

② 张五常：《制度的选择》，254页，网络版：http：//staff. ustc. edu. cn/～shzhang/chinese/papers/jjjs. pdf。

③ 张五常：《制度的选择》，306～308页，网络版：http：//staff. ustc. edu. cn/～shzhang/chinese/papers/jjjs. pdf。

（2）以明确界定的产权为前提，市场价格机制是最优的竞争规则。

阿尔钦认为“价格决定什么”比“价格是怎样决定的”更为重要。这就是说，价格是一种决定胜负的准则，而在各种各样的准则中，唯有市场价格没有经济学意义上的浪费或租值消散。因为若采用市场价格作为竞争准则，“出价的人拿出来的代表着曾经生产或服务的收入，钱的来源对社会有贡献。但如果竞争的准则是先到先得，要赶早排队轮购，排队花去的时间是社会的资源支付，但没有对社会有贡献的产品造出来”①。

其中，充满辨证意味的一点是：市价规则能够最大限度地降低租值消散，但由于监管等交易费用的存在，又使得某些安排要采用非价格准则的行为。如某些餐馆、大厦物业管理者会将价格定得低于市场价格，但却可以因为有租客排队等候而使得现存的租客或食客比较遵守规则，降低了监管费用。也就是说，某些因交易费用存在而导致的非价格行为不代表租值消散，因为这些行为或资源投入也作出了有市场价值的贡献，关键是要看这种非价格准则是否是市场主体的自主决策。

（3）产权的结构与维护产权的困难。

产权是一个结构，可以分解为资产的使用权、收入权以及转让权三种权利。

使用权的重点是产权人有权决定资源由谁使用和怎样使用，当然，其使用也要受到权项（用途）与权限（容量）的界定。从社会整体看，资产最高的利益是使用的权利能得到最高的租值。但因为交易费用的存在，无法完全达到这一租值，又因为政府参与使得使用权的调整面临管制，从而使得资源被应用在不同用途的边际回报存在巨大差距。

---

① 张五常：《制度的选择》，251 页，网络版：http://staff.ustc.edu.cn/～shzhang/chinese/papers/jjjs.pdf。

收入权的要点是产权必须有清楚界定的私人收入享受权，若这一权利不被界定为私有，会有使用权公用的效果，造成部分租值消散。

转让权的要点在于，明确转让权能够使得资产参与市场流转，从而流动到善用者的手上。同样，转让权也意味着可以通过自由订立合约，尽量减少交易费用，提升生产能力。

综合产权的三项权利来看，有两大要点：其一是凡有转让权的资产，必然有使用权及收入权，否则市场无人问津；其二是在三项权利具备特别是转让权具备的基础上，所有权不重要。这一点颇具启发性，能够避免很多无谓的意识形态层面的争论。

以得到明确界定的产权为局限，在市场上按照市价原则实现交换、重组，是最能够减少租值消散的安排。而这一约束条件的生成与维护是需要费用的，面临的主要困难为："一、你的私产他人欲得，而且可以不择手段；二、改变了私产制度，游戏规则不同，在私产市场竞争的败军之将可以反败为胜"①。

2. 从交易费用出发内生解释市场与制度：制度创新是合约间的替代

制度创新的目的是降低租值消散，其本质是一种合约代替另一种合约。

(1) 内生市场——市场因交易费用而生。

分工必然要求交换，而交换可以采用计划手段，但其交易费用十分高昂。转而"以市场处理专业、交换、竞争、合作等事项，人与人之间的合约安排就成为分析行为的重点了"②。其中的道理在于，达成合约所

① 张五常：《制度的选择》，313 页，网络版：http：//staff. ustc. edu. cn/～shzhang/chinese/papers/jjjs. pdf。

② 张五常：《制度的选择》，264 页，网络版：http：//staff. ustc. edu. cn/～shzhang/chinese/papers/jjjs. pdf。

依据的规则的生成与维护必然需要费用，有了基本的规则，经济主体将资产投入竞争，而市场以市价决定成败的准则能够最大限度地提升资产产权人的福利水平，因而，“市场协助的是降低租值的消散”①，“市场的存在是因为交易或社会费用不是零而起”②。市场因交易费用而起，但其本质作用是降低租值消散。

（2）内生制度——制度费用是消散的租值。

要分析制度创新，首先要界定何为制度费用。

张五常用一个精彩的案例定义了制度费用：在非洲的的黎波里，原本适合种植杏仁的草原被用作放牧，原因在于草原公有从而无法保证种植杏仁者的收入权。这种情况显然导致了草原潜在的一部分租值无法实现，这部分价值就被定义为交易或制度费用。根据这一定义，除非草原资源再配置的制度费用（包括界定权利、监督他人侵入等）小于消散的租值，否则这种再配置不会发生。这里暗含的意思在于，一个社会，其制度费用越低，资源实现高效配置的可能性就会越高。这也意味着从资产潜在租值的释放即价值增量显化过程中的约束来看，交易费用或制度费用使得资产的流转离可能性边界较远。

（3）制度转变——合约更替是制度转变的正确意义。

从上述定义延伸，制度费用的降低显然能够降低租值的消散，“能认定这些费用在哪方面有了转变，制度的转变可以推断”③。从合约的角度看，制度转变的含义可以转而表述为：合约之间的互相代替，从而使竞争规则发生转变。“不同的合约是不同的安排，是不同的制度。事实上，一个国家的宪法，界定一个公民的权利与责任，是合约。

① 张五常：《经济解释（卷三）：受价与觅价》，48页，北京，中信出版社，2012。

② 张五常：《中国的经济制度》，132页，北京，中信出版社，2009。

③ 张五常：《中国的经济制度》，133～135页，北京，中信出版社，2009。

钞票是合约一纸，支票也是合约”①，而要解释制度的转变，则需要从边际上分析交易费用的转变，排列其高下，进而推出可以验证的假说。

3. 合约、产权、市场：应改进产权而非管制合约

合约包含“竞争规则”与“资产流转”两个层面，这两类合约可以涵盖经济运行的整个流程。问题在于从产权层面约束所有竞争规则的合约或制度安排往往不完善，而微观层面的产权交换、组合却时常受到管制，造成租值消散，影响经济效率。

（1）管制具体合约造成租值消散。

“分成或租金或市价，是私产收入权利。如果这一收入权利被政府压制，私产的使用在某种程度上会有非私产的效果，在某种程度上会导致租值消散”②。这是因为，若管制具体的合约，则一定会有部分本来应该是市场上实现的租值被抛到模糊的公共领域，由于这部分权利的竞争准则不明确，必然导致非市场竞价准则的出现，从需求方而言，会出现如排队、等级分配、走后门、赎买管制权力等，从供给方而言，可能终止合约、偷工减料、漠视后续维修责任等，以上这些资源的投入或调整对社会毫无价值，因而造成了一定的租值消散。“但租值消散可不是为了消散而消散的。……在局限下争取极大化的公理下，每个参与人都有意图降低租值消散。依照这个公理，在价格管制下的租值消散，必定是在局限条件约束下能争取到的最低消散”③。

---

① 张五常：《制度的选择》，244 页，网络版：http：//staff. ustc. edu. cn/～shzhang/chinese/papers/jjjs. pdf。

② 张五常：《制度的选择》，256 页，网络版：http：//staff. ustc. edu. cn/～shzhang/chinese/papers/jjjs. pdf。

③ 张五常：《制度的选择》，257 页，网络版：http：//staff. ustc. edu. cn/～shzhang/chinese/papers/jjjs. pdf。

（2）推动社会进步应着眼于改进产权安排而非管制具体合约。

产权与合约都是人类社会的制度安排。市场上的交易合约是以得到明确界定的三项权利为基础的，对于社会生产效率而言，“应该从产权安排的角度看，而不是看合约（指具体合约，著者注）的安排”①。

中国改革开放的进程鲜明地印证了这一点。20 世纪 80 年代，在沿海地区，当生产合约的自由度提升，工人的工作热情立刻提升，而不受“铁饭碗”政策约束的企业主也得以更高效地组合劳动力与其他资本。可见，改变产权制度（竞争规则），允许改进合约自由，让竞争力量彼此激发，让经济主体的努力能够获取相应的边际收益，则经济奇迹立刻出现。

（二）合约结构与合约结构改进（制度创新）的基本原理

合约结构是指那些“非卖断”合约所具有的特性。“不管是明还是暗，任何交易都有合约。合约的条款分两类：收入条款与使用条款。一次买断的合约不是结构性的，只有收入（即价格）条款，但不买断的（如租约或雇用合约），除收入条款之外还有使用条款。后者合约是结构性的”②。

结构性合约的主要领域是资产的租用或雇用，由于并非断权成交（outright transaction），此类合约中交换及重组的只是部分的资产权利，在合约存续期间，双方的行为都会对资产的使用与收入获取产生影响，因而设置价、量之外的条款来约束双方的行为，主要是约束资产的使用与收入分配（转让、分包可获取收入，因而也可归入收入），即使用条款

---

① 张五常：《制度的选择》，269 页，网络版：http：//staff. ustc. edu. cn/～shzhang/chinese/papers/jjjs. pdf。

② 张五常：《制度的选择》，256 页，网络版：http：//staff. ustc. edu. cn/～shzhang/chinese/papers/jjjs. pdf。

与收入条款。显然，城市的运行依赖各类主体间的持续行为互动，因而城市作为一组合约必然具有结构性。

两类条款会互相影响——这一点是合约理论的核心内容，“不同的收入条款厘定，订约双方会有不同的行为，于是合约中关于约束资产使用的条款就会跟着不同；另一方面，使用的约束也会影响收入条款的选择”①。另外，“因为任何资产的使用可以有多种用途、多种选择与不同边际的益与损的考虑”②，这些交易费用的存在使得合约条款不可能完备。

（1）合约选择定律：合约之间选择越多越有助于降低制度费用。

如前所述，对社会没有贡献的交易费用就是租值消散。针对交易费用导致的租值消散，如何加以消解呢？这里就要引入合约的选择定律（the law of contractual choice），其内容是：“合约的选择越多，监管（交易）费用越低”③。在此基本原理之下，具体的合约选择会对压低交易费用产生不同程度的作用。我们知道，市场主体面临不一样的约束条件会选择不同的合约安排，一般而言是为了尽可能降低交易费用。而竞争可以被视作合约的选择增多，它与降低交易费用是互动的，降低交易费用鼓励竞争，而竞争也有利于降低交易费用，因为竞争越激烈，市场主体意识到不履行合约将会面临巨大的损失，故履约的意愿越强。中国的改革开放同时促进了这二者发生并形成循环。在这里，竞争与合作统一于降低交易费用、增加交易可能、促进分工，实现资产潜在租值的充分

---

① 张五常：《制度的选择》，244 页，网络版：http：//staff. ustc. edu. cn/～shzhang/chinese/papers/jjjs. pdf。

② 张五常：《制度的选择》，245 页，网络版：http：//staff. ustc. edu. cn/～shzhang/chinese/papers/jjjs. pdf。

③ 张五常：《制度的选择》，271 页，网络版：http：//staff. ustc. edu. cn/～shzhang/chinese/papers/jjjs. pdf。

释放。

合约自由选择的维度可以包括：时间上的约期、量度非价与量之外变量的方法、收入的分配方式等。例如，约期的弹性可以用来处理不同的工作岗位雇佣安排，如试用员工用短期，需要投入大量培训的岗位则约期较长。总之，合约选择的可能性越多，则交易费用越可能下降。

（2）分成合约的优势是处理关于未来的信息费用。

传统理论认为，从量度与监管费用来看，分成合约必定高于固定租金合约。那么，为何经济生活中分成合约如此普遍？遍及市场的股份公司就是一种分成合约。其原因在于，因为有交易费用特别是关于未来的信息费用的存在，要素合作生产无法在订约时确定具体价格，只能约定一种收益共享及风险共担的规则。另外，“分成量度收入使合约双方都知道生意情况。这一信息是续约时的指南，使调整分成率或租金，又或终止合约，都多了依凭”①。

（三）结构性合约中的组织要素：从公司到政府

（1）公司是用一种合约代替另一种合约以节省交易费用。

生产需要两种或以上的生产要素的合作，市场上各种组织之所以存在，本质上是能够帮助降低上述合作过程中的交易费用，并从降低了的交易费用（也可被看作挽回的租值消散）中获取一定比例的收益。公司就是这样一种市场中的组织。例如，公司经理能够依靠其专业知识与管理能力从减少了的交易费用中获取报酬。

公司这一结构性合约中的使用条款意味着有形之手的存在，要素市场与产品市场由此分开，“价格”的两大作用（资源配置与收入分配）也

① 张五常：《制度的选择》，274～276页，网络版：http：//staff. ustc. edu. cn/～shzhang/chinese/papers/jjjs. pdf。

分离。小的公司是小范围、小规模不同种类要素合作生产的合约关系，“但如果让合约不断连串起来，这公司可以大如一市的经济，一省，一国，甚至整个互相交易的世界”[①]。

公司所节省的“量度与厘定价格的贡献”即诺思所称的“在制度上……造成一种激励，将个人的经济努力变成私人收益率接近社会收益率的活动”（诺思，1973）[②]，本书将诺思的这一表述称为“诺思定律”。诺思在这段话的脚注中进一步解释道：私人收益是经济单位从事一种活动所得的净收入款。社会收益率是社会从这一活动所得的总净收益（正的或负的）。它等于私人收益率加上这一活动使社会其他个人获得的净收益。

（2）政府的出现也是为了节省交易费用。

科斯曾经评论列宁的国家资本主义论点与国家企业观，认为企业的作用在于提供组织要素，以有形之手分配资源，从这一点看，一个国家可以就像一家大公司，但二者的区别在于，公司是以市场为基础，靠市场信号来组织生产，而非天然出现一个组织来分配资源。这一分歧的关键在于市价合约选择自由，因而是充分竞争下的信号。在此基础上，政府的出现是为了处理一定范围的共用（注意，不是公用！）事项，因为涉及众多主体的公共事项不易以市价成交，或者说利用价格机制的费用过高。政府负责的共用产品多而复杂，定价费用高，因而是用政府合约代替市场交易达成共用品领域的资源配置。

现实中，政府的收入来源于从社会中收税，那么政府抽税是否削弱了私产产权人的收入享受权？如果“政府提供的服务有税之所值，那么

---

① 张五常：《制度的选择》，293～294页，网络版：http：//staff. ustc. edu. cn/～shzhang/chinese/papers/jjjs. pdf。

② 道格拉斯·诺思、罗伯斯·托马斯：《西方世界的兴起》，4页，北京，华夏出版社，2009。

抽税是出售服务的收入，可以看为间接地让政府服务在市场成交”，至于抽税的强制形式，则因为“有公共性的服务，往往要用强迫的办法收钱”①。

万源归宗，一切制度安排（产权、市场、合约、企业、政府）因交易费用而起，目的也是为了降低交易费用。产权明晰（资产的三项权利得到明确界定）与市场的合约形式相对计划经济而言能更大地降低交易费用，从而让租值更多、更持续地释放，政府的出现也是为了节约交易费用。

（四）合约结构理论的运用：分析中国的经济制度

2009 年，张五常教授发表《中国的经济制度》，将合约理论拓展到纳入政府的宏观层面，指出中国经济制度的重点是通过一连串合约促成地区之间的激烈竞争。

该书指出中国的经济制度是一个庞大的合约组织。其要点包括：（1）县的经济权力最大，而且地理界线及县干部的权利与责任的划分清晰，使得县类似性质类同的商业机构而激烈竞争；（2）县干部的奖赏按成绩算；（3）引进产品增值税且实行固定税率的分税制，类同佃农分成，一个县可以视作一家购物商场，投资者好似租客，缴纳固定最低租金（固定地价）加一个分成租金（增值税），因为是分成制，县政府会小心选择租客，多方面提供服务及优惠；（4）上层鼓励竞争，因 75％的增值税是上层收的；（5）法律层面弹性较大，允许合约结构中的条件可以商讨，市场倾向远比其他国家明显。

从这一环环相扣的合约结构关系中，该书总结出四个重要含义：

① 张五常：《制度的选择》，241 页，网络版：http：//staff. ustc. edu. cn/～shzhang/chinese/papers/jjjs. pdf。

(1) 私产与市场对改进人民的生活无疑重要，但一定要加进界定经济制度的合约结构与安排来看问题；(2) 人民与社会面对的局限条件对界定经济制度的合约结构的选择有决定性；(3) 经济增长的速度与界定经济制度的合约结构是息息相关的；(4) 没有政府或共产党的主持，中国的经济制度不会近于奇迹地发展起来。

张五常教授认为竞争的激烈程度决定着土地使用效率的高低，中国是在同层的地区互相竞争，从而把使用权的界定“织”进了市场合约之中。在这样的安排下，投资者要在生产存续过程中履行相应的投资义务才能获取完整的土地使用权。在工业发展之中，通过层层合约的嵌套、联系，产生了“令人敬畏的经济力量”①。

四、以纳入政府的合约视角融汇三大理论

就新制度经济学而言，本书认为产权理论、合约理论、制度变迁理论可以统一于合约及合约结构这一视角，制度的本质作用在于通过明确产权安排、提供合理激励、降低交易费用，促进具体合约的生成及其结构的改善。

新结构经济学将基础设置（硬性、软性）引入作为独特要素，显然就是将政府作用与制度改善补充入传统发展经济学的结构主义分析。诚如诺思（1973）所言：“如果经济增长所需要的就是投资和创新，可是为什么有些社会具备了这种条件却没有如意的结局呢？……我们列出的原因并不是经济增长的原因，它们乃是增长（本身）。……除非现行的经济组织是有效率的，否则经济增长不会简单地发生。个人必然受刺激的驱

① 在这里，很容易得到如下推论：这套合约组织与结构推进了奇迹般的工业化，而基本原则不动，调整若干局限条件，如调整税制组成与比例，可以用来推进中国的新型城市化进程。

使去从事合乎社会需要的活动。应当设计某种机制使社会收益率和私人收益率近乎相等。”① 从科学方法论视角解读诺思的话就是：很多传统上的研究对象是增长本身而非其原因，我们也可以说结构变动是结构变动本身而非变动的原因。

从新兴古典经济学理论来看，该理论认为交易效率的提升是促进分工、城乡分离以至确定城市金字塔体系层级、规模的根本原因，而交易费用及交易效率问题正是新制度经济学的研究专长。同时，新兴古典经济学所说的“随着分工水平上升，最优城市层次会增加”以及“分权的分层金字塔结构对全社会是最优的，因其允许人们通过择业在各层次和各行业之间自由流动，从而不断改进和优化效率”这两个观点，显然已经开始涉及合约的结构问题，开始关注到产权界定以及合约的自由度与交易费用的相互关系。

从上述对三大理论的小结来看，这三大理论虽各有侧重，但充分展现出了走向融合的可能性与现实性。因而，本书力求从合约视角纳入政府及其影响下的制度，用以构建更一般的理论框架。

第三节　从合约看城市：城市是一组要素合约的系统集成

从世界各国走向现代化的规律来看，现代城市体系的“生成”就是统筹城乡发展的同义语。城市是一组要素合约的系统集成，由政府提供共用品需求并与企业家、人力资本、土地等市场要素合作生产出来。在城市的发展过程中，各类要素以结构性合约的形式参与合作生产并获

① 道格拉斯·诺思、罗伯斯·托马斯：《西方世界的兴起》，6页，北京，华夏出版社，2009。

取回报。重界产权、放松合约管制、转变政府职能是降低交易费用、促进新型城市化进程的基本原理。其中，政府具有界定维护产权、参与具体合约的双重作用，关键是通过制度创新厘清市场与政府职能的边界。

一、现象起点与逻辑展开：现实化的费雪框架

根据科学方法论，我们需要一个足够简单、无争议的公理性起点，以及符合形式逻辑的推导过程。对于经济学而言，这一起点是收入或财富（资产）。

（一）分析起点：收入与资产的性质——资产一般化理论

现代经济学鼻祖亚当·斯密的著作名称即为《国民财富的性质和原因的研究》，而J.B.坎宁教授在给费雪的著作所提的意见中提到："资本与收入的性质"应称为"收入与资本的性质"，因为收入是资本的基础，也是经济科学中"最根本的概念"[①]。在对收入、资产[②]、财富这些基本概念的掌握上，费雪的"资产—收入"分析框架被认为是认识上的一座高峰。

20世纪初期，美国经济学家欧文·费雪在其名著《资本与收入的本

① 菲歇尔（Fisher，现多译为"费雪"）：《利息理论》，3页，上海，上海人民出版社，1959。

② 本书认为采用"资产"来代替传统的"资本"这一翻译更为适当，资本更为物质化，而资产则可包容产权这一重要概念。科斯已经充分论证资产权利清楚界定的重要性，因而"资产"的意义更为全面、准确，故后文一致采用资产概念。张五常在《经济解释：制度的选择》中也提到："生产要素"是西方经济学的factor of production的国内中译。……生产要素、生产资料、资源、资产等词在国内有不同的阐释。西方经济学，尤其是在费雪（I. Fisher）之后，这些词汇是同义的。不同的是人是人、马是马、房子是房子、土地是土地、工具是工具，在用途上各不相同，但这些都是生产要素，既是资源，也是资产。费雪的正确观点是：凡是可以导致收入的，都是资产，而资产的市值就是资本了。但资本是收入以利息率折现，要有市场才能算出来。然而，不管资本可不可以算出来，所有生产要素都是资产。

质》及《利息理论》中论证了：任何可以带来收益的对象都可以被称为资产，而资产带来的“收入是一连串事件”（income is a series of events)，收入除以利率的折现即为资本的现价，从而构建了资产一般化理论，并且通过利率架起了资产、收入与时间变量之间的桥梁。即：

资产收入（i）/利率（r）＝资产价值（v）

这一基本公式实际上内涵了时间，资产收入是指一段时间（即微分了的时间）的收入。

费雪进一步将收入这“一连串事件”与人类作为感受主体的“精神生活的川流”连接起来：“我们的头脑将我们遭遇的以及刺激我们神经系统的外界事件转变为我们精神生活的川流。……当（人这部机器）通过有目的的活动，生产或有助于生产其他占有物时，这些东西便构成我们所期望的事件的物质泉源——食物、房屋、工具及其他财货，它们转而带动一连串的活动，其最终效果就记录在我们的意识川流中了。根据这个观点可以得到一个重要的结论，即人类借占有与利用自然界的物质与力量，一向致力于控制他们的精神生活的川流”①。

他举例论证道：“在人类历史初期，人对环境没有什么支配能力。他大半是听凭自然力量的摆布。但在今天，人用房屋、衣服及火炉等设备来保护自己……利用占有的土地、农场建筑物、犁以及其他工具来增加食物的供应。然后他又借面粉厂、碾磨机、烹饪炉与其他装置以及人体劳动（包括他自己在内）来改制食物了。……无论上述的创造与改造的中间过程或随后的货币交易，除非是精神收入——人类享受——之必要的或有用的准备行为，否则就没有意义……这些行为的任务就在于提供享受”②。

① 菲歇尔《利息理论》，3～4页，上海，上海人民出版社，1959。
② 菲歇尔：《利息理论》，4页，上海，上海人民出版社，1959。

从这一最根本的意义上看，公司及城市的本质皆为：通过合约组合要素进行生产，为成千上万的人提供收入，而公司或城市提供的产品与服务即收入之依托的“事件”，皆最终转变为广大人民“精神生活的川流”。

（二）逻辑展开：“资产—流转—收入”的经济运行一般化框架

费雪已将资产与收入的关系阐述得十分完备，但现实经济运行中资产不能天然带来收入，更一般的情况是，资产需要在一定约束条件下通过合约的形式流转，经由市场竞争“找到”对其利用价值最高（带来现金流最多）的市场主体，进而在与其他资产的组合中实现优化配置，释放带来收入的“一连串事件”。

因而，本书将“流转”这一环节加入，充实费雪的“资产—收入”理论，构建了一个经济运行的一般框架，即“资产—流转—收入”框架（见图2—3）。

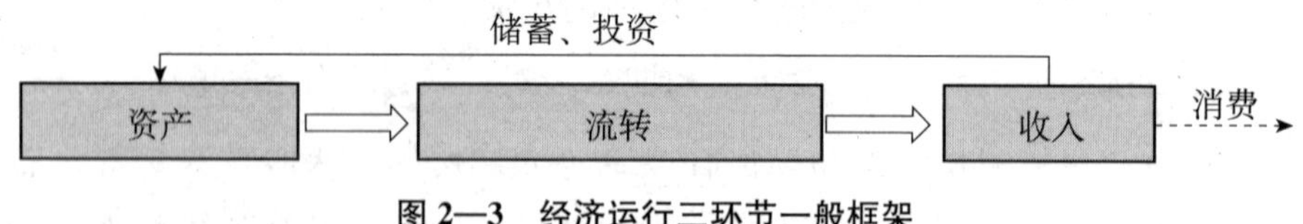

图2—3　经济运行三环节一般框架

这一框架的关键环节是“流转”，资产在流动中通过“一连串事件”变为收入，而收入又转变为消费和投资，投资则作为新的资产注入资产存量池。人类社会的进步就在于这个环节：第一，流转的空间范围越来越大；第二，流转的资产质量越来越高；第三，流转中出现新的价值（即创新，包括技术创新和组织创新）。

在资产流转中，只要交易双方自愿、平等交易，给予帕累托改进的条件，那么“价值增量”就被源源不断地“发掘”（指交易范围越大，资产就越有机会遇到更高的估值和出价者）和“创造”（指原来不存在的使用用途被发现）出来。这就是“交易”的妙处。随着人均收入水平不断提升，资产存量不断增加（增量价值除去纯消费和折旧），人均资产得以提升，实现资本深化，又进入新的循环，收入水平进一步提升。

当然，这一过程的行为主体是理性人，而理性人的决策无法摆脱一定的约束条件。其中，最重要的是物理性技术条件约束以及制度费用的约束，这即是林毅夫教授所讲的两类“基础设置”，而在固定时点上，物理性约束条件的外生性更强，因而需要推进制度创新来尽可能降低资产流动中的制度费用。因而，制度在流动这一环节起根本性作用，而产权制度是其基础和核心，产权制度从表面上看来是“静态”安排，实际上则是为了让各类资产更好地“动”起来。

继而，上述框架拓展为如图 2—4 所示形式。

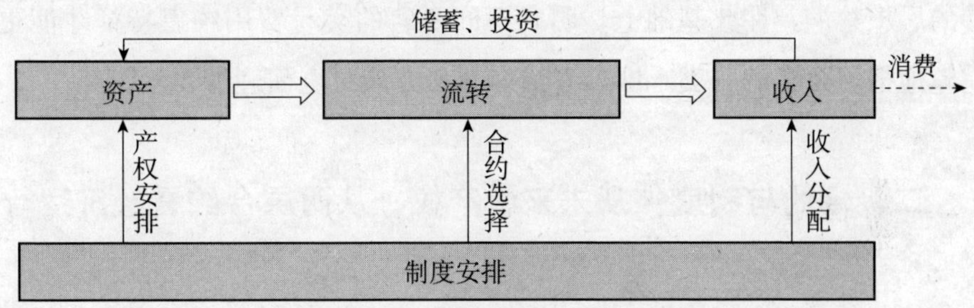

图 2—4　经济运行三环节拓展框架

公共资产（更准确地应被称为共用资产）与收入同样可以被纳入这一分析框架。运用这一框架来分析城乡发展是较为完整的。从这一框架可以得出：首先，传统的农耕社会不可能发达，因流转与资产积累规模都太小；其次，在“流转”环节中，根据科斯对于公司边界的解释，计划经济和市场经济都是组织资产流转与重组的形式，也就是“计划、市场都是手段”，两种形式各有好处、有费用，关键是哪种方式费用更高，需要找到各自边际费用相等的均衡点。

从资产积累的历史长周期来看，人类真正最大规模的资产库是知识库，其典型特点是永无折旧、使用不排他。“没有谁不同意人类最有价值的资源是他们的脑子”①，因其产品的共用性，即“净效用”或“净价值增量”（等于其收益减去生产及流通成本）的扩展性巨大。

根据这一框架，定义交易费用或制度费用为：界定资产（人、己之分）以及资产流动、重组过程中形成合约与执行合约的费用。这就将拓展了的费雪框架与交易费用或制度衔接起来了。

用公式表述为：

$$Y=f(L, K, G)$$

函数 f 即制度，决定性地影响资源使用与收入分配，是合约结构的同义语。同时，有了资产一般化理论才能破除将某些要素“特殊化”对待的思想禁锢，在此基础上，明确不同要素的交易费用约束特征才能更完整地把握要素的分类，即二者结合起来方能更全面理解要素。

二、合约与制度：从未来看产权，从两层合约看经济运行

如前所述，本书力图构建一个基于形式逻辑的制度创新规范分析框架，从而避免就制度论制度、制度的内涵不清晰等分析缺陷。这里，尝试将相关思考较为系统地呈现出来。其基本架构是：

（1）经济学关注人们的行为选择，行为选择决定了资源的配置与产出财富的效率，而行为选择合乎理性原则，因而关键是分析人们面对的局限条件，局限条件清晰则行为选择可以得到解释，进而作出推测。

---

① 张五常：《经济解释（卷三）：受价与觅价》，161页，北京，中信出版社，2012。

(2) 经济人行为的局限条件可分两类：物理性（或技术性）局限条件与制度性局限条件。在特定时点，制度性局限条件可变而物理性局限条件固定（类同于新结构经济学所讲到的资源禀赋外生性）。同时，该时点下人们的行为选择决定了下一时点的物理性局限条件的变迁。因而，物理性局限条件在动态上也是可变的，并在下一时点的行为选择（资源配置）中表现出对经济绩效的影响。

(3) 分析人们在局限条件下的行为选择时要采取“向前看”的视角，资产权利（人）参与流转的目的是获取未来的增值收益“Δ”，这一收益是指“净收益”，即扣除交易费用后的增值部分。这一增值收益持续为正则体现为生产力的进步与帕累托改进，而这一收益的产生要受到上述两类局限条件的约束。在物理性局限条件固定的情况下，制度性局限条件对资产权利的流转、组合以及收益分配具有决定性作用。

(4)“制度性局限条件”是“制度”的正确含义。从合约的视角来看，在资产获取净增值收益的过程中，权利流转都要通过或明或暗的合约来完成，经由合约来约束交易各方的行为选择，即制度体现为合约的结构性。

合约分两层：第一层为产权合约，约束全社会的竞争规则，等同于权利人与全体其他人订约。在法治环境下，产权的界定、权利证明的颁发、权利纠纷的诉讼处理等可以视作第一层合约的费用。第二层为具体的权利流转合约，约束具体交易参与者的收入分配与资源使用。上述断权性合约虽然是具体的权利流转合约，但一般只涉及第一层的产权规则即可处理，这是说断权性交易在交易时点有清晰的信号指引，资源使用权完全转出，而收入分配当时即可划定；而多要素合作生产的合约则涉及资源使用与收入分配的更细化安排而具有结构性，其本质不同在于资源使用权处于合作的境地，并非断权清晰划分，因而需要处理诸如“卸责”、“过度使用”等监管交易费用，而在收入分配方面，收入要在未来才能确定，因而需要约定收入分配的规则（分成、固定租金、累进奖金等），以此处理未知收入的“信息费用”。

（5）制度、产权这两个概念统一于合约及其结构性。合约是用以处理人们行为选择面对的局限条件中的制度性局限条件的形式。产权安排是基础性制度安排，决定整个社会的竞争规则，而具体合约中的结构性条款则是微观层面的制度安排，用以应对千变万化的现实交易费用（信息、监管、定价等）。

以下就其关键点详述之：

（一）向前看：从“未来”看制度、合约与产权

经济学关心人们的行为选择，而已经发生的行为木已成舟，不是经济学关心的内容，而是历史学关心的内容，张五常教授掌握了这一点，提出“从未来看成本”。本书加以延展，提出成本概念之上的制度、合约、产权等都应该从未来、从动态、从价值增量“Δ”的边际过程的角度来看，倒过来从未来看当下的权利界定与合约安排。

在这一点上，合同能源管理与节能效益分享合同这类新兴现象给予笔者极大的启发。

> 飞利浦照明这样的公司可能会同某一个城市签订合同，为所有公共和户外照明设施提供高效的LED照明。飞利浦为城市的照明项目提供财政资助，作为回报，城市将节约的能源费用在固定年限内支付给飞利浦公司作为项目成本。如果没有实现预定的节能目标，那么损失将由飞利浦公司承担。[①]
>
> 节能效益分享合同与合同能源管理有很多相像之处，……在租

① 杰里米·里夫金：《第三次工业革命》，127～128页，北京，中信出版社，2012。

房比例大于买房比例的国家，房地产业主不大愿意主动地翻新房屋，或者将所出租的房子改造成微型的发电站，因为水电账单是由租客支付的。……（但即便如此，）一些业主则开始选择同租客签订节能效益分享合同。根据协议，业主对房屋进行节能改造，而租客则同意将节省的电费在固定的年限内按比例返还给业主，业主获得的节能收益足以弥补其进行节能改造的费用。……因此这对业主和租客来说无疑是一桩双赢的买卖。①

按照张五常教授的说法，这两个案例是非常“夸张”的现象，都是很有意思的合约安排，与常见的合同相比，形式上倒过来了：一般的合约是为了生产增量，而这种合约则是为了“节约”出增量。

在第一个案例中，收入条款的安排约定风险的承担者是飞利浦公司，这是因为对于该项技术创新，公司掌握的信息要比城市政府多，为了展示这些信息信号增强合约达成的可能，故作出此一收入条款的结构性安排；在第二个案例中，也是由于技术进步产生了增量利益的空间，但传统的合约安排使得业主的改造激励较弱，如果租客违约的可能性（合约交易费用）较高，则这一增量改进无从发生。

不同的制度安排与技术条件是人们面对的不同局限条件，在同样的理性原则下，自然会作出不同的行为选择，实现资源配置、收入分配的相应变动。在某一固定时点上，技术条件的外生性更强，因而可变动的局限条件是制度，通过产权安排、具体合约中的结构条款的优化改进，进而带动人们实现行为选择的变动，并在这一变动中实现技术条件的动态提升，这也是新结构经济学动态结构升级观给予本书的启示。

结论：**在一定时点，一个经济体的资源总是存在通过彼此交换或合**

---

① 杰里米·里夫金：《第三次工业革命》，128页，北京，中信出版社，2012。

作生产从而产生净增值“Δ”的可能，而“Δ”的产生要受到一定局限条件的限制，分为物理性与制度性两类局限条件，特定时点的物理性局限条件是外生的，因而资产权利人通过（结构性）合约来约束彼此的权利义务，以此处理交易费用，并在动态上实现物理性局限条件的改善。当然，这一增值的符号可能是负的，这就是分担未知的风险或对未来不确定收入流的信息费用。

可见，产权非静态安排，产权合约乃是为了更好地动员资源的流转、重组，从而实现高效生产并从中获取比资源自用或原有转让配置更高的收入，其中，竞争能够使得信息费用降低，逼出真实的市场信号。因而，竞争是针对自私所提升的那部分交易费用的良方。

（二）从两层合约看经济运行中制度的层次

张五常的合约理论认为产权与合约都是制度安排，只不过前者往往涵盖整个经济运行，而具体的合约则是一定数量经济主体的选择。本书作出如下拓展：

首先，扩充合约的内涵。统一起来看，所谓产权结构，可以理解为是广义产权合约的使用条款与收入条款，可以一体纳入合约这一视角。

合约实际上包含着竞争规则与权利流转两个层次。产权安排，即第一层合约可以视作一种社会契约，是产权人与全体其他人的合约关系，用以约束竞争限度、明确竞争规则的含义，这一环有了确定性，人们才有激励将自己的资源投入到市场上，进而才有形成市场、改进分工的根基；第二类合约即“流转”，是得到界定的三项权利在市场上通过具体的合约实现交换或合作生产，而合作生产则意味着该合约必定具有结构性。

其次，针对第一层的产权合约，其三种权利的界定是说：（1）对于使用权，我有权自用（即出售给自己，因为合约交易费用够低，以及其他人的竞争不激烈，无法覆盖交易费用，导致交易无法达成)；(2) 收入权及转让权可合并理解。在市场上按照价格这一唯一竞争准则将其出租或转让给出价最高之人，即是说资产在当时的时点上实现最优配置和最高收入（新古典经济学框架的两大内容)。其中，使用权是资产自用，转化为“我”的收入的精神川流；而转让、出租是转变为他人精神生活的收入川流，但对我支付高于自用价值的对价。

产权合约是与全体其他人订约，而从合约结构理论来看，约束资产的使用及其收入的分配，可以视作合约具有结构性。管制转让可以视作管制收入，因而影响未来的行为选择。这样，产权层合约与具体层合约的优化就具有了相同的视角——改进合约结构，使制度性局限条件产生的制度费用降低，促进交易、促进分工、促进经济效率的提升。

在早期的《佃农理论》中，张五常指出：减租实际上是按一定比例弱化了财产收入的权利，造成了社会整体资源配置的无效率，其原因“并不在于减少了地主得到的份额，而在于从土地上获得收入的权利没有被完全排他性地转让”，“地主的地租收入会由较高的产出得到部分补偿。……，越来越多的耕作资源被转移到佃农的耕地上，这些耕地的边际产出将会高于——而佃农投入的边际产出将会低于——相同资源被用于其他方面的边际产出。这就意味着，佃农投入的边际产出将低于相应的边际机会成本”①。

最后，对于第二层的具体合约，合约中的结构性是交易参与方的行为选择，以共同约定的方式“创生”具体的结构条款，划定资源的使用与收入分配的具体规则。

以下案例可以说明这一过程：“厂房的用地与件工用以生产的机械或

① 张五常：《佃农理论》，168页，北京，商务印书馆，2000。

工具有很高的租值。依照边际生产理论，同样生产要素的租值是应该相同的。……在生产力明显地有差别的情况下，件工的工价应该累进。”①可见，因为合约自由，允许边际调整，各类要素的边际产量才得以达到相等，否则还有继续流动与重新配置的空间。也就是说，**好的合约结构允许生产要素的收益率同时达到均衡，这是有效率的经济状态的条件，如果不是，则必然存在效率损失，即制度费用。**

在经济分析中，必须时刻记得是要素的“组合”或“合作”生产，分析某要素时要时刻照顾其他要素，努力调动边际上的调整，以使得各类生产要素的租值充分释放。如同上面的案例，产量高的人每件工价越高是因为厂房的边际租值高。各类要素组合生产，因而都有分享增值的权利，这是从未来看的不同层次的“Δ”，为了调动更多“Δ”的出现，必然会出现不同的合约结构安排。

综合以上合约与制度的研究来看，结论明显：制度创新的本质是改进合约结构、降低交易费用。

（三）合约结构影响经济绩效

从合约结构的同一视角来看两层合约，可以理解为产权合约动员资源参与流转，而竞争这一约束则应对因自私等因素而提升了的监管等交易费用，市场价格是最优的竞争准则。

资产权利主体在合约中的相互作用是经济决策最为重要的制度性局限条件，这一点可以从合约的结构性加以理解。根据前文所述拓展了费雪框架，在资产界定、权利流转、收入获取三个环节中，资产界定是产权合约，而“流转”的前提是形成具体合约，至于收入获取则在合约结

① 张五常：《制度的选择》，278 页，网络版：http：//staff. ustc. edu. cn/～shzhang/chinese/papers/jjjs. pdf。

构中体现。因而，可以简化为以合约视角观察整个经济的运行，而制度的选择对合约的生成、结构及其最终绩效有重大影响。

产权研究的权威巴泽尔认为产权分析的基础性内容是合约。在他看来，企业、政府、各类社会组织都是各种各样的合约，并且这些合约都可以而且应该被理解为单个的人之间互相发生的对于彼此权利义务的约定。合约通过一定结构决定产权的最优配置，其机制是“对资产平均收入影响倾向更大的一方，得到的剩余份额也应当更大”①。客观上，资产的潜在价值信息分散于各个经济主体手中，为使资产的潜在价值通过市场交易得到释放，就有了对“组织”的需求，“和张五常一样，巴泽尔主张把企业和市场还原成合同”②。

于是，从两层面合约来看，制度创新可定义为——改进权利界定、扩大合约选择。在产权层面，中国的改革开放就是在改变竞争的规则，从等级排列走向资产界定权利；在具体合约生成中减少了管制与价格扭曲，增进了合约自由度，放大了竞争可能，逼出了交易费用的下降并不断形成循环，极大地扩展了资产的流转范围与租值的释放空间。

根据张五常教授对中国经济制度的分析，中国当前的一连串合约将权利界定与具体合约的选择二者织进了一个合约之中，从而使得这项安排的激励作用更强，或许比西方的（土地）资产交易“断权买卖”更高效，因为合约执行过程中存在的分成激励使得选择更谨慎，更注重某一时点的市价之外的更多真实信息，并在合约执行过程中有很大的调整空间，也即中国的产权安排对资产的权利进行了更细化、更动态化的划分。中国的工业化采用这种合约结构实现了广泛竞争与效率提升，而如何使

---

① 巴泽尔：《产权的经济分析》，4 页，上海，格致出版社，上海三联书店，上海人民出版社，1997。

② 同上书，5～6 页。

之导向城市化的方向则需要进一步研究，基本原则是通过制度创新让地方之间的竞争导向更有利于新型城市化的方向。

当然，这项工作有赖于先建立一个从合约看城市的理论模型。

三、城市的合约性质：多要素合作“生产”城市

（一）城市是一连串要素合约的空间投影

企业的特征就是多要素的合作，其本质是一组合约（张五常，1969）。而企业的外延可以拓展为城市，因而本书从合约角度考察城市，并认为制度创新能够通过改进合约结构降低城市生成与运行中的交易费用。

传统上的城市化考察指标是人口城市化率，而人乃是在一连串合约中作出选择，这个合约体系涉及多类要素。本书认为，城市应被视作各类资产的集聚，在其生成与运行中，多种要素参与流转、重组，合作生产并获取收入，要素之间合约的不断连串就构成了一市之经济。

城市合约是一个嵌套结构。总体上，要有设立城市的合约；在此前提下，具体的合约包括前述两层：第一层：不同要素（资产）参与这一生产过程的竞争规则（产权安排）；第二层：要素彼此约束的使用条款与收入条款。本书主要针对政府与其他要素的关系，运用合约结构理论来加以分析。

如前所述，合约可分两类：第一类是竞争规则，具有广泛的认同度；第二类是具体交易合约，影响所及以合约参与者为主，但此类合约可以大至一城乃至一国，从而与第一类合约相同，在二者之间有着连续的过渡频谱。让我们将目光锁定在城市这一具有相对均衡边界的现象之上。

城市可被视作一种特殊的“产品”，由政府提供共用品（服务于企业与居民），与企业家、人力资本、土地、其他资本等要素合作“生产”或

"供给"出来。通过持续的制度创新、改进合约结构，能够降低城市生成与运行中的交易费用，提高资源配置效率。

从空间上解析，可以将城市视作由企业"围墙内"与企业"围墙外"两个部分组成，城市发展就包括企业内部和企业外部两组环境的生产。在企业围墙内，受产权合约及部分政府管制类局限条件的约束，但在具体合约的形成中由企业内部涉及的要素谈判确定具体的使用条款和收入条款；在企业围墙外，硬性基础设置和若干介于硬性和软性基础设置之间的教育、医疗等提升人力资本的设施是不在企业生产函数之内的，这部分共用品就由地方政府以第二层合约的组织要素提供者身份参与供给，从而将共用品的供给决策内生化。从中国的发展过程看，改革开放前30年通过经济转轨、股份制改革基本理顺了企业内部的市场化关系，而企业外部的基础设施、公共服务等供给尚未充分发挥市场的作用，合约结构有待改进。

以美国城市为示范：

> 美国有数之不尽的城市，其管治方式与上文的公寓大厦类同，只是比较复杂，其法人公司成立的文件，小城市的也厚达四吋。除了保安、清洁、公众场所等事项外，城市通常加上消防、公众学校、图书馆，甚至小法庭。城市有市长，当然也有委员。有些小镇的市长每天上班一两个小时，其收入不足以糊口，是兼职的。但有些大市的市长油水甚多，连委员也可以上下其手。任何政府，其管治的事项越多，价值越大，政府的权力也就大起来。权力欲姑且不谈，有管治大资源的权力，执政者的收入，直接或间接的加起来总会增加。[①]

---

① 张五常：《制度的选择》，301页，网络版：http：//staff. ustc. edu. cn/～shzhang/chinese/papers/jjjs. pdf。

因而，在理论上，地方市政当局既是产权合约的维护者，又是具体合约的参与方，负责共用产品的生产，并随规模扩大产生“上下其手”的代理人道德风险，故需要在其组织要素节省交易费用与道德风险扩张之间求取均衡。

对于第一层合约而言，地方政府的能动性较低，一般由国家层面规定；而对于其参与的第二类合约而言，因为涉及主体众多且结构性非常明显，所以对城市的生成、运行及在此进程中整体经济效益的发挥产生重要影响。

（二）地方政府参与两层合约的基本行为特点

基于上文，可以将城市化视作多要素合作“生产”城市（体系）的过程。

区域经济学认为城市的本质是集聚，而集聚有收益，亦有成本。在集聚的收益方面，从规模经济、集聚经济、知识溢出、集群理论等角度已经研究较多；而集聚的成本方面的研究相对较少，理论基础较弱，但现实中集聚成本巨大，处理并降低集聚产生的巨大成本是城市政府存在的理论根源，政府的基本功能是组织提供市场无法自然生成、交易费用极高的共用产品。此类政府职能主要包括：城市化过程中城市的规划与建设（处理集聚过程“中”的交易费用）以及城市日常运行过程中的社会管理与公共服务（处理集聚完成“后”的交易费用）。

中国改革开放的进程实现了竞争规则的一种本质性转移，即从以身份、级别来界定资源配置转移到以市场价格来界定权利，张五常认为这一点是中国三十多年高速发展的“重心所在”①。

① 张五常：《中国的经济制度》，127～128页，北京，中信出版社，2009。

对于城市体系的发育而言，上述视角具有推广价值。未来，城市体系内不同层级之间的资源配置特别是公共资源配置也应当从按照等级界定转为按照市场规律的资产权利界定，即从一种合约安排转到另一种合约安排。目前，城市之间依旧存在诸多非市场化的资源配置模式，造成很大租值消散。例如，城市之间的政治性分配资源导致制度费用很高，城市公共项目资金要通过层层审批，导致首都北京驻京办林立，要靠搞关系、“跑部钱进”，凡此种种，都是制度费用。

当然，从制度供给的角度看，中国目前形成的地方间竞争工业项目的格局，提供了一个良好的制度运行机制，这很可能是比发达国家相对而言更加“消极型”的地方政府更有优势的领域，也有可能成为社会主义制度在世界上赢得竞争的重要一环。

地方政府组织要素合作生产的特征在于参与两层合约。这种特殊性使得涉及政府的合约必须有另一重约束机制——合约的退出权。张五常用股份制举例，“你入股或买股份，下注的资金你有私人使用权。但下注之后，股份企业用以生产的资产一般是没有私人使用权的。……你投资股份的唯一保障，是可把股份转让出去。显而易见，股份企业的股份转让权非常重要”[①]。从退出权来看城市发展，如果中国能够有更多的城市，城市之间的基本公民权利能够平等，显然将会降低居民退出一市转向另一市的成本，更好地保障人力资本与其他资产的转让权，促进全社会效率提升。

退出权平等化才能够“逼”出地方政府职能的优化。目前，企业投资领域的市场竞争异常激烈，使得政府对投资者的服务有疾速的提升，合约选择定律的威力在中国的工业化进程中得到了充分验证。但在对居民的领域还相对欠缺，因为分割的制度安排使居民的地方附属性太强。

① 张五常：《制度的选择》，243 页，网络版：http：//staff. ustc. edu. cn/～shzhang/chinese/papers/jjjs. pdf。

因而必须在这一领域推进改革，通过改变规则促进地方竞争对象的调整。

（三）当前中国城市两类共用品合约的结构分析

城市中共用品的生产是理解城市化的关键一环。共用品可分两类，一为道路等基础设施，二为教育等公共服务。

基础设施合约结构中的使用条款的特征是：城市政府供给基础设施，资金主要来自出让非工业建设用地（工业用地则是逆向补贴），以及用土地未来的预期收益通过平台公司举债融资。其中，土地收益中包括了征地制度带来的建设用地要素的财产收益权的部分转移。之所以说是“部分转移”是因为：在市场上折现的“熟地”，本身是生地要素与基础设施投入这两者合作“生产”出来的，并非仅仅是农民的原有资产。因而，这一增值生产过程本身是一个合约，在理论上可以通过股份制等安排，使得贡献大者的收益在边际上也大，而非目前的征地安排。

基础设施收入条款的特征是：市政基础设施，如道路，大多不收明费，而在流量上，可以获取的收益是因基础设施改善而带来的增值税收入（对于纯市政设施而言，不容易区分出边际建设的贡献）。当前，并未承担基础设施成本的新增外来人口可以享受到一种补贴，即不收费的基础设施，这也是一种收入。由于全国城市发展差距巨大且无法通过户籍等手段限制这种补贴，这类补贴就成为一种“收入的川流”。[①] 北京等超

---

① 由于历史上形成的集聚格局与增量上还在持续的公共资源不均衡投入，目前离开北京等超大城市（人力资源流动重组）的机会成本非常高。只有城市体系内部资源流动的权利走向平等，各类要素根据市场信号“有进有出”，通过公平竞争实现各自的比较优势，才能降低交易费用，在整体上实现资源优化配置。换一个角度，也可视作要素市场存在着广泛的局部分割。未来需要完善制度，让劳动者在全国范围内实现自由流动，促进全国统一劳动力市场的真正形成，促发地方政府在新一轮竞争中更加注重竞争人才要素，从而带动城市注重生活环境、注重改善民生、注重对市民的服务，进而真正带动政府职能的转变，这是根本的内在动力，由上而下的行政压力难以实现这种内生效果。

大城市人口出现无序扩张，这是根本原因。同时，由于天然的技术条件、人为的管制干预等限制，不可能出现无数人同时使用公共资产的情况，反过来看，那些没有明确界定到私人的资产，可以采用发放牌照等方式来避免租值完全消散。北京等大城市的户籍之价、房产限购、车牌之价均为共用品的租值折现，这也是减少一部分租值消散的手段。通过新闻报道，我们很容易得知这些牌照实际上都有“黑市”价格，而上海则较北京高明，将汽车牌照的价格市场化、透明化，从而减少了车管部门私下寻租的可能。在目前的城市体系存量格局下，如果首先全面放开这些地方的公共服务，后果不言而喻。

除了流量安排外，基础设施边际上的扩张显然对于存量资产有着影响。根据边际规律易知，在到达收益外部性影响的拐点之前，边际上的基础设施增加对于城市存量资产有着资产价值拉升的作用，也就是说，边际新增的基础设施收益很大部分落在了存量资产（以房产为主体）权利人身上，而没有从这部分资产增值中获得收益（如财产税）的安排。

简单来讲，目前城市在边际上的扩张或“生产”，很大部分是依靠因为农村产权模糊而强制转移的土地收益以及未来的预期流量回报，城市下一期的生产则要靠更下一期的预期收益来支付成本，而增值收益则大部分落在了存量资产人身上。

经济规律告诉我们，受到边际收益递减规律的约束，上述合约结构显然是不可持续的安排。对于物理性局限条件，除非技术进步出现不可预知的惊人进展，否则会很快达到拐点，本书将在第八章给出实证数据。此外，随着农村确权活动的开展，边际上的垄断转移收入也无法持续。对于像北京这样的规模超大、空间结构不合理的单中心城市而言，边际收益拐点规律的约束会首先到来，而对于大多数其他城市而言，垄断转移收入被纠正的约束会首先到来。

对于教育等公共服务，其未来增值“Δ”是人力资本产品，其使用条款与收入条款的分析见本书第六章。

四、统筹城乡发展的核心任务是改善城市“供给”的合约结构

新制度经济学基本理论在交易（制度）费用与经济绩效这两个现象之间建立起逻辑关系，即：

交易（制度）费用↓ —制度变迁→ 经济绩效↑

将之运用于城乡关系研究，即：

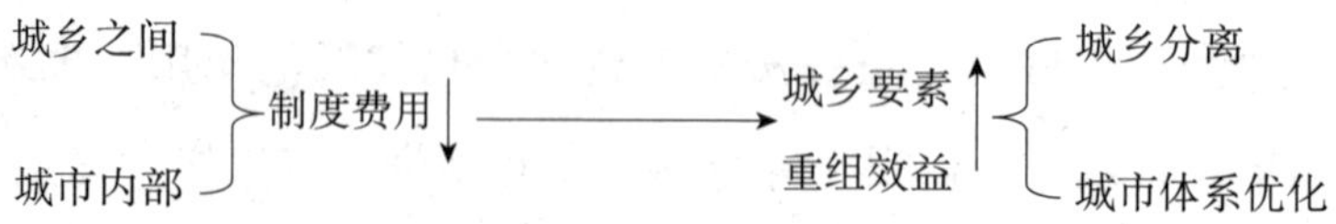

上式左侧：交易费用高，制度费用就是消散了的租值。例如，不合理的制度安排引起价格扭曲，压抑收益率高的中小城市成长，阻碍资源配置到具有比较优势的产业。根据方法论，现象可以用指标或陈述来表达，由于制度费用的特殊性，很难用精确的指标来表达，因而一般用陈述来表达，其原则是，如果明确看到潜在租值因为管制而无法释放，或者看到竞争规则改为非市场的等级分配、腐败（赎买权力）等现象，我们就可以反过来推定存在租值消散或制度费用。对于城乡发展而言，如果某类要素以交易费用（摩擦系数）最小的货币为代表，在城乡之间或城市之间出现巨大的价值背离，又如果客观的物理性交易费用无法解释，那么显然就是制度费用巨大，存在潜在效益损失。

上式右侧：本书中，城市化不是被视作人口这一单一要素的空间转移，而是被视作城乡各类要素按照市场信号引导的流动、重组，并在空

间形态上表现为集聚的过程。这个过程的根本动力是租值释放，各类要素的生产效益提升，局限条件在于制度费用以及物理性交易费用。从全要素的视角定义城市，因为工商业的局限条件与农业不同，相对而言非土地资本密集，即合约中的非土地要素相对密集，现象就是单位土地对应着的其他资产的存量值更高。

由于既然制度费用降低能够促进资源合理流动、重组，而资源要素的流动、重组在空间上表现为集聚，因而同义于城市化。就此，笔者提出本书关注的核心问题：如何降低制度费用以促进城乡之间及城市体系内部的要素流动重组？

基于这一问题，本书提出如下理论公式：

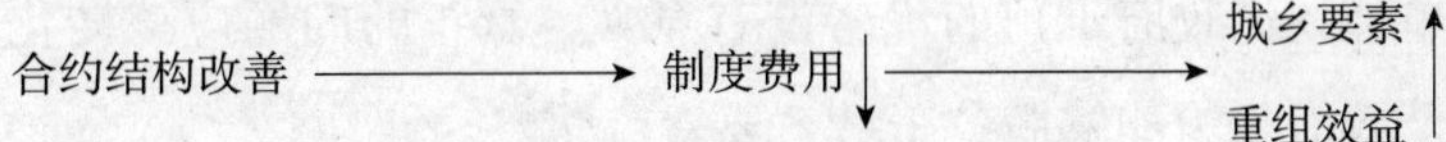

其中，城乡要素重组效益恒等于经济绩效提升，恒等于健康、均衡的城市化。将制度创新的研究转化为合约研究，通过合约中经济主体的互动结构即合约结构来规范地解释、分析制度问题。

上式从合约角度表述就是：

合约结构改善 ⟶ 制度费用↓ ⟶ 城市化绩效↑

根据这一理论提出如下假说：如果城市体系生成中的两层合约结构合理，则根据经济均衡的经典理论，各个城市资源的边际回报应当一致。关于这一点，在本书第八章将给出经验数据的验证，以验证目前城市合约结构是否合理。

据此，统筹城乡发展可以被看作城乡各类要素通过不断交易实现高效重组，从而在宏观上实现产业结构升级、要素质量提升的过程。由于城乡一体化进程是一个复杂的要素重组、利益交换过程，如何高效“组织”这个交易过程，就成为政府的存在理由与行为方向。

第一，城乡各类资产流转、租值显化过程在时间上的动态化就实现了结构升级。其内在逻辑是：在各个时间节点的禀赋约束下，存在最优产业与空间结构，但也存在根据比较优势进行要素流动的倾向。随着新的“租值”不断在交易行为中显化，要素向能够释放“更多租值”的产业部门、生产环节以及空间进行转移和重组，进而实现动态的结构升级。第二，结构升级的动态过程应该是平滑的，需要政府发挥“因势利导”的作用，处理共用品的交易费用。企业与政府都是处理交易费用的一种合约形式，地方政府与企业职能相对更接近。政府内部的层级、部门间的协调，即政府“合约内部”的处理也就是公共管理学科的研究内容。第三，单纯谈论政府干预的优劣没有意义，真正的问题应该转化为：哪些政府及政府行为能够服务于城乡要素流转？

当前统筹城乡发展进程中城市化滞后以及城市发展质量不高的根本原因在于综合效率较高的城市作为一种独特的“产品”，其供给存在严重不足。供给不足的主要障碍在于牵涉城乡二元体制深层次矛盾的“城市生成制度”不完善，组织费用过高，需要通过改进合约结构来应对。

第四节　形式化工具：加入交易费用的曲线推导

基于本章的理论研究，本节试图从“交易”或“资产流转”这一基点出发，按照理性决策原则，在曲线推导中融入主流经济学主要概念，并尝试在经济学传统曲线模型所包含的资源配置与收入分配基础上，加入新制度经济学所贡献的交易费用内容，探索当前认识条件下经济学

“统一场论”的图形表达。

一、引入交易费用：市场交易“点”的放大

资产流动是因为出让主体与受让主体对某一**资产**（物品或服务）的评价不同（通常以价格衡量），存在一个增值区间“Δ”，若**交易**经由**合约**形式达成，二者分享这一**增值**区间（见图 2—5）。对于断权合约而言，“Δ”通常为正；对于合作生产的结构性合约而言，“Δ”预期为正，但存在为负的风险，或者转化为交易费用就是获知确定“Δ”的信息费用过高。

如“资产—流转—收入”框架所陈述的，这一增值区间就是通过市场交易“显化”或“创生”出来的，也就是巴泽尔所称的信息费用导致的“未经界定的权利”落在“公共领域”，这部分权利需要在交易过程中重新界定：“随着新的信息的获得，资产的各种潜在有用性被技能各异的人们发现，并且通过交换他们关于这些有用性的权利而实现其有用性的最大价值”①。

需要指出，有了资产一般化理论，供给与需求两个概念便是可逆的，对于物品而言的供给者与需求者，从货币来看，二者互换。这里为了分析方便与照顾习惯，以货币对应的实物或服务资产为对象设定出让主体与受让主体。然而，需要始终明确，这一分析流程完全是可逆的，即：可以从货币资产的角度将出让主体与受让主体位置翻转、曲线对调。

按照资产一般化理论，资产既然具有了一般化解释，那么在此基础

① 巴泽尔：《产权的经济分析》，3 页，上海，格致出版社，上海三联书店，上海人民出版社，1997。

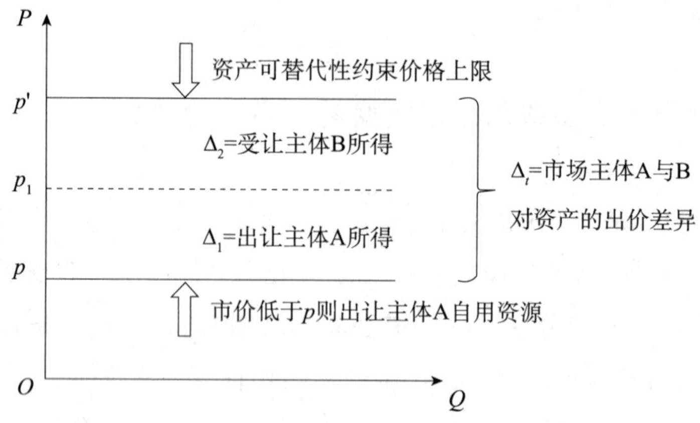

图 2—5　资产流动增值空间的结构分解

上如何理解不同要素的分类？是否还有分类的必要？本书认为不同要素仅仅应该从流动中交易费用这一局限条件的特征不同这一视角进行定义，主要在于权利的界定是否清晰，流转中的合约是否易于实施、易于监管以达成合意。

关于资产评价的上限与下限：假设受让主体与出让主体确定自身出价的费用是零①，则在上限处，出现经济学基础概念之一——替代，即，若该项资产的可替代性很高，受让主体有更多的选择空间，则 p' 有下降压力，也就是替代性约束着 p' 的上限；在下限处，若市价低于出让主体的自用价值，则出让主体放弃出让转而自用资源（即新兴古典经济学理论中资源利用环指向要素拥有者自身），而出让主体对资产自用价值的评价又取决于动态比较优势下的相对价格（参见专栏："金针度人"的动态比较优势论）。这样，上限与下限两种约束力量就框定了 Δ_t 的幅度。

① 下文中，将这一层局限条件转到交易合约内部加以处理，因而，这里的假设可以被看作仅仅是为了方便所做的假设，并且可以被视为在动态上迭代实现物理性局限的内生化。

“金针度人”的动态比较优势论

“鸳鸯绣取凭君看，不把金针度与人”的诗句出自金代元好问《论诗》，这是中国古代乃至所有前现代社会的经济运行特征，以行会等组织为社会表现。不度金针的理由为何？从经济分析看，归根结底就是一条：度与人的收益不合意，合约难达成。那么，为何不合意？可分为两大局限条件：第一，制度性局限条件，第二，物理性局限条件。

首先是制度性局限条件。传统社会没有专利制度，不保护知识产权权利人的收益，很少有依靠转让此类技术来收取费用的记载；其次是物理性局限条件。受到交通、信息技术限制，权利资产被限定在一个狭小的**流转可能性（竞争可能性）边界**之内，出价竞争的主体自然不可能多。竞争的强度有限，因而卖不出价格。如本章第二节所述，二者之中，物理性局限条件在某一时刻是外生给定的，不可改变，而制度性局限条件则是可以改变的，并且制度性局限条件的改善将推动物理性局限条件的动态演变。

更进一步，为何竞争技术的主体竞争动力弱？背后的重要因素还在于竞争到权利后的收益也很有限。市场范围不大，技术转化为商品后的收益也有限。同时，想要再度转让专利也没有转让市场。制度上也没有排除包括发明人在内的其他人盗用技术获取收益的安排，权利即便有界定也很难执行。

以上是从专利技术的需求一侧竞争展开分析。更深一层，我们要问，一个人不“度”，难道没有别人“度”吗？技术的供给方之间不竞争吗？又回到市场范围受限、竞争强度有限的情形。在传统农耕社会，一个地方往往只有一位或少数几位巧手姑娘，这使得她们在一个市场上具有了垄断地位。

可以设想，随着知识产权制度体系的建立以及技术进展，信息、交通成本降低，使得市场合并拓展。金针之技的收益可能大增，且收益有排他的法律保障。于是，逐之者多，出价者众，而各地有金针之技的供给方也开始参与到同一个竞争平台，其垄断地位相对削弱。

如此一来，金针之技转让获益，该技法与不擅长创新的普通劳力结合生产更多美丽鸳鸯供应市场（市场范围扩大，实际上是消费者同时竞争其中的金针技艺与普通劳力），而擅长此技者投入新针法的创新生产，几方各得其利，整体上也实现了基于比较优势的分工。启动这一循环就是现代化的几乎全部故事。

这一故事的重要意义在于：通过制度安排与技术创新降低交易费用、增进潜在收益，能够促进交易，促进比较优势的发挥与转让、传递，进而实现更优的分工与市场的扩张。

至此，交易的外部限制已经阐述清楚，在框定了 Δ_t 以及交易双方的基本行为特征之后，深入交易环节的内部进行观察。如前文所述，人们达成合约是要生产“Δ”并进行分配，以改进资源效率与提升收入水平。

(1) 增值分配的比例：增值比例分配环节出现另一经济学基础性概念——**竞争**。比例分配取决于此类资产的其他需求者与竞争者的竞争态势。若资产出让主体众多，则出让者争着向有限受让主体供给的力量更强，因而增值比例更多偏向受让主体 B，Δ_2 更大（见图 2—6 (a)）；反之 Δ_1 更大（见图 2—6 (b)）。从 p 值来看，p' 之上是资产间替代约束，而 p' 之下是同类资产竞争，二者的分野就此清晰。需要指出，竞争是双向行为，出让主体要竞争，受让主体也要竞争，竞争的边界是某要素边际收入等于其市场均衡价格。如同《佃农理论》所述，若农地收成中佃农所得部分低于其成本（在其他领域的收入减去转换合约的成本），则佃农会转业，这也是地主提高分成率与降低出租地块面积的边界。其均衡条件的数学表达是：

$$\text{单位数量要素价值}=\frac{\text{要素的边}}{\text{际产值}}=\frac{\text{单位数量的货}}{\text{币资产收益}}=\text{市场利息}$$

这正是交易费用为零时的经典条件，即所有要素的边际回报率等同于市场利率。

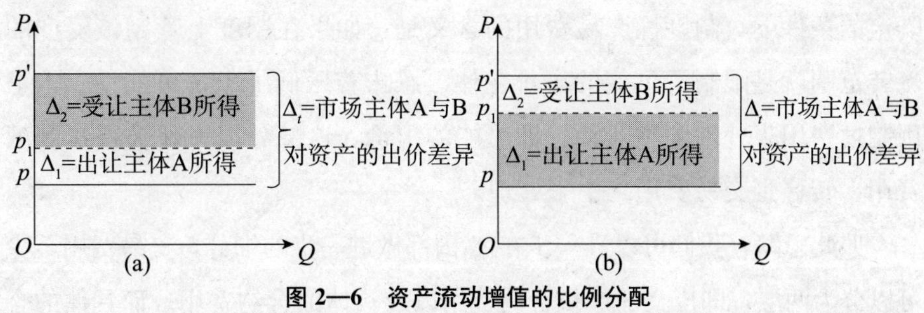

图 2—6　资产流动增值的比例分配

（2）在 Δ_t 幅度稳定的基础上，正式引入新制度经济学所发展的核心概念——**交易费用**①。在主流经济学中，这一概念至今尚未得到系统的形式化表达。如前所述，在现实世界中，交易 Δ_t 的实现需要达成合约，而合约的形成、执行本身需要费用，我们将这一成本定义为交易费用（见图 2—7）。“权利的转让、获取和保护所需要的成本叫做交易成本。”②

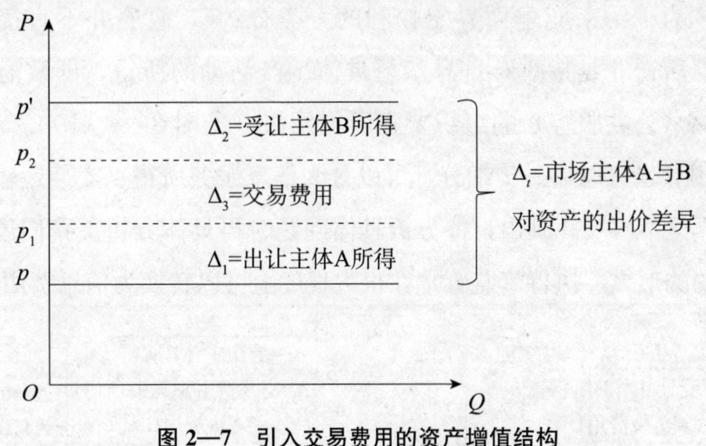

图 2—7　引入交易费用的资产增值结构

① 根据完善的成本概念，成本是向前看的、可能获取的最高收入。虽然市场上发生的交易费用都是收入，但过高的交易费用也可能导致合约无法达成从而无法实现收入，因而，这里采用交易费用的概念。

② 巴泽尔：《产权的经济分析》，3 页，上海，格致出版社，上海三联书店，上海人民出版社，1997。

交易费用是影响交易与合约的核心局限条件。其中，一是制度性交易费用，一是物理性交易费用（交通、信息）。如前所述，在物理性局限既定的条件下，制度性交易费用的含义是：如果在制度上管制该资产的流转范围就是限制了可能的出价主体，意味着压低了出价可能性，本书用制度费用来处理此项变动，即可能的出价，这部分损失就被视作制度费用，转移到交易费用之中来处理。

照此思路，我们可以进一步在 Δ_3 内部做进一步的细分，交易费用至少可以分为两层，即广义的产权合约费用以及具体的合约费用。而具体的合约费用中除包括制度性交易费用外还包括物理性交易费用。从政府收入的视角来看，广义的政府所得可以分为两类，本书称为政府所得Ⅰ与政府所得Ⅱ。政府所得Ⅰ即交易费用Ⅰ，政府所得Ⅱ则是交易费用Ⅱ之中政府提供共用品生产中组织要素的所获，是交易费用Ⅱ中的一个特殊类别。政府所得Ⅰ是指为所有的交易行为提供"基础秩序"，即前文合约理论中所述的"为了约束竞争而界定权利的一类合约"，政府并不直接参与交易；政府所得Ⅱ是指政府自身参与具体生产活动的所得，即政府组织生产共用品（公共服务）的组织要素所得回报（见图2—8（b））。事实上，交易费用Ⅱ也可以进一步细分，可以分为信息服务所得、交通运输服务所得等，这里不再一一画出，待分析具体问题时再具体分析。我们还应当知道，合约的形成、执行（监管）在很大程度上可以转换为信息费用问题。

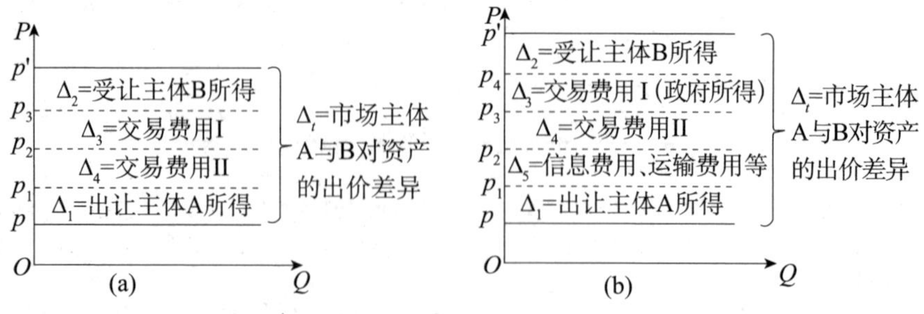

图 2—8　资产增值结构细分

引入交易费用，使得经济分析更加接近现实中的世界，这一视角具有广泛的解释力。例如，针对扩大内需问题，目前，政界、学术界一致认为扩大内需是经济结构调整的战略基点。然而，正如诺思所论证的，就现象说现象无法触及原因。从交易费用的视角，本书认为国内广义交易费用过高才是内需比例长期难以提升的原因，内需与出口并非简单的替代关系，只要出口在边际上有收益，出口比例再高也是应当争取的，将内需与出口做简单的比例对比，进而得出压制出口的政策建议，思维简单而且近乎愚蠢。

目前出口比例高，可以理解为我国在制造环节具有比较优势，如图2—7所示，这些具有比较优势的工业品加上交易费用才是世界范围消费者（受让主体）面对的决策信号。对当前形势更加全面的理解应当是：中国具有竞争优势的生产部门，利用发达国家具有优势的交易服务部门及其网络，销售到世界各地。而内需难以扩张的真正原因在于国内特别是中西部地区交易服务部门及其网络费用较高，并且税收等制度费用起到重要抑制作用，而这种影响达到了一种近乎荒诞的境地。现实中，国内整体流通费用（包括税收）过高，导致中国生产的很大部分奢侈品乃至日用品在内地的价格比境外高出很多，造成价格倒挂。

下文中，为分析方便，先将交易费用做整体考虑。

以下两小节分别探讨：(1) Δ_t固定情况下交易费用变动的影响从而引入合约与制度；(2) 交易费用固定情况下Δ_t的变动情况，从而引入经济学最基础的定律——需求定律。

二、降低交易费用：制度创新的根本目标

假设Δ_t的幅度稳定，显然，在交易费用的约束下，资产交易主体双

方的决策范围分别为 $p'p_2$ 与 pp_1，随着交易费用 Δ_3 的变动，若 Δ_3 扩张，则不断“侵蚀” Δ_1 与 Δ_2 的空间（见图 2—9），直至其上、下限超过 p 与 p'，“撑破”市场主体 A 与 B 的决策空间，二者各自退出市场交易（见图 2—10）。从而，能够增进各方收入、实现资源优化配置的 Δ_t 无法实现，其中也包括了交易费用相关部门的收入无法实现。

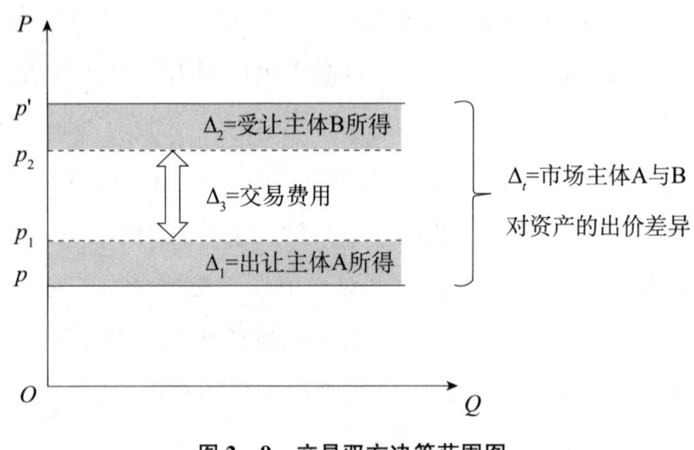

图 2—9　交易双方决策范围图

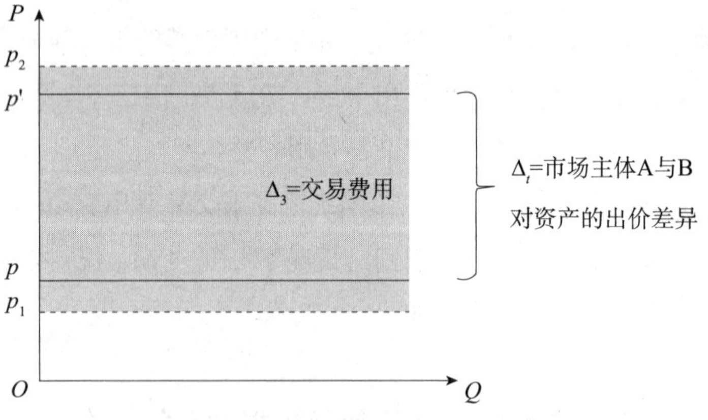

图 2—10　交易费用超过交易决策空间示意

这从基础理论上解释了一个普遍悖论：增强管制、加大税收可以

“侵蚀”Δ_1与Δ_2的空间，在短期内增加政府这一最广义交易费用部门的收入，但其杀伤力巨大，使得广泛的潜在Δ_t无法实现，进而也从根本上消解了Δ_3的实现机会。交易费用的存在显然对竞争有着约束作用。

从市场主体B一方的角度而言，流转资产的净价值为Δ_2，即要素总价值减去要得到这一价值需要付出的费用。

三、开展边际分析：需求定律与成本概念

假设交易费用Δ_3稳定，我们来考虑市场主体的边际决策，这里引入经济学的两个主流概念——**稀缺与边际**。

如图2—11所示，可以设想，对于受让方（物品或服务需求方）而言，在交易的起始点，因为稀缺，对交易资产评价最高（或者在多主体情况下，出价最高者出价），因而优先购买，从而实现Δ_2，其值为（$p'_0-p'_6$）$*q_1$，即长方形面积$p'_6p'_0B_1B'_1$；接下来，由于稀缺程度改善（或者在多主体情况下，次级出价者出价），出价降低，从而Δ_2的实现值缩小为$(p'_1-p'_6)*(q_2-q_1)$；同理，随着稀缺程度不断改善或资产评价主体出价渐次降低，出价直至等于p'_6，到达受让者边界，其数量为q_6。对于出让方（供给方）而言，在交易的起始点，在稀缺程度最低或多主体情况下，自用价值最低者将资产交易，获得Δ_1，其值为（p_6-p_0）$*q_1$，或长方形面积$p_0p_6A'_1A_1$；接下来，由于稀缺程度提升（或者在多主体情况下，更高自用价值者出价），出价提升，从而Δ_1缩小为（p_6-p_1）$*$（q_2-q_1）；同理，直至出价等于p_6，到达出让者边界，其数量为q_6。对应于以上每一笔交易，Δ_t与Δ_1、Δ_2的差值即为交易费用，由于假设交易费用不变，故图中p_6与p'_6恒定，每一笔交易的交易费用相同，即$T_1=T_2=$

$T_3 = \cdots = T_6$。

根据微分原理，可以将 B_1 至 B_n 各点用平滑曲线连接起来，从而得到受让主体的行为曲线，即主流经济学分析中的需求曲线，而这条曲线就是需求定律的图形体现；同理，可以将 A_1 至 A_n 各点用平滑曲线连接，得到出让主体的行为曲线，即供给曲线。当然，二者并不一定对称，并且交易费用可能更加偏向某一方，但对于基本原理分析而言，这里采用最为简洁的情况。

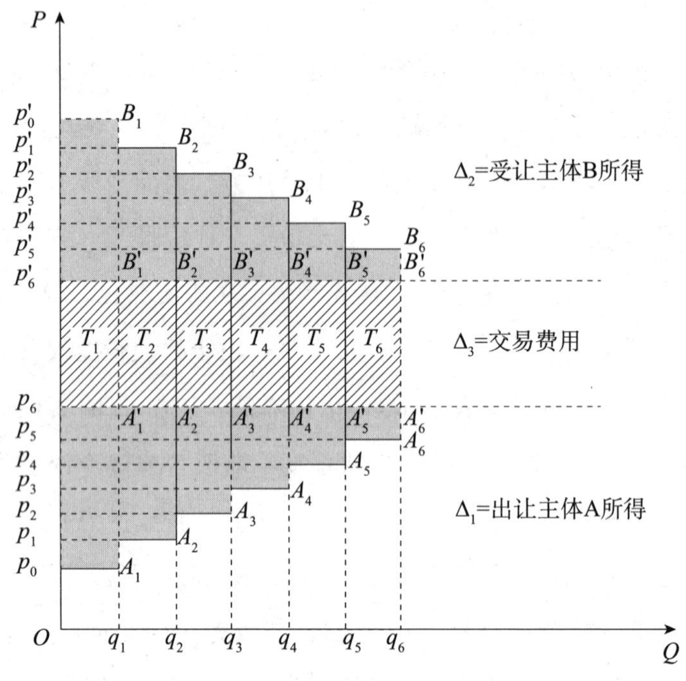

图 2—11　引入需求定律的推导模型

由图 2—12 可以推导出两个结论：

（1）资产增值的不可能三角：显见，由于交易费用的存在，资产交易双方之间的理想增值不能完全实现，B 点及 A 点可以无限趋近但不可能到达 I 点。因而，本书将三角形 ABI 称为资产增值的“不可能

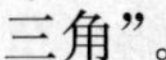
三角”。

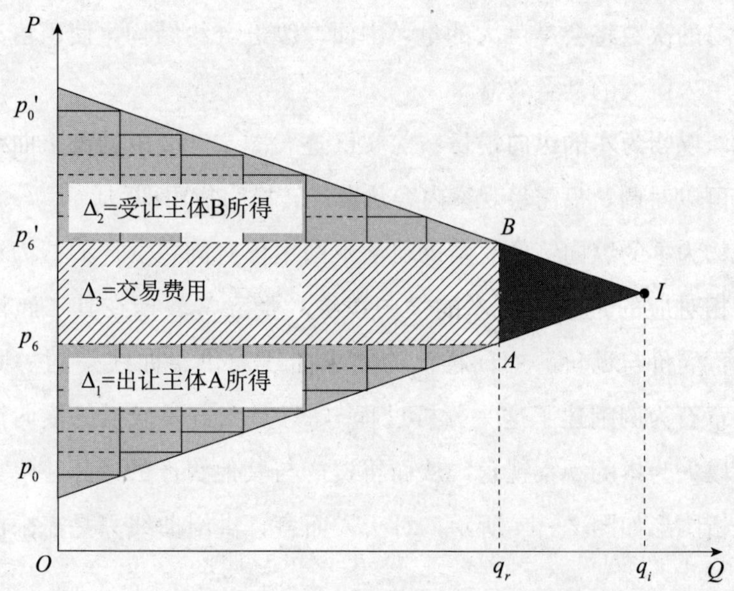

图 2—12 资产增值的不可能三角示意

从图 2—13 易知，若交易费用降低，则市场成交量扩大，不可能三角减小（图 2—13（a））；若交易费用提升，则市场成交量缩小，不可能三角扩大，增值效益损失加剧（图 2—13（b））。

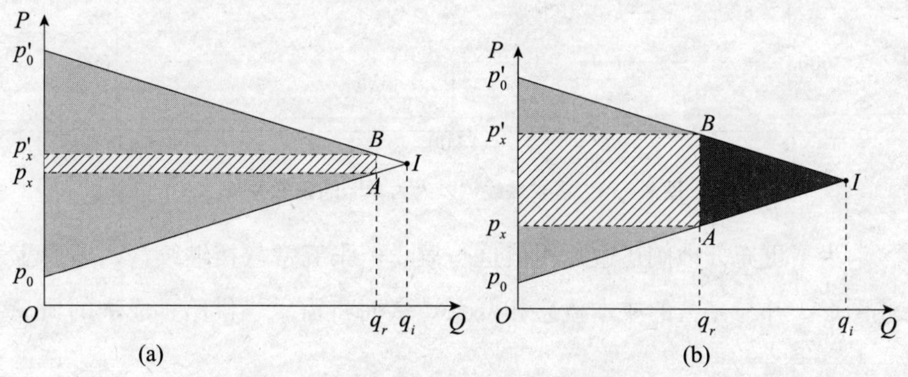

图 2—13 资产增值不可能三角的变动分析

值得注意的是，交易时时刻刻、分分秒秒在发生，上述不可能三角乘以交易的次数将会是巨大的量，因而，改进合约结构，使租值充分释放就能带来巨大的社会效益。

（2）**以物为本的纵向镜像**：前文已述，图 2—12 中的需求曲线与供给曲线可以对调，只需将观察内容从资产转换为货币即可。

以物为本的纵向镜像关系反映了不同主体对同一资产的行为边际特征，而相对应的是**以人为本的横向镜像**。张五常教授在其《经济解释（卷三）：受价与觅价》中同样认为需求曲线与供给曲线是同一回事[①]，并以印章石为例阐述了这一分析过程[②]，只是张五常教授的横向镜像是采取了以人为本的观察视角，从而将资产与其他资产的边际替代关系阐明，分析图形如图 2—14 所示，对于人而言，供给曲线只是需求曲线的镜像。

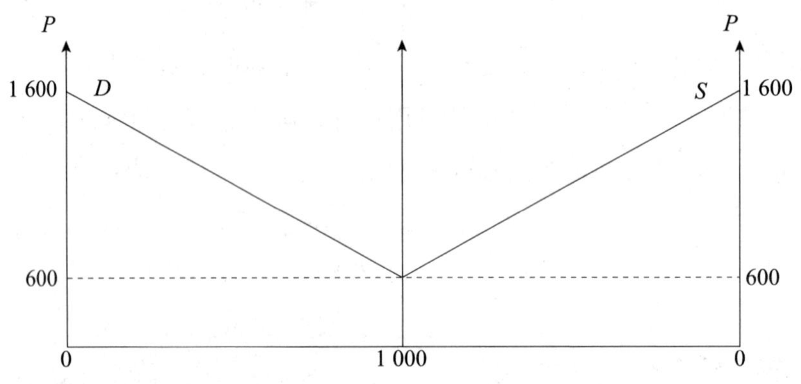

图 2—14　需求曲线"以人为本"的镜像关系

为了更充分地阐述边际用值这一概念，张五常教授继续深入解释上述图形，并与完善的**成本**概念相联系，从而将需求、供给、成本的概念

① 参见张五常：《经济解释（卷三）：受价与觅价》，61 页，北京，中信出版社，2012。

② 参见张五常：《经济解释（卷三）：受价与觅价》，65 页，北京，中信出版社，2012。

统一在一起。[1] 他指出，向右上方倾斜的供给曲线（图 2—14 右侧）给出了出让者的边际效用，由于这一数值是出让者对交易资产的最高出价，因而也就是（机会）成本。

事实上，这一边际变动过程正是“级差租值”的理论基础，根据本书提出的从未来看合约的视角，从“Δ”来看，相当于细分市场，因为“Δ”而产生的几个层级，每个市场供不应求。再引申一步，公海之有鱼处与无鱼处相对而言也是一层“Δ”，因而可以从有无之分进一步拓展出有中的层级，即各层有中的有无之分，从而级差问题可以简化为每层市场的租值是否能够得到权利界定从而保证租值不消散。

四、需求弹性分析：引入组织要素“侵蚀”能力及合约选择定律效应

若需求刚性较大，即曲线变陡峭，则交易费用对交易量的影响较小。如图 2—15 所示，需求曲线 D_2 的斜率绝对值更大。交易费用由 p_1 上升到 p_2，使得 D_1 的成交边界由 q_1 降低到 q_1'，D_2 的成交边界由 q_2 降低到 q_2'，易知，D_2 的成交边界数量值变动 Δ_2 小于 Δ_1，如图所示，交易费用由 p_1 上升到 p_2，D_1 对应的交易部门收入由矩形面积 p_1Oq_1A 变为 $p_2Oq_1'A'$，而 D_2 对应的交易费用部门收入由矩形面积 p_1Oq_2B 变为 $p_2Oq_2'B'$。

其经济含义就在于：若需求刚性较大，则交易费用“侵蚀”资产增值部分（类似消费者剩余这一概念）的可能性就较大，因交易费用

① 参见张五常：《经济解释（卷三）：受价与觅价》，65～66 页，北京，中信出版社，2012。

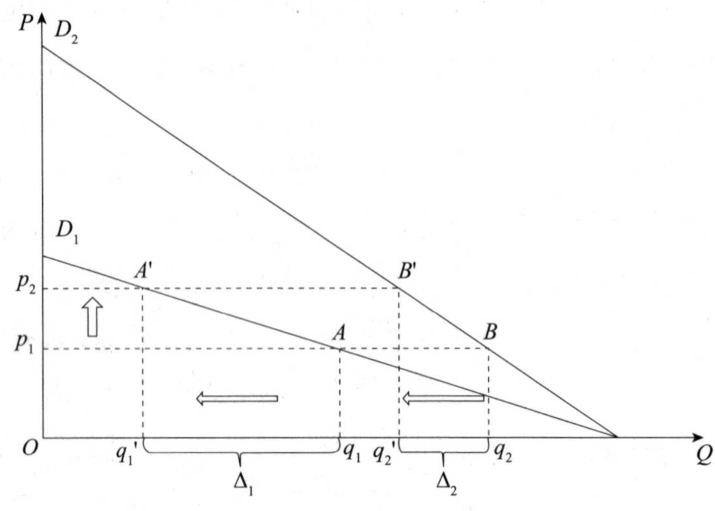

图 2—15　需求弹性对交易费用的影响

上升而交易数量缩减量较小。反过来看，若需求刚性低，则交易费用上升而交易数量缩减较多，则交易费用部门“侵蚀”资产增值部分的能力就较低，这也从一个角度说明了为什么充分竞争能够压低交易费用。

目前，由于城市合约广泛受限，城市的“供给”受限，加之社会保障、教育、户籍等制度限制，提高了劳动力按照市场信号及根据自身比较优势自由流动的费用，整体上造成了城市政府之间对人口竞争受限的格局，使得房产需求形成了所谓“刚性需求”，这更加剧了政府这一广义交易费用部门“侵蚀”民间收入的能力。

五、引入生产：现实化生产成本曲线

图 2—16 是主流经济学的标准图形。图中 D 为需求曲线；MR 为边际收益曲线，因为在边际上增加成交量总是会导致价格低于此前的均衡

价格，因而 MR 曲线总是处于需求曲线下方；MC 为边际成本曲线，AC 为平均成本曲线，MC 曲线穿过 AC 曲线的底部。传统解释是说，两条边际曲线相交用以确定产量，产量与两条平均线相交则确定了均衡的成交价格（h_3）、生产成本（h_2）以及盈利（$p_1p_0h_2h_3$）。

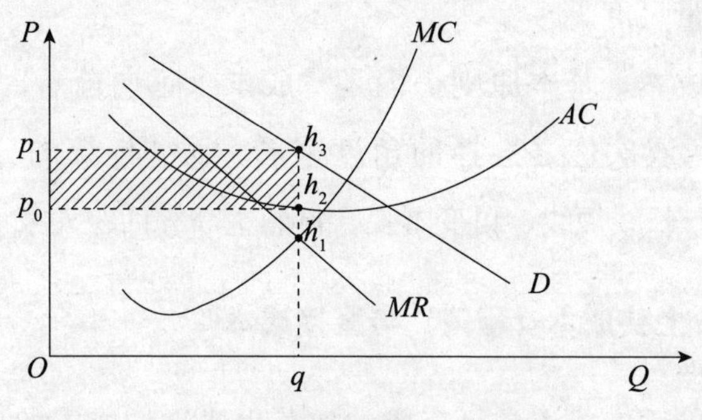

图 2—16　利润是收入也是成本

图中阴影部分为企业盈利（profit），而盈利的概念有过各种解释，最著名的是从剩余索取权（威廉姆森）、风险（奈特）等角度所作出的解释，但这些角度存在不可观察的问题。

分析任一情况都需考虑各主体的成本（最高的代价）与可能收益。"分析生产现象，我们是分析做生意的人的行为。……做生意的人面对局限，……原则上每个生产决策者是从成本转变带来的收入转变那方面想，……每一变的考虑都牵涉到成本与收入。"① 回到费雪的基本概念，"利润是成本投资的利息回报，也即是市场给予的收入，遵守着费雪的格言：利息不是收入的局部，而是收入的全部。同样要注意的是这一均衡显示着成本与收入看齐"，也就等同于说"利息不是成本的局部，而是成本的全部"②。

① 张五常：《经济解释（卷三）：受价与觅价》，79～80 页，北京，中信出版社，2012。

② 张五常：《经济解释（卷三）：受价与觅价》，51 页，北京，中信出版社，2012。

这样，我们对利息的概念加以拓展得到“租值”这一概念。在前述资产一般化理论的基础上，所有资产的成本就是时间轴上的“利息”，即租值。因而，利息乃是租值中的一类，即货币资产所对应的租值。由于货币的交易所受局限最小，因而货币的利息回报可以被看作万千种资产租值的统一衡量尺度。

从租值看成本，基本原则仍旧是“成本永远向前看”，从机会收入（最高之代价）或次优之选择的角度来看。而“传统的分析把生产成本搞得一团糟。长线短线、可变不变、自然垄断等话题大家不能接受”[①]。

（一）区分上头成本（租值）与直接成本

对于传统的固定成本与可变成本加总生成平均成本的理解，张五常从上头成本是租值这一更一般的角度做了批判。他将固定成本替换为上头成本这一概念，可变成本用直接成本表述，从直接成本推导边际成本曲线进而影响决策行为。上头成本类似原来的固定成本分摊，转而作为租值概念理解，但由市场决定，事后厘定，而非事前分摊。

这也就是说，要从正确的向前看的成本概念来解读投资者的收益。我们知道，参与一桩生意必须要有入局的投资，而入局之后，投资的价值不能再用历史上的会计账面数目来衡量，而是要向前看。入局投资的成本，即其可能获得的最高收入，也就是把这些资产转卖或者出售股份的所得，这一数目当然可能高于或低于入局时的会计数目。

（二）以直接成本推导边际成本曲线

在对传统的固定成本与可变成本概念进行修正的基础上，再来探讨

① 张五常：《经济解释（卷三）：受价与觅价》，77 页，北京，中信出版社，2012。

生产的边际成本。边际成本是影响市场主体决策的核心局限，它“只能以直接成本算，与上头成本无干”[1]。

在生产过程中，原料费用及不生产时就不需要支付的工资是直接成本，直接成本到边际成本的处理就与传统的曲线类同了。随着产量上升，边际成本曲先向下而后上升，带动直接成本的平均曲线变动，但这条边际成本曲线及其平均线不包括入局投资。产品在市场上出售，在充分竞争条件下价格给定，则高于直接成本的那部分是生意的租值，即上头成本。因而，我们无法预先画出包括上头成本的边际成本曲线，包括上头成本在内的平均成本曲线是市场竞争之后决定的。如图 2—17 所示，*DMC* 为直接成本的边际成本曲线，*DAC* 为带动形成直接成本的平均成本曲线，市场价格为 *D* 曲线，争取最大收益使得边际成本上升到价格处，决定了均衡点 h_1，成交量为 q，该产量与 *DAC* 相交于 h_2 点，图中阴影部分即为上头成本，是入局投资的市场回报。总平均成本曲线 *GAC* 是事后决定的，是 *DAC* 加上 p_0 与 p_1 之差上推所得。

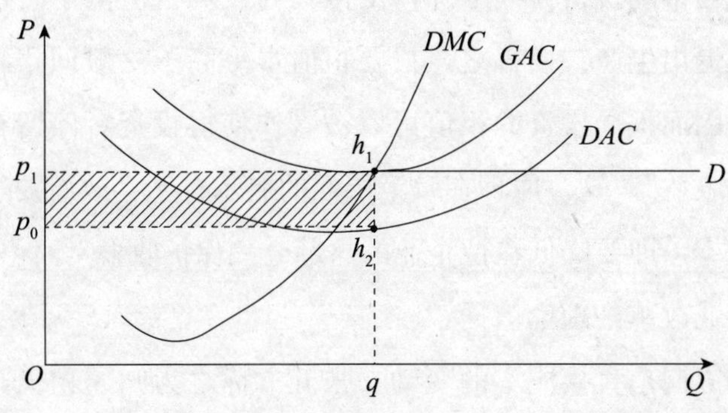

图 2—17　两个可变方向影响租值大小、决定行业退出行为

第一个方向是市场价格变动。“做了投资，入了局，原来的投资总有

① 张五常：《经济解释（卷三）：受价与觅价》，81 页，北京，中信出版社，2012。

一部分成为覆水，带来的收入可以很大也可以是零，由市场决定，成为租值，但这租值的变动，只要还是正数，是不会影响生意关门的决策的。”[①] 这是说市场价格既然是受价，那么价格波动也无法被单个企业内生化，而 *DMC* 与 *DAC* 是企业内生的，假设其不变，则市场价格下降导致成交量萎缩，成交价格下降，租值降低（见图 2—18）；市场价格上升则情况相反，租值提升。

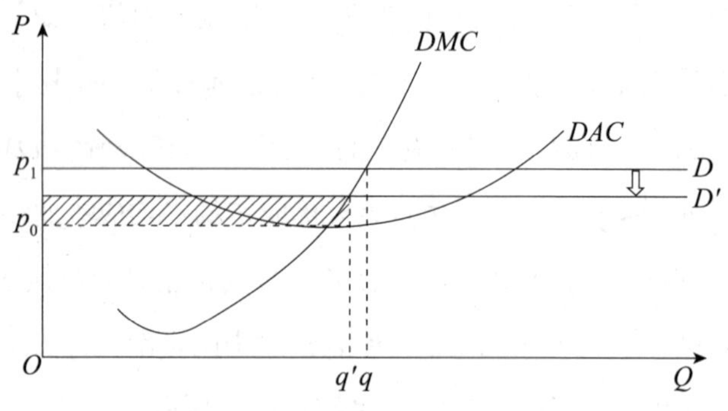

图 2—18　市价变动对租值的影响

易知，当市场价格持续下降，使得入局投资租值低于货币利息水平时，投资者退出生产。换言之，只要租值水平高于一般回报，则投资者不会退出，因而入局投资的租值可以被看作使得投资者停留在原生产领域的“保护收益”。这一原理在政策层面的启示在于：政府要尽量降低企业入局的成本，即要降低在位企业的这部分“保护收益”，促进竞争，这也是垄断行业改革的理论依据。

第二个方向是直接成本的变动。张五常称之为归属租值，这一租值“与入局之前作出任何直接成本的投资无干。……例如格外懂得怎样管理

① 张五常：《经济解释（卷三）：受价与觅价》，75 页，北京，中信出版社，2012。

某类生意，使生产的直接成本比行家的为低，你会享有归属租值”①。如图 2—19 所示，直接成本降低使成交量扩张、租值加大，这可以被看作传统分析中企业降低生产成本从而增加利润的能力。

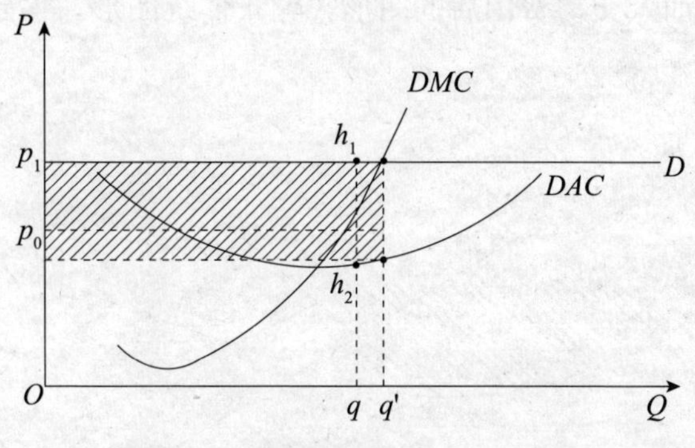

图 2—19　直接成本变动对租值的影响

这两种租值影响着市场主体对于一个行业的进入与退出，规则在于租值的大小，租值越大，退出的可能性越小，而决定性更大的是归属租值。因为在一个行业内，入局投资即行业门槛大致相同，上头成本部门也区别不大，因而“在撤退的选择上没有归属租值那么大的分歧”②。也就是说，从一个产品或行业退出的条件是产品的市场价格低于直接平均成本，在此产品生产的边际上毫无收益可被用于实现入局投资的租值。

以上是一种产品的分析，推广到多种产品，厂房内各类资产的使用也有竞争关系，资产用于产出商品 A 要放弃产出商品 B 的利益，因而产出商品 B 的利益是产出商品 A 的直接成本，基本的原则是各项资产要求相同的租值回报率，从而保证总体收益的最大化。

---

① 张五常：《经济解释（卷三）：受价与觅价》，76～77 页，北京，中信出版社，2012。
② 张五常：《经济解释（卷三）：受价与觅价》，75 页，北京，中信出版社，2012。

六、综合：加入交易费用的供需模型

根据前文加入交易费用后的图形，融入传统图形，得到图 2—20。

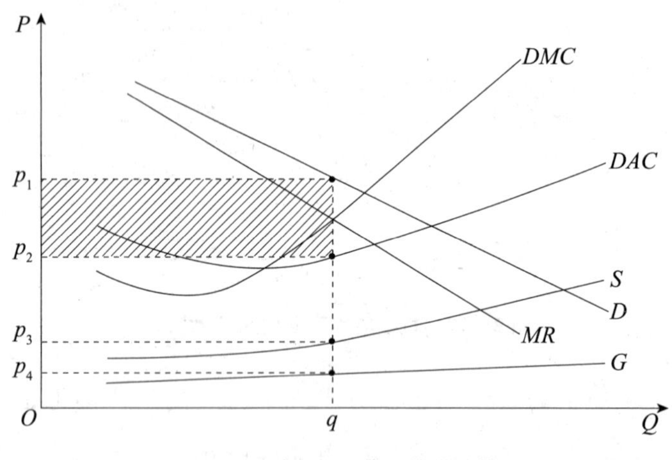

图 2—20　融入交易费用的供需模型

与传统曲线不同的第一点是成本曲线，如上一节所分析的，边际成本曲线采用直接成本的边际成本曲线 *DMC*，而平均成本曲线则采用直接成本的边际成本曲线 *DAC*。如此一来，市场成交价格 p_1 与直接平均成本 p_2 的差值即市场给予入局投资的租值（上头成本），其大小由市场厘定。如果生产者有能力通过改进管理和降低成本使 *DAC* 下移，则出现归属租值。

与传统曲线不同的第二点是加入了交易费用曲线并将交易费用曲线结构化。

图中 *G* 曲线为第一类合约成本，即广义上的产权安排，是产权层面的合约界定与执行成本，在很大程度上为广义**政府所得** Ⅰ。显然，这一类宏观合约的运行成本取决于司法体系的高效，否则会造成人们通过非市场规则（走后门、托关系甚至于民间的黑社会等解决途径）追求产权保障，造成租值消散。又由于此类合约成本的影响几乎遍及任何一宗交易，因而能够极大地影响交易发生的规模，对国民经济的影响巨大。

S曲线为具体合约费用曲线，含信息、交通等技术性、物理性合约成本，也包括具体交易参与方的结构性安排所涉及的监管等费用。为了分析方便，这里不再展开。随着交易量的扩大，两类成本上升，但具体合约成本上升得更为明显。

做简化处理后的图形如图2—21所示，可见，传统的图形实际上是假设了交易费用为零，所以使得影响交易双方的交易费用无法体现在图形中，使其成为了隐藏于供给、需求剪刀线之下的“沉没冰山”，而新制度经济学对于交易费用的重视使得交易费用这一海平面下的“冰山”浮现出来，本书使之图形化。

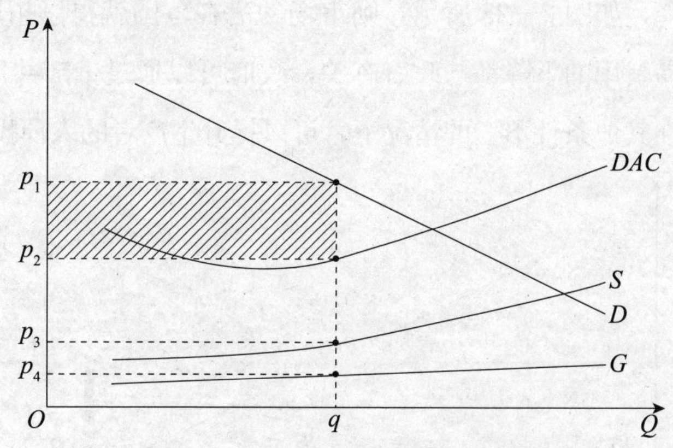

图2—21　融入交易费用的供需曲线简化模型

从图2—21可以推出：由于交易费用的存在，资产交易存在着天然的边界，市场成交规模受到交易费用的限制，即交易费用暗含着市场规模的界定。

如图 2—22 所示，在交易双方的竞争下市场成交量为 q，如果双方的竞争加剧，成交点持续右移，但只能止于 q'点。

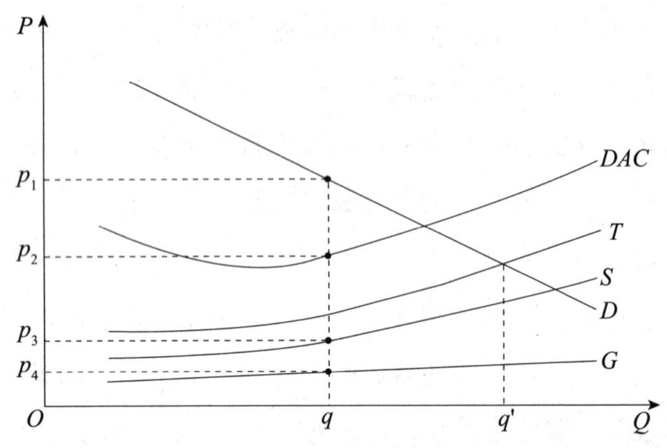

图 2—22　交易费用与资产交易边界

另一方面，若交易费用降低，与需求曲线外移有相同之效。如果两类交易费用下降，如图 2—23 所示，则市场的潜在范围就得以拓展至 q' 处。这两大类交易费用的下降都与政府有关，政府可以通过生产共用产品外推这一边界。在其他条件不变的情况下，可以提升生产者的入局投资租值。

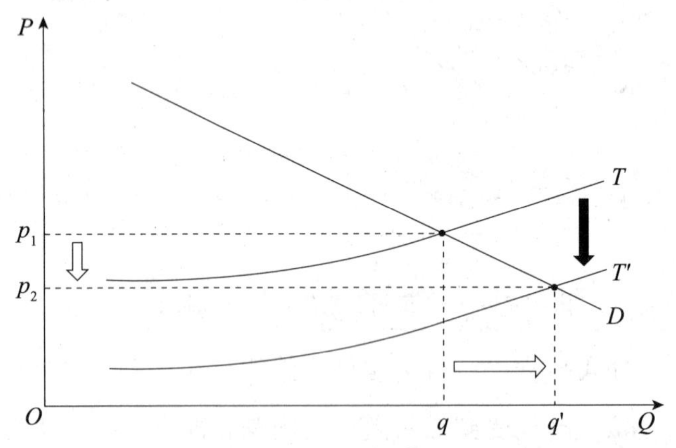

图 2—23　交易费用降低与需求曲线外推等效分析

第三章

城乡关系的历史与现状：新视角下的观察

在第二章中，本书尝试为观察城乡关系、城市发展设定一套新的"心法"，本章就运用这套"心法"的理论研究成果及其推导工具，从合约的角度观察中国城乡关系制度的演进，剖析当前城乡一体化发展面对的制度性问题。

本书认为，新中国城乡关系制度的演进分为三个阶段：(1) 计划经济时期，城乡经济运行的特征是产权不明、完全管制；(2) 传统城市化时期，其发展特征是产权局部明晰，部分管制；(3) 城乡一体化时期，其发展特征是产权明晰、合约结构完善。当前存在的问题在于：(1) 城乡之间存在巨大的产权制度差距，导致农村要素租值难以充分释放；(2) 城市（体系）生成及运行中存在诸多合约结构扭曲，特别是存在于基础设施建设领域，需要改进合约结构，实现制度优化。以上两层合约结构优化转化为具体的制度，包括：政府职能、城乡规划及其管理体制，公共财政体制，基本公共服务均等化与人力资本积累制度，户籍制度，等等。

第一节 中国城乡关系制度演进的三个阶段

只有深刻把握历史，才能准确判断未来。中国当前的城乡问题以及统筹城乡发展战略都是在一定历史背景下形成的。本节基于城市合约理论，分析新中国成立以来不同时期的发展特征、城乡关系、制度安排（见图 3—1），力图全面地把握当前统筹城乡发展所处的历史坐标。

新中国城乡关系可以划分为三个阶段。计划经济时期为了优先发展重工业，建立了二元体制，补贴工业与城市发展，内生决定第一层的产权合约以及第二层的具体合约都受到严格管制；随着农村改革及随后的城市改革的推进，资产权利落实到个人，于是城乡收入差距出现体制性、制度性扩张；当前正处于传统城市化向城乡一体化转型的关键时期。从时间上看，前两大阶段各持续约 30 年。根据当前城市化发展趋势判断，新型城市化阶段也将持续约 30 年，从而将中国整体送入现代化。

一、第一阶段：计划经济时期，城乡二元体制形成并固化

这一阶段，全社会缺乏明确的产权界定与合约自由，租值消散严重，在城乡关系上表现为有工业化无城市化甚至逆城市化，同时工业化本身也存在弱质性。

基于建国初期特定的历史条件，中国选择了重工业化优先的发展道路，为保障各类资源要素被投入重工业部门，建立起了以计划经济为核心的体制机制。干预要素配置的方向是在符合比较优势的产业与政府优先发展的资本密集型产业之间推行或明或暗的剪刀差，形成体制性的逆

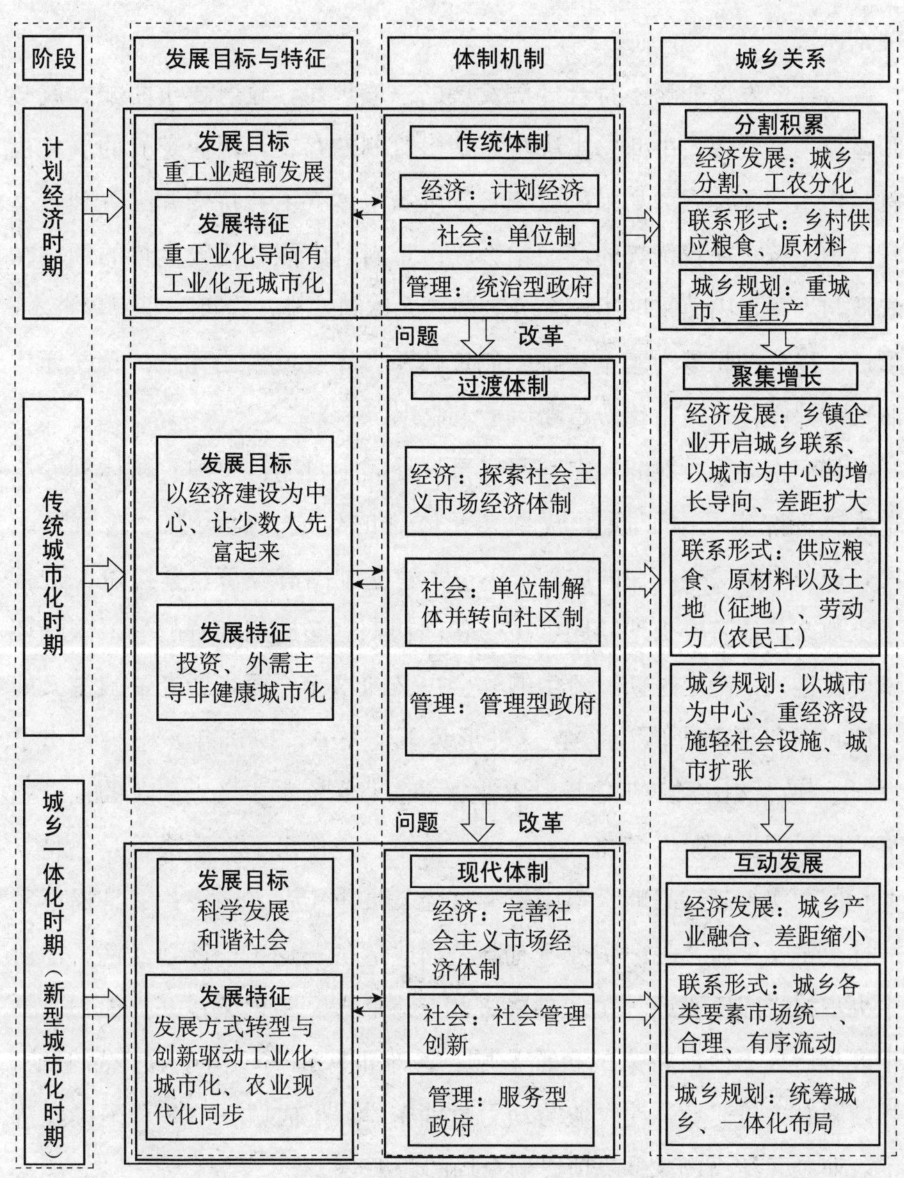

图 3—1　中国城乡关系三阶段分析框架图

向补贴制度，形成一系列扭曲资源配置的制度安排，涉及资本、产品价格、货币、外汇等方方面面（参见林毅夫教授《新结构经济学》一书的有关论述)。

这样的发展战略不符合经济发展的一般规律,政府要扭曲配置就必须掌握大量资源,由此内生决定了诸多管制的存在,因而产权的弱化也就是内生的了。因为如果产权完善,市场主体就不会将资源配置到效率较低、不符合比较优势的产业中去。由于当时中国有比较优势的领域在农业与农村,因而采取了城乡分割的二元体制安排,为重工业积累资本,形成了以分割积累为基本特征的制度体系,导致城乡二元结构、二元体制形成并固化,城市化严重滞后于工业化。

杜润生老人(2005)在其回忆录《杜润生自述:中国农村体制变革重大决策纪实》中回顾了城乡二元体制的生成。他认为“党领导人民,……取得民主革命的成功,……,建立了国有经济;紧接着又进行了土地改革,解决土地问题,……建国初期,又遇到朝鲜战争,国际环境变化进入不确定时期,新生的社会主义国家无不面临新老帝国主义的经济封锁和军事威胁”,“在这种形势下,……,1953 年,中央提出了‘一化三改’(国家工业化与对农业、手工业和资本主义工商业的社会主义改造)的过渡时期总路线,……。具体说是作出了三项决策:一是工业化方面实行赶超战略,集中资源优先发展重工业,……;二是提早完成社会主义革命,……实现所有制全面改造;三是实行计划经济,即由中央集权,配置资源”,“三项决策相互串联,一荣俱荣,一损俱损。二十多年持久不变所带来的负面影响,甚难消除,……由于农产品短缺,长期限制人口流动,使农业劳动力过度密集,形成城乡壁垒和国民经济工农业二元结构,这是一项影响全局的后果”①。

① 调取“农业剩余”贡献工业化的方式有:税收方式、价格方式、储蓄方式。据李微《农业剩余与工业化资本积累》(云南人民出版社,1993)一书统计,1952—1990 年间,中国政府累计汲取农业剩余总量达 8 708.52 亿元人民币。

这套体制机制的主要内容是：在经济上，以工农业剪刀差积累重工业发展资本。一方面，采取综合措施降低工业成本，城乡之间通过粮食统购统销等计划手段控制资源，通过压低农产品和各类原材料的价格以及各类生活服务业的价格降低工业部门的劳动力成本，通过压低利率水平降低工业资金费用①；另一方面，抬高工业制成品价格，提高工业部门积累率。由于粮食和多数工业原材料来源于农业部门，城乡经济差距由此产生并不断拉大；在城市和工业内部，也是优先投资于生产部门特别是资本密集的重化工业部门，即“先生产、后生活”。这一政策致使居民收入难以扩张、工业制成品价格畸高、有效需求难以释放，并造成城市基础建设欠账、人口承载能力低下、城市病严重，表现为城市化进程长期停滞、城市化严重滞后于工业化。

上述发展特征必然要求建立严格的管理体系，所有资源由政府以计划手段统一调动、分配，在社会领域则表现为单位制，实施严格的就业与人口管理制度，城乡之间、城市之间、城市内部单位之间的人口流动都受到严格控制。从合约角度看，实际上就是全面干预合约的市场选择，根据合约选择定律，这种限制必然影响通过广泛竞争来使得资产流转到最优使用者手中的配置过程。

城乡关系演变受到这一时期制度安排的深刻影响。经济发展上城乡分割、工农分化，城乡联系形式单一，乡村功能定位为向城市供给农产品和各类原材料，各类要素流动受到严格管制。僵化的制度安排的恶果是惨烈的，

① 压低利率补贴不具有市场竞争力的企业，此中金融安排即一种不合理的合约收入结构。传统上，扭曲是管制，管制了居民储蓄的收入权。但为何储蓄率还是如此高？一定是管制了其他分流储蓄的渠道，因而管制收入一定是与管制竞争相伴的，一环扣一环导致国家力量深入经济运行太多。另外，如果不能建立广泛覆盖、高效运行的社会保障制度，那么当下的储蓄率也会很高，可以看作与未来、与公共服务部门之间的交易费用太高。

导致上千万人口不正常死亡①，国民经济走到官方所称的“崩溃边缘”。

根据本书所推导的模型，如图 3—2 所示，在计划经济体制下，农村要素受到严格管制，要流转出本集体的费用极高，加之当时基础设施落后，物理性的交通、信息等交易费用也很高，这一双重费用高企，限制了农村各项资产的流转可能性边界。

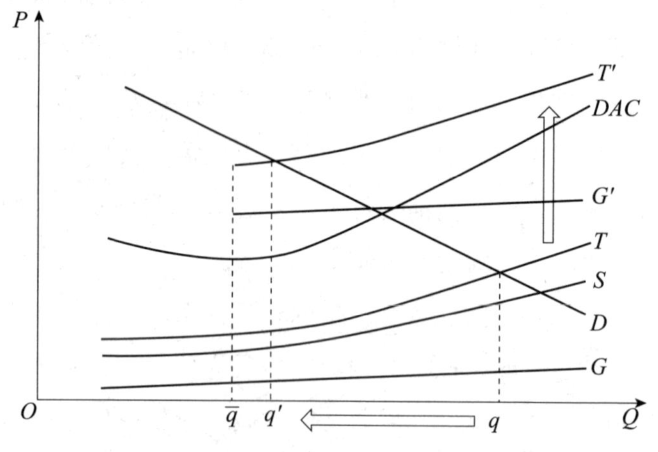

图 3—2　农村要素交易边界管制的分析模型

如图 3—2 所示，由于管制非常严格，第一层合约费用在本集体流转范围之外陡然上升，从 G 曲线轨迹跳升至 G'。假设物理性交易费用曲线 S 固定，则总交易费用曲线 T 相应跳升至 T'处，使得资产交易边界退至市场均衡点之内的 q'处，造成能够改进交易双方福利的资产流转合约无法实现。这一推导仅考虑了交易费用的变化，事实上，流转边界的缩小同时将对需求产生影响。由于流转边界的缩小，出价的需求主体减少，需求曲线会下移，从而更加剧了内推资产流转边界的效应。由此，这种产权不明、管制具体交易的双重管制格局，造成城乡之间乃至全社会潜

① 从经济学的角度看，在死亡的边际上，人们对于粮食的相对价格评价是极高的，可见，极为高昂的制度费用导致原本具有比较优势的中国农业也已经出现边际收益的急剧锐减。

在租值的消散。根据定义，这种消散可以被看作制度费用。就其影响的广度而言，我们可以由此得出：计划经济体制存在影响广泛的制度费用，且由于当时物理性交易费用的约束存在，这种潜在租值相比改革之后在动态中得以提升的基础设施状况而言还是较小的。如此，可以进一步将制度费用动态化：基础设施越是完善，物理性交易费用的约束越小，限制流转可能性导致的租值消散越大，制度费用越高。

二、第二阶段：传统城市化时期，合约结构局部改进

这一阶段始于重新获得承认的农业大包干改革，农村产权重新得以界定，进入小城镇的合约自由度放松，使得国民经济突飞猛进，但由于城乡二元体制依然广泛存在，矛盾也同步积累。

改革开放后，中国逐步走上投资拉动和外需主导型发展道路。外资的进入开启了中国外向型经济的发展，民间市场经济活动也开始涌现。20世纪80年代中后期，乡镇企业异军突起，开启了城乡联系的新阶段。乡镇企业的兴起实际上冲破了城乡刚性二元结构，构建了城市集聚、辐射农村的一种过渡形式，农民“离土不离乡”，就地城镇化。随后，由于乡镇企业固有的治理结构问题、空间集聚度不足等问题，在市场力量逐步发挥更广泛作用、现代企业制度不断完善的背景下，20世纪90年代，经济活动的重心转向城市，城市开始发挥集聚城乡生产要素、谋求高效增长的核心功能。同时，由于尚存的制度惯性，以城市为中心、以增长为导向的体制得以形成，这一发展模式近年来显现出众多突出矛盾，城乡收入差距急剧拉大。一方面，这是市场经济的正常结果；另一方面，更加突出了城乡体制性矛盾，加大了出现拉美化城市化的可能性。

传统城市化体制机制的主要内容是：在经济上，开始探索社会主义

市场经济体制，让市场发挥配置资源的基础性作用，各类市场主体自主决策，形成现代企业治理结构；这样的发展指向对政府管理提出了转型要求，政府由传统统治型、控制型政府转变为管理型政府，政府职能逐步从干预市场决策、控制资源分配，通过政企分开、政事分开、机构精简等改革转变到市场监管、宏观调控、社会管理、公共服务的职能上来；在社会领域则表现为单位制解体转向社区制，劳动力要素空间流动的管制趋向消失。但此时仍存在地方分割，不过已不同于改革初期的产品市场分割与封锁，此时主要是要素市场的分割，因而未来需要将改革深化到要素领域。

当时，城乡居民收入迅速收窄，重要背景是传统体制下城乡居民收入均不高。随着市场经济的进一步发展，经济活动走向集聚，乡镇企业式微，进入以城市为中心的发展阶段后，城市市场经济体制逐步完善，经济效率、居民收入迅速提高。

从劳动力的视角看，这一时期经历了多重变奏。让我们从图 3—2 开始分析。随着放开小城镇内部的商品流通和人口流动，图 3—2 中的管制范围界限 $\bar{q}$ 向右移动，需求曲线向上移动，使得流转可能边界被向右推至市场合约交易均衡点右侧。于是出现高于交易费用的增值空间，市场交易发生。随着人口流动的范围管制被逐步消除，劳动力资产的产权合约费用曲线回归市场状态下的 G 曲线，并且，随着基础设施不断改进，物理性交易费用的约束减少，即 S 曲线不断下移（这里不再详细画出），这两大交易费用的下降最终带动 T 曲线下移，加之流转可能范围增大导致的需求曲线上移效应不断发挥，最终呈现为图 3—3 所示状态，农工潮由此产生。必须说明，尽管目前学术界将之称为农民工“问题”，但从历史演进的角度而言，我们不能认为这是“问题”，而是表现为潜在租值的释放以及农民福利的明显改进。在很多情况下，如果看到现象就说成是问题，进而呼吁政府直接干预，那么问题可能反而变得更加严重。

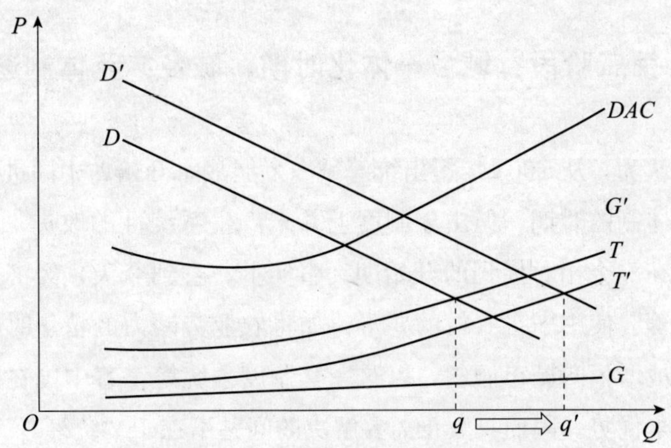

图 3—3　农村劳动力资产变动推导模型

同时，将视角从劳动力资产转移到农村土地等物质性资产。由于这一领域产权改革停滞，农村的物质性资产（包括由于耕地总量管制或者耕地保护责任所产生的建设用地开发权）的流转仍然受到严格限制，分析图形如同图 3—2。

可见，从农村资产的流转来看，劳动力资产由于产权天然归个人所有或者说国家管制计划调配的费用过高而率先明确，并且流转范围不断扩展，实现了资产潜在租值的释放；而物质性资产则仅仅在很小的局部体现出市场收入，管制合约的情形依旧牢固。

但是无论如何，在这一时期，铁板一块的城乡二元体制开始松动。城乡的联系形式从单一走向丰富，从农村向城市供给农产品与原材料拓展为供给土地资本与劳动力要素，农民工群体迅速形成并壮大。然而，当前以常住人口为统计指标测算的城市化水平明显虚高，城乡跨部门转移的劳动力（主体为 2 亿多农民工）及其家人在融入城市的过程中在制度上依然受到不公平待遇，城乡矛盾不断累积，生态环境问题不断加剧，是“非健康”的城市化。

三、第三阶段：城乡一体化时期，城乡二元体制逐步消融

一般认为，从 2003 年提出统筹城乡发展战略开始，中国进入到破解城乡二元体制的时期，但由于制度上并未产生系统性的改进，所以，这一阶段存在一个相对模糊的开始期。事实上，直到今天，经济发展中依然在“统筹”使用来自农村的要素，如将农业劳动力的精华时期留在城市，将土地增值向城市倾斜，以这一套制度“统筹”着中国在国际上的低成本竞争优势。因而，真正需要解决的问题不在于“统筹”，而关键在于采取何种发展战略以及如何统筹。

在新型城市化时期，中国应当继续沿着上一个发展阶段的成功经验，坚持深化改革，推进制度创新，放松合约管制，进一步将城市改革取得的制度经验反哺农村，界定农村各项物质性资产产权（特别是明确保护耕地的责任或建设用地开发权），提升基础的人力资本水平，形成内需主导、创新驱动、中间者阶层为社会主体的发展模式，相应构建以完善的社会主义市场经济体制为核心的现代、高效体制机制，从而形成以互动发展为基本特征的城乡关系。随着城乡二元结构逐步淡化和消融，城乡二元体制彻底破除，形成城乡一体化制度、市场与公共服务格局。

伴随着城乡一体化进程，可以预期，一个十几亿人充分发挥创造力、交易费用较低、经济社会和谐发展的统一市场的形成，将使生产力极大解放，综合国力大大提升，人民生活极大改善。

第二节　城乡发展面临的突出问题

在计划经济时期，传统体制安排约束了生产力的进步，国民经济运

行效率低下，城乡差距日趋扩大，最终产生了安徽小岗村的包产到户改革。此后，改革从农村拓展到城市，从农业拓展至制造业与服务业，开始建立社会主义市场经济体制。

在今天推进统筹城乡发展，根本原因在于城乡关系已经从根本上发生了改变，即农村的角色从单纯为工业化提供农产品和原材料，发展到全面、深度参与现代化进程，在城市生成过程中提供"土地资产"和"人力资本"。然而，当前"我国城乡要素流通受到种种阻碍，城市工商业结构相对封闭，分散的工业化和严重滞后的城市化使农业生产方式改造受阻……这种二元经济结构的矛盾必然产生城乡两种交换方式、两种生活方式的矛盾，致使工农两业、城乡两域、经济与社会再生产方式的矛盾成为我国一个相当长历史时期的基本矛盾"①。现有的制度框架、体制机制对这一符合客观发展规律的进程形成了制约，产生了潜在的非效率和不均衡，并导致一系列宏观问题（见图 3—4），只有通过统筹城乡发展的手段才能解决。

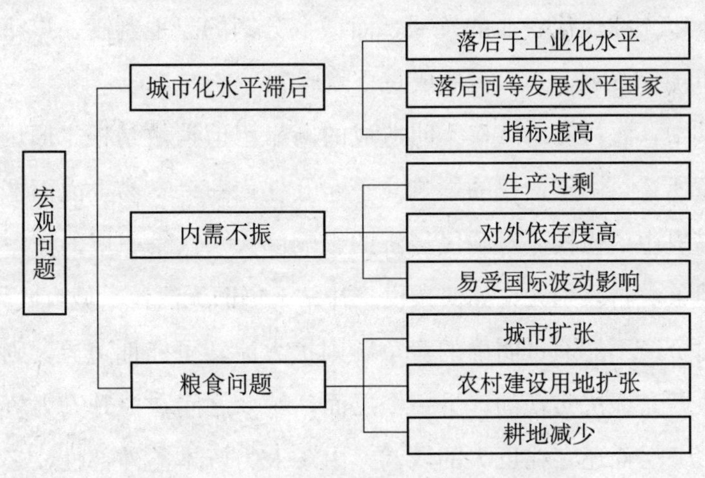

图 3—4　中国当前城乡关系产生的宏观问题

---

① 刘福垣：《新发展观宣言》，45 页，北京，新华出版社，2004。

整体上，与合约、制度的两个层面相对应，可以将统筹城乡发展制度创新面临的问题分为两个层面：(1) 城乡之间；(2) 城市 (体系) 内部。本书认为，城乡之间的主要问题是制度差距明显，城市内部的主要问题是合约结构缺陷，并且这两个层面的问题互相影响。

一、城乡之间：产权制度和公共服务水平是根本差异

当前农村发展依然面临诸多困难和挑战，中共十七届三中全会审议通过的《中共中央关于推进农村改革发展若干重大问题的决定》深刻指出：农业基础仍然薄弱，最需要加强；农村发展仍然滞后，最需要扶持；农民增收仍然困难，最需要加快。“三个最需要”的论断是对新阶段“三农”发展状况的清醒认识。

城乡之间在经济发展、社会管理、公共服务上依然存在显著差距，加之 2 亿以上农民工转移到城镇第二产业与第三产业就业，农村人口结构未来难以支撑现代农业的发展，而城乡分割的土地制度、户籍制度等又对城市现代资本进入农村形成重重障碍。

这其中，农村资产产权不明造成的高昂租值消散是根本原因。如本文第二章所述，由于产权的影响几乎遍及任何一宗交易，因而能够极大影响交易发生的规模，对国民经济的影响巨大。这第一层的竞争规则如果不能覆盖农村，则无论如何减税、补贴，仍旧无法拉平城乡收入差距。如果农村资产不能通过明确的竞争准则扩大流转可能性边界，则农民的财产性收益是无法实现的；另一个层面，城乡之间在提升人力资本的基本公共服务层面还存在巨大的鸿沟，由于人力资本的外部性，必然要求由决策范围内的最高级行政主体来弥合这一差距，从这一点看，中央政

府“确实管了些不该管的，一些该管的没管好”①。

两千年前，晁错在《汉书·食货志》中提出“今法律贱商人，商人已富贵矣；尊农夫，农夫已贫贱矣”，今天，连续出台的一号文件聚焦“三农”，不可谓不“尊农夫”，始终明确要调控超大城市的人口规模，不可谓不“贱大城市”，但是，大城市愈加富贵，而农夫之贫不见根本改观。看到现象不等于找到原因，盲目针对现象直接干预可能适得其反，不从根本的竞争规则入手，上述政策后果依然会出现，这就是历史带给我们的启示。

二、城市体系：设市冻结、结构失衡、要素市场分割

从城市体系来看，除去改革开放之前城市化极度缓慢甚至一度出现“上山下乡”的逆城市化，即城市“供给”严重不足以外，改革开放以来中国的城市体系政策也在很长时间内一直停留在“就现象、说现象、出政策”的怪圈之中。看到大城市人口相对于就业岗位及供给乏力的共用品而言过多，就出台控制大城市的政策，看到以乡镇企业为内核的小城镇大发展就鼓励小城镇大发展，甚少从经济规律与要素决策均衡的角度思考城市体系政策。

1978 年 3 月，国务院第三次城市工作会议针对三线建设导致城镇过度分散化以及大城市“城市病”（这是相对的概念），总判断是“不能搞大城市，城市规模也不能太小”，提出“控制大城市规模，多搞小城镇”；1980 年 10 月，全国城市规划工作会议鉴于当时“一批以轻纺工业为主

① 2013 年 2 月 1 日，时任国务院总理温家宝在《求是》杂志撰文指出：面对国际金融危机冲击，我们运用政府这只“看得见的手”比较多，这是必要的，但一些该管的事情却没管好，特别是公共产品和服务提供不足、社会管理比较薄弱。各级政府集中了过多资源，权力部门化、利益化问题仍存在。

的中小城市脱颖而出”（原因是因为符合当时的比较优势，而非因为规模，从规模看城市发展好坏是倒果为因），提出“控制大城市规模，合理发展中等城市，积极发展小城市”的城市发展方针；1989 年的《城市规划法》以法律的形式确定“国家实行严格控制大城市规模、合理发展中等城市和小城市的方针”；到了修订《城市规划法》的时期，国家开始意识到规模导向的城市发展方针在理论上和实践上都不能再满足指导城市发展的需要，因而在 2008 年实行的《城乡规划法》中未就城市规模做具体要求。进而，国家在“十一五规划”、“十二五规划”、“十三五规划”中开始提出以城市群为主体承载形式的方向，将单个城市的规模问题融入城市群这一包容性更强的概念中，应该说这是巨大的进步。

但是，1996 年以来设市政策收紧，城市数量不升反降（1997 年和 1998 年最高，为 668 个），这十分不利于中国构建高效均衡的城市体系。应当尽快重启设市工作，构造以大、中型城市为主体，以超大城市为核心，小城市凸显特色，网络化整合的若干城市群，使其成为中国实现现代化的主体承载空间。

在城市体系内部，受到长期集中体制的影响，优质公共资源集中于少数超大城市，这是就存量而言的。就增量而言，每年中央政府的预算依旧被大量投入行政等级高的城市，以教育为例，清华、北大两所学校占中央教育经费的比例长期难以下降。一方面，这些超大城市开始出现交通拥堵、环境恶化等“膨胀病”；另一方面，中小城市集聚能力不足，发展过度分散，存在一定程度上的“落后病”。膨胀病与落后病大范围、长期并存表明城市间要素流动还存在分割，合约选择不够自由，不利于形成均衡有序的城市等级格局。当前，“经济中还保留了一些扭曲，包括：金融以能为大型企业提供廉价资金的大银行和股市为主体，接近于零的资源税费和少数服务业的垄断。这些措施导致了收入分配向富人和大企业倾斜，不仅恶化了收入分配，而且因为富人和大企业的消费倾向低于中下收入水平的家庭，因此，这种收入分配格局也抑制了消费、增加了储蓄和投资，造成了投资和消费的不平衡”①，这种扭曲体现在城市体系，就是大城市优先被补贴。

企业与城市运行有效率的前提是市场充分竞争，“逼”出更充分、最客观的信号与绩效信息。因而，城市体系首先要充分发育，数量要足够多，并且在争夺资源的竞争中足够激烈，才能真正降低地方政府这一组织要素的交易费用。

三、城市内部：合约结构扭曲、制度化逆向补贴

城乡二元结构的长期存在不仅使农村的发展受到限制，而且使城市的发展面临后劲不足的问题，表现为最终消费不足，对外依存度高，易受国际经济波动的影响，创新能力不足，作为产业工人主体的农民工受到一系列制度限制难以真正融入城市，无恒产者无恒心，人力资本积累困难（见图 3—5）。

随着城市化水平不断提高，城乡二元矛盾开始向城市内部集聚，表现为城市中存在的城与乡之间、本地与外地人口之间的双重二元结构难题。在空间上尤以城乡结合部及城中村最为集中。大量流动人口涌入城市却难以真正全面融入城市，他们本身受教育水平有限，目睹城市繁华与自身生活的巨大反差，加之在城市受到诸多不公平待遇，逐渐积累对社会的不满，城市犯罪问题加剧。据陆学艺教授的调查，目前大城市 80％以上的犯罪是侵财案件；70％以上发生在城区、城乡

---

① 林毅夫：《本体与常无：经济学方法论对话》，第 2 版，87 页，北京，北京大学出版社，2012。

结合部；70%以上被抓捕的犯罪嫌疑人是外地人；这些外地人中70%以上是农民工；被偷、被抢、被骗、被杀的受害者中70%也是农民工。这些现象说明只有彻底化解农民工问题才是城市长治久安的基础。

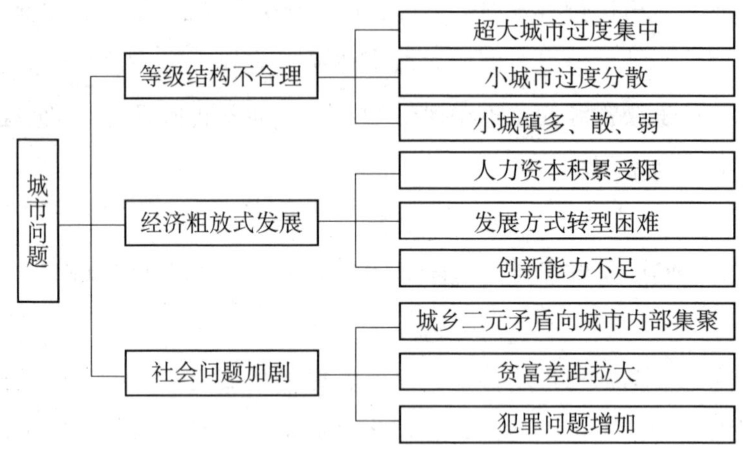

图 3—5 城市发展问题分析图

从政府层面看，当前的城市合约结构对于地方政府在公共服务与人力资本提升上的“激励条款”还不完备，政府职能转变步伐较为缓慢，干预微观市场运行的职能过多，而公共服务、社会事业的相关职能亟须强化。

以上是城市发展面临的问题。让我们深入到城市合约的生成与执行中看具体的合约结构问题。目前，中国城市的生成与运行是一个什么样的合约结构呢？其中的使用条款和收入条款有什么特征呢？

改革开放前的城市资产存量靠城乡剪刀差的投资以及城市内部的投资积累，此后城市资产存量不断经由市场化的思路界定到个人。从流量来看，如第二章所述，增量的生成显然对存量要素有影响。政府负担投资，实质上是向全社会及未来（以负债为形式）征收一种“暗税”，而税收返还的方式则是通过提升存量资产价值。这一机制的问题在于：(1) 政府的土地要素收入可视为一种“暗税”，税负实际上转到城市不动产购买者的身上，但在边际上，原有的资产人因新的基础设施建设而得益（资产升值），但却不支付成本，这有悖于诺思定律，不是好的合约结构。当前的循环之所以能持续下去，是因为政府生产的设施确实降低了全社会交易费用、使潜在租值释放，但随着增值边界的到来，这一过程必然停滞，也就是说，这样的合约使用条款与收入条款结构有着内生的边界。这与克鲁格曼推断亚洲金融危机是一个逻辑内核，取决于增值率的可持续性。(2) 管制城市的设立就是阻碍了更多城市对城乡各类要素的竞争，推高了北京等超大城市的资产价值。(3) 由于政府特别是其货币部门不注重资产存量而更加注重流量，因而，政府提供公共产品等行为根据边际来决策的属性更为明显。

在城市运行中，一项私有财产如果不是全部租值收入都被界定为产权人所有，部分租值的归属变得模糊，则在竞争下对资产的使用会导致租值消散。当前的城市现象如所谓的限购、摇号、国土指标都是非价格竞争，而“执行管制的人可以有两项收入。其一是正规的薪酬，其二是贪污”[1]。目前，城市的运行中有诸多的管制以及没有被明确界定的权利，导致一系列乱象。比如，在当前的合约结构下，投资房产、购买汽车，就是在争城市中的部分无主收入。而补交社保获得购房资格（分享公用设施）及购车权利、车牌腐败等乱象的存在，都是降低租值消散的行为。牌照的价格，也就是部分的租值。

此外，目前的城市公共服务体系与户籍制度安排等种种安排都有使一地居民“附属”于该城市之效，阻碍着全国性大市场的形成。

---

① 张五常：《制度的选择》，313 页，网络版：http：//staff. ustc. edu. cn/～shzhang/chinese/papers/jjjs. pdf。

从城市化与工业化的关系来看，城市化率（以人口衡量）落后于工业化水平的原因在于，地方政府处于一连串合约之中，在争夺资本、土地（建设用地）的边际处存在从增值中分成的激励。而对于普通劳动力的边际增长，其收益可以通过工业流通领域的增值税得到分成，在房地产领域可以通过高额的地价得到分成，而增量人力资本所需公共服务的费用却由于城乡之间、城市之间彼此割裂的制度安排而可以不负担，也就是地方政府在劳动力的未来资产增值中未有相应分成激励，反而可能承担高额成本。目前的产权安排、合约结构、税制安排必然导致这样的结果。

统筹城乡发展、城乡一体化、新型城市化，无论怎样称谓，这一进程是各类经济主体的选择，这是最基础的力量。每个城乡居民及各个市政当局是最直接的决策主体，整体的制度创新要创造自由选择的激励条件和规则，改变各类主体面对的局限条件，引导资源高效配置，而非政府主导投资“造城”。

第四章

改进合约结构：统筹城乡制度创新的总体思路

第一节　中国统筹城乡发展制度创新的总体架构

工业化、城市化是中国走向现代化的主旋律。当前，城市化滞后于工业化是中国现代化进程中的主要矛盾，推进制度创新，让城乡一体化变为现实，这是当前深化改革的一条主线。

根据城市合约理论，可从两个层次审视：城乡之间、城市之间。统筹城乡发展、实现新型城市化，就是要最大限度地降低这两层合约所面临的制度费用。

（1）城乡之间。如第二章所述，收入的前提是资产及其流动，全面界定、提升农村资本存量，承认农村资产并加大人力资本投入（其投资效益相对更高），使之具有按照市场规则流动进而激发最大可能收入流的基础。目前的农村产权一旦流转范围超出本村进入城市合约，就会因存在管制而交易费用陡然放大，损失很多交易机会。

（2）城市之间。在城乡走向同权的基础上，促进城市之间竞争这些农村资产特别是人力资本。其中，城市间竞争农村资产的前提是，物质性资产充分确权、放松流转范围管制，而人力资本的关键在于有一个相对均等的起点。这一点要转向从城市体系内部以及单一城市生成、运行的合约结构来看，要加速拆除带有计划性质的制度藩篱，如户籍、逆向补贴、公共服务、土地要素市场计划分配等。在城市体系内部，要尽快放松设市管制，通过促进竞争降低具体合约的交易费用，如此方能倒逼出农村资产的真实价值。

因而，以制度创新促进新型城市化、实现城乡一体化的总体思路是：（1）推进城乡要素同质同权的产权制度改革，构建公共资源城乡均等化配置的体制机制；（2）增强城市（体系）生成的市场化程度，促进城市间要素边际收益趋于一致，构建“动力充足、分布均衡、结构合理”的现代化城市体系。让市场在组织这一磅礴的、市场化的城市化进程中发挥作用，其释放的有效需求足以支撑中国下一个 20 年到 30 年的高速增长。

以上两点是市场在城乡更大范围内发挥配置资源的决定性作用、构筑城乡要素自由有序流动制度保障的根本性工作。政府自身则应回归公共产品领域，“创造条件”（包括宏观规划、界定与保护产权以及一体化的公共服务）让市场发挥力量组织这一以面向“终极城市化”空间格局的科学规划为先导，以三个集中为承载形态，以现代产业体系为支撑，以公共服务城乡均等化为前提，以城乡产权平等为基础，以基层民主治理为保障，以城乡要素自由有序流动为根本特征的城乡一体化进程。

表 4—1 比较了传统城市化与统筹城乡发展在制度体系以及政府职能上的差别。

表 4—1　　传统城市化与城乡一体化条件下的制度创新与政府职能比较

领域	传统城市化	统筹城乡发展
政府主要职能	城市工业发展、投资建设基础设施、行政审批	宏观规划、推进制度创新、提供城乡一体公共服务、简化行政审批、退出盈利性要素配置环节
规划	城市规划	城乡规划
公共投资	集中城区	全域均衡
公共服务	城乡分割	城乡一体
土地供给	政府垄断城市土地市场	政府逐步退出土地要素市场
人口流动	农民工“候鸟式”流动，市民化受阻	趋向稳态格局，城乡自由双向流动，城市之间合理流动
社会资本	集中于城市，进入农村受限	社会资本大规模涌入农村、提升现代农业发展水平及农村现代化水平
产权形态	城市资产市场显化； 农村资产无制度化、市场化的表达，流转范围受限	城乡资产走向同地同权、同质同价； 产权明晰到户、集体资产折股到户
基层治理	产权不明晰导致村集体组织有巨大寻租空间	完善基层民主，保障农民合法权益，降低要素流动重组制度障碍
土地财政	土地出让收益巨大	逐步降低比例
土地市场结构	工业、商住双轨	逐步并轨，规范补贴
税制	分税制，地方收入以工业增值税为主，促使地方政府压低各类要素价格发展工业；产业结构优化升级缺乏动力；公共服务供给不足、质量有限、分布不均	直接税与间接税结构合理化； 逐步提升服务业税收、财产税、以家庭为单位的所得税的比例； 带动产业结构升级、合理化，地方政府激励优化
建设资金来源	土地财政、城投平台（以土地为抵押）	以可持续税收为保障的市政债体系； 地方政府凭借提供优质公共服务的“真本事”在金融市场融资
城市扩张形态	中心向外摊大饼	以廊道为骨架辐射带动网络化城市群
工业发展	分散投资； 村村点火，户户冒烟	集中、集群、集约发展
生态环境	面状生产与生活污染	通过集中生产、集中居住实现污染的集中处理，保持自然生态本底

续前表

领域	传统城市化	统筹城乡发展
全国城市化格局	超大城市依靠行政等级极化扩张，投资边际收益开始下降*，人口膨胀、有进无出，交通环境等问题突出；中小城市无法与高层级城市平等竞争，综合承载力提升受限	以公平化的制度以及公共资源配置为前提，疏解超大城市无序扩张压力，引导若干城市群为主要承载形态，中等城市成长为主要承载层级，全国城市化格局走向均衡

* 2012年9月25日，国际四大会计师事务所之一安永发布的报告显示，中国全要素生产率在2001—2007年间的年均增长率达到了4.7%，2008—2010年生产率增长出现了大幅下滑，年均仅为2.8%。从城市经济学角度来看，城市超过最优规模之后投资边际收益呈现下降趋势，这是空间经济发展的规律。因而，中国整体投资边际收益下降的中观基础就是作为生产力核心的超大城市的投资收益下滑，未来应当着重培育能够及时替代超大城市边际收益下降缺口、自身尚处于边际投资高收益率区间的中等城市群体。

在实践层面，四川省成都市作为全国统筹城乡综合配套改革试验区，从2003年开始进行了多年卓有成效的探索，本书基于理论分析以及对成都市实践的长期跟踪观察，提出统筹城乡发展制度创新的理论框架（见图4—1）。这一框架可以表述为：统筹城乡发展的本质是发展，根本方法是统筹，基础动力是制度创新，通过持续推进制度、市场、治理三大层面在城乡间、区域间的一体化进程，最终形成城乡共同走向现代化的发展格局。①

具体过程是：首先，根据三个集中的客观规律，通过科学规划框定终极城市化格局；其次，谋求形成这一格局的动力结构调整。充分发挥市场基础性力量、政府弥补市场失灵，通过政府职能转变使公共服务覆盖城乡，消除城市化过程中出现拉美化现象的可能性；最后，在农村推进经济、政治“双轨并进”改革，持续构建城乡生产要素有序双向流动与重组的制度基础，建立各类农村产权有序流转的交易平台与机制。在此过程中，不断优化格局、强化管理，并允许弹性微调，如根据发展形

① 这一格局包括三个方面：第一，以高效为基本特征的现代产业体系（先进制造业、现代服务业、现代农业）；第二，以集约为基本特征的现代空间承载体系（新型城市化、综合承载力）；第三，以低交易费用为基本特征的社会主义制度体系。

势变动对重点镇的构成进行调整、对公共配套标准进行调整等。

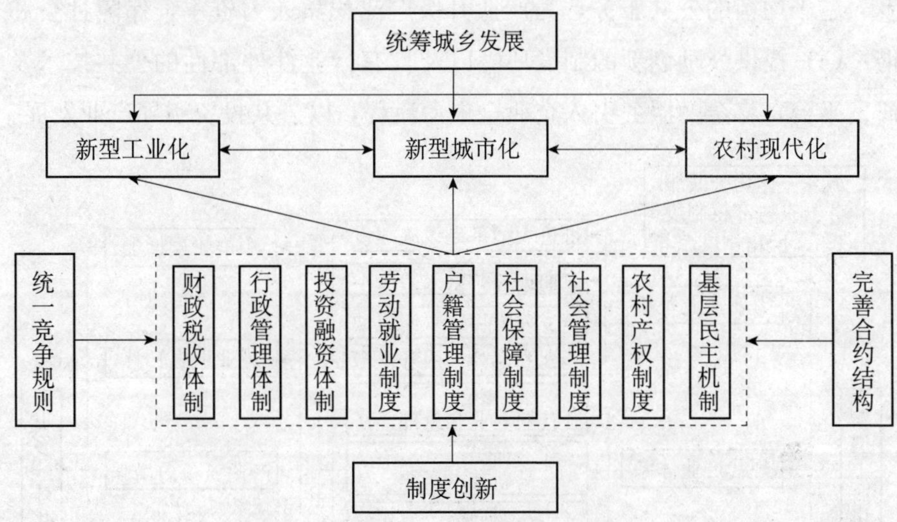

图 4—1　统筹城乡发展制度创新理论架构图

图 4—2、图 4—3、图 4—4 展现了成都市通过制度创新促进城乡一体化的逻辑框架。

如图 4—2 所示，成都市推进新型工业化以支撑城乡一体化的两大方向分别是规划引导以及夯实产业基础。现代产业体系的生成首先是市场规律。因而，成都市首先推行了行政审批制度改革，优化投融资体制，进而推进农村产权制度改革，创造条件让城乡市场主体自主决策，使生产要素按照市场引导有序流动、重组、集聚，减少政府对经济运行中产业微观决策的干预，此为现代产业体系生成与高效发展的基本前提。同时，作为发展中国家与地区，政府力量的合理发挥也是后发优势的重要组成部分，突出体现为：（1）统筹考虑整个市域的产业规划及其与其他规划、政策的衔接与协调，通过政府层级间权责优化，设立合理的产业项目流转机制，使得产业发展避免规模不经济，符合现代产业集聚、集群、集约的经济技术规律；（2）由政府主导推进无法被企业内生决策的大型经济基础设施建设，服务产业顺畅升级；(3) 政府组织提供覆盖城乡、趋于均衡的公共服务，为产业升级广泛积累人力资本，保障社会和谐；(4) 提供鼓励创新的制度环境以及具有行业性外部性的公共技术及研发平台，将金融服务引入企业全生命流程，以公共投资引导产业发展。

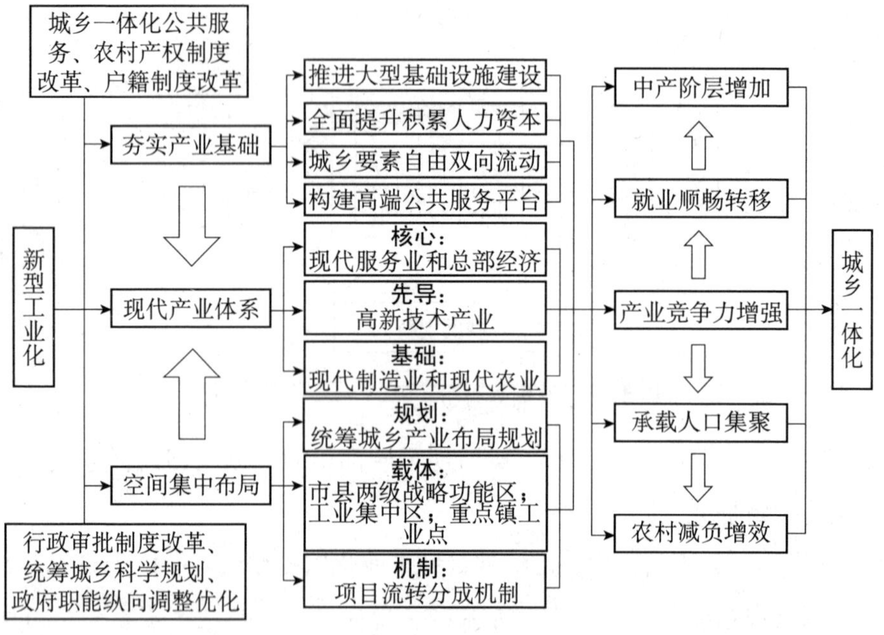

图 4—2　新型工业化支撑城乡一体化的逻辑架构图

如图 4—3 所示，以制度创新促进新型城市化的实质是建立城乡群众共创共享改革发展成果的体制机制，为各类生产要素在城乡之间自由流动创造条件。“创造条件”这四个字表明了统筹城乡发展进程中政府所要做的就是：(1) 全面落实以人为本，推进建立城乡平等的基本制度，系统性地破解城乡二元体制，让以人为本的理念转换为具体的制度与政策，并保障制度的有效实施（成都市制度创新文件体系详见附表 4）；(2) 在此制度框架下合理划定政府职能边界，发挥政府组织经济活动的比较优势，降低全社会交易费用，让城乡各类要素根据市场价格信号自由流动重组，提升配置效率。必须强调，在新型城市化带动城乡一体化发展进程中，政府仅仅是为市场运行“创造条件”，而非全面、直接参与生产要素的配置。

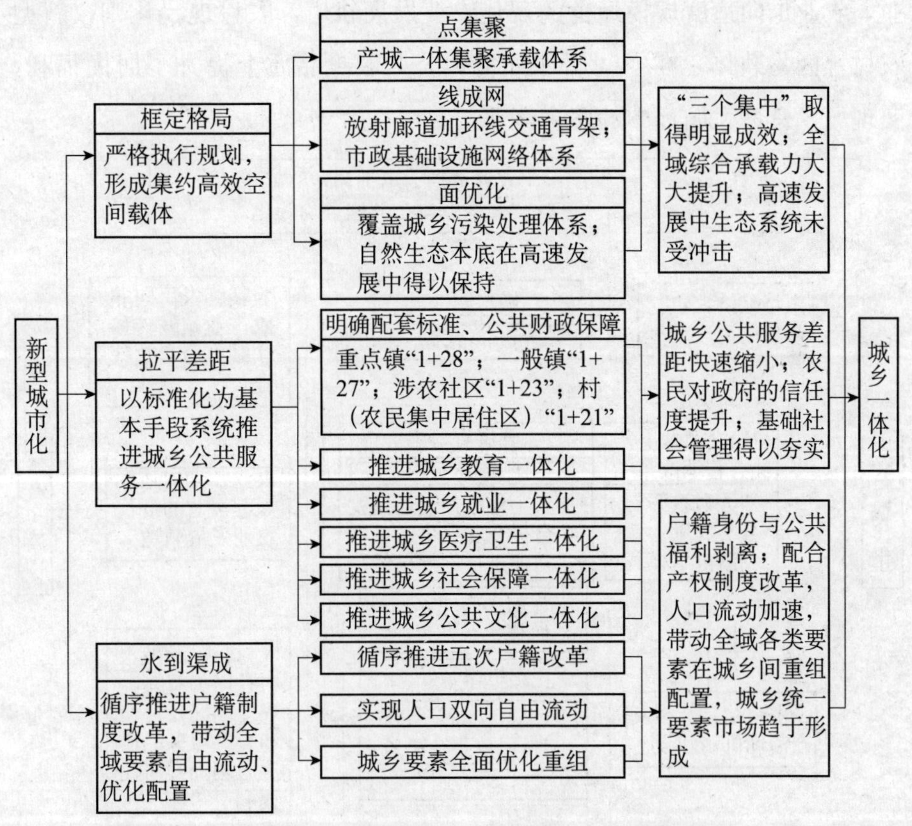

图 4—3　新型城市化带动城乡一体化的逻辑架构图

如图 4—4 所示，统筹城乡综合配套改革需要全面重构城乡经济社会运行的规则与秩序，其出发点与落脚点在于通过构建城乡良性大循环，寻找一条农村现代化的可行道路。在“城市反哺农村、工业反哺农业”，不断推进农村劳动力就业转移和公共服务均等化的前提下，成都的改革更加注重激发农村的内生发展活力，更加注重基层治理民主规范，更加注重城乡之间社会公平，同步推进了“市场经济＋民主政治”两大主线改革：通过深化产权制度改革，构建城乡市场体制与市场运行一体化的基础，通过新型基层治理机制改革，构建与市场经济体制相适应的基层民主治理机制。最终成效体现为：农民向非农产业顺畅转移实现充分就业，农业走向适度规模经营的现代农业发展轨道，农村现代化则以新型农村社区为载体，在空间居住环境和公共服务品质上提升了居民福利，实现城乡良性大循环中的多主体获益。

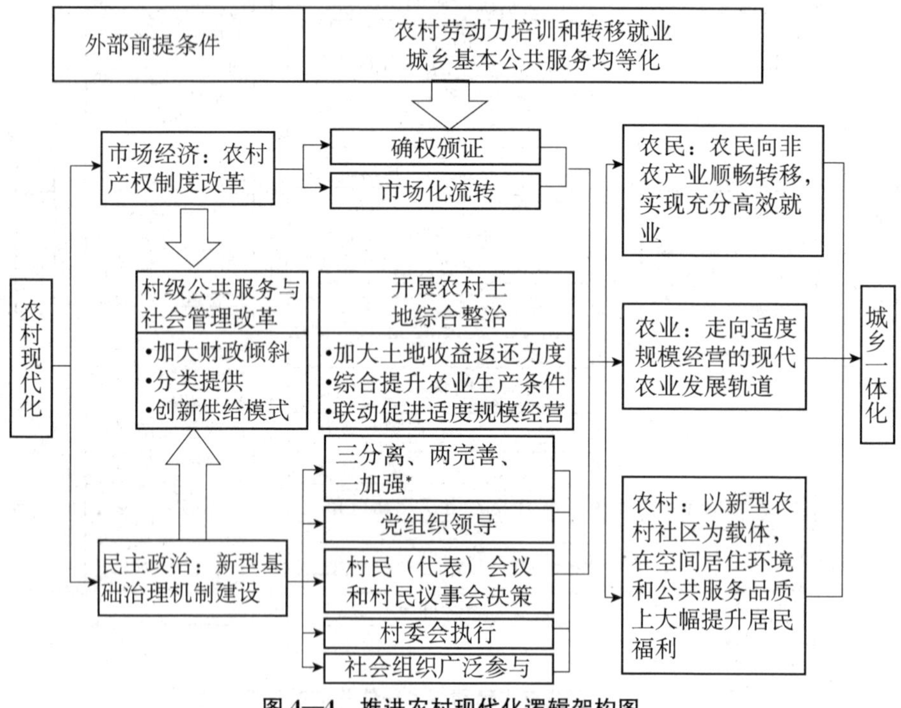

图 4—4　推进农村现代化逻辑架构图

* “三分离、两完善、一加强”的具体内容是，决策与执行权相分离、社会与经济职能相分离、政府与自治职能相分离，完善农村公共服务和社会管理体系、完善集体经济组织运行机制，加强并改进农村党组织领导方式。

从综合配套改革的推广来看，地方党委、政府要转变治理理念，全面落实以人为本，推动形成城乡之间公平平等的产权安排及公共资源配置机制，进而在此制度框架的限制下开展有限度的活动，退出对市场直接干预的权力领域，这实际上是政府“革自己的命”。

从时序上看，成都市首先是下大力气系统推进“六个一体化”，大大促进了城乡公共服务均等化，然后再触及核心领域的要素产权制度改革，这一点在操作上是至关重要的。

第二节　制度、市场、治理三个层面破解城乡二元体制

当前中国经济运行中的基本矛盾是城乡二元结构，即在现有生产潜力条件下，要素合理流动的市场化生产关系受阻，体制机制、上层建筑的改革滞后成为制约城乡要素有效配置的根源。因而，破解城乡二元体制、推进制度并轨、改进合约结构，就成为统筹城乡发展的核心任务。

城乡二元体制可以分为三个层次：制度二元、市场二元与治理二元(见图 4—5)。其中，制度二元是根本，市场二元是表现，治理二元进一步加剧了城乡之间公共服务与社会管理的差距。城乡分割的就业制度、土地制度、户籍制度，强化了城乡之间的差异，严重阻碍着城乡要素的合理有序流动。

未来，破解二元体制的总体思路是：

第一，破解城乡二元制度安排。破解城乡二元制度的主要内容是破解城乡分割的产权制度、户籍制度、公共财政制度、社会保障制度等。破解城乡二元产权制度势在必行，制度的二元化导致同地不同权，这与完善的社会主义市场经济的要求相悖，既制约着城市的合理扩张，也制约着农村推进农业现代化规模经营，从而制约土地资源通过合理的空间位移构建更为合理的国土开发格局，同时引发了大量社会矛盾；没有长期稳定的制度安排，农村承包土地使用权和宅基地使用权的入股、置换、

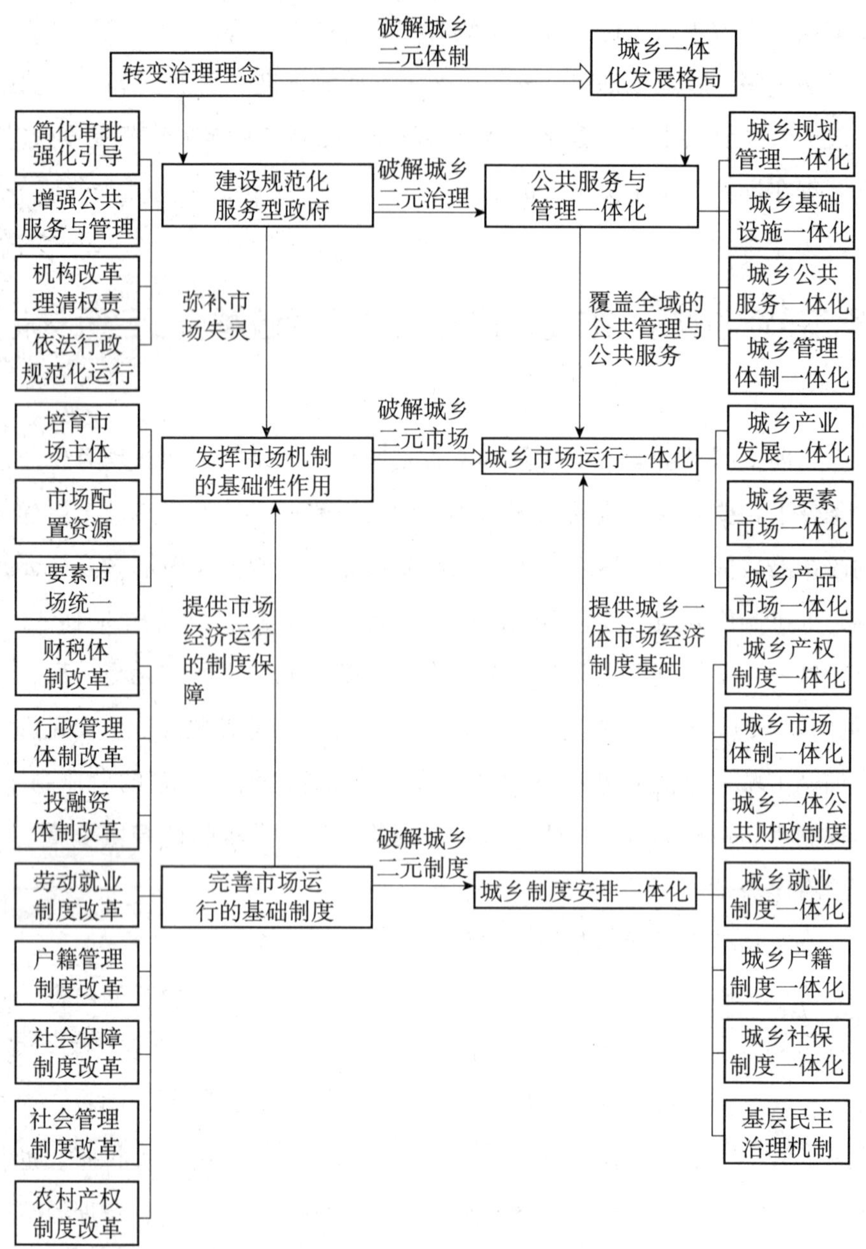

图 4—5　城乡发展三大层面一体化框架图

抵押及转让就无法进行，农村生产要素流动必然受到限制，产权制度若能明晰，则资本下乡、技术下乡、人才下乡将会由市场自然引导。城乡二元户籍制度并非表面上的户口登记和管理，而实质是区分城镇居民与农村居民，使之享有不同的权利，城乡户籍制度背后的城乡公共服务差异才是其核心内容。

第二，破解城乡二元市场体系。破解城乡二元劳动力市场包括统一城乡就业市场和规范劳动力市场运行两个层次。在计划经济体制下，城市和乡村的劳动就业体制是完全隔离的，农村居民只有通过考学、参军转干、征地工、顶职等几种特殊途径才能进入城市就业系统。改革开放以来，农村富余劳动力虽然可以进城打工，城乡二元劳动力市场格局依然存在，深层次统一劳动力市场尚未形成，劳动力的社会上升通道不畅，城乡二元就业体制仍阻碍着统一劳动力市场的形成；破解城乡二元土地市场，需要在完善土地产权制度的基础上，创新思路与手段，搭建城乡要素市场化交易平台，积极推进城乡土地市场统一，实现同地同权，保障农村市场主体利益；破解城乡二元资本市场。农村发展的核心问题是“钱从哪里来，人往哪里去”，其中当前农村发展的资本不足问题更为突出。如何破解城乡二元资本市场，让“过剩”的流动性涌入农村，从而联动解决农村发展资本不足与宏观资本过剩两大问题（实际上，这部分游资的主体正是由于农民工的生产价值未能消费对冲的一种时间上的积累）是当务之急。

第三，破解城乡二元治理格局。首要的是破解城乡二元财政体系。中国城乡二元矛盾的重要体制支撑便是城乡分割的财政体系。长期以来，城市财政与乡镇财政是相分离的，而财政偏重于向城市投入，很少惠及农村地区，导致多数农村的公共基础设施与公共服务水平大大地滞后于城市。二是破解城乡二元公共服务供给机制。在计划经济时期及传统城市化时期，城乡分割的公共服务与社会保障格局一直维持对城乡居民区别对待，城市居民可以享受政府提供的质量相对较高的教育、医疗、住房、社会保障等公共服务，而农村居民很少能够享受。三是破解城乡二元管理格局。由于城乡收入差距、公共服务差距长期存在且不断扩大，同时城市承载能力有限，在管理上就形成控制农村居民进入城市的城乡二元壁垒；又由于长期采取以城市为中心、以增长为导向的策略，导致公共管理特别是规划、建设、交通、环境、社会管理等职能领域长期存在城乡分割，农村地区特别是基层治理水平长期难以有效提升。

第三节　城市合约准入：设市制度改革的形式化证明

新结构经济学强调，如果能够有充分竞争的市场环境和制度体系，那么符合比较优势的产业就会得到优先发展，各类资产也会进行更为有效的积累，随着资本密集度的提升，劳动力或人力资本就会变得相对更稀缺，竞争态势自然会提升劳动者的收入，贫富差距也会有效缩小。这一思想是非常深刻的，收入差距从资产要素相对价格的动态变化来看，目前是农多（劳动力、农用土地）城少（资本、技术），应让城及其各项要素多竞争并有效积累，使得农方面要素逐步变得稀缺。

夸张的管制导致夸张的现象！在这一点上，本书重点关注城市设市管制这一局限条件。这一管制极为夸张，自 20 世纪 90 年代冻结以来，持续了十几年之久，导致了明显的经济运行扭曲。城市合约的准入影响到建设用地及其他要素的有效利用。另外，合约的准入与退出必然相关联，这里只讨论改进设市制度以增进效率，而城市破产制度则留待进一步研究讨论。

张五常在《佃农理论》的结论部分写到："本书分析了在财产法、经济理论和亚洲农业中所观察到的土地使用之间的相互作用的关系。尽管这种相互作用很复杂，但研究它或许是正确理解土地使用权经济学的唯一方式"。

佃农理论从土地的视角构建了模型，论证了分成安排与其他安排一样具有经济上的有效性。与此类同，18 亿亩[①]耕地红线的约束意味着城乡建设用地的总量是一定的。这一局限与佃农理论中地主土地面积一定的局限是相似的，因而这里采用佃农理论模型从整体层面进行设市制度（城市合约）的探讨。

根据城市合约理论，城市（体系）是多要素合作生产的一连串合约。向前看，城市政府投入土地（城市土地要素本身具有合约结构，是公共投资与私人资产的合作生产"熟地"，可以用股份制处理，这里简化分析）以及组织要素与其他要素一道参与生产"增量"，并从中获取收益，合约安排可以视作分成制。目前，城市建设用地的产权主体是国家，实际执行人是各地方政府，因而可以视作土地的产权主体参与分配；至于在城市合约中的分配条款安排，在工业领域，增值税实际上就是分成制，在住宅及商业用地领域，实行招拍挂的收益条款，这种"非固定"的收益条款，可以理解为广义的分成制，事实上，我们也在多个研究报告或新闻调查中看到过政府出让地价占最终产品的房价一定比例的证据。因而，总体上将分成制作为城市建设用地产权主体参与分配的安排是比较合理的。

让我们暂时将组织要素放入其他要素，单独从土地的视角观察城市合约。

在图 4—6 中，垂直的供给曲线 L 表示城乡建设用地总量。h 表示某一

① 1 亩＝0.0667 公顷。

城市的建设用地面积，g 表示该市的总产出。$\frac{\partial g}{\partial h}$为总的边际产出，$\left(\frac{\partial g}{\partial h}\right)r$为建设用地的边际产出，$\left(\frac{\partial g}{\partial h}\right)$（$1-r$）则相应地为其他要素的边际产出。

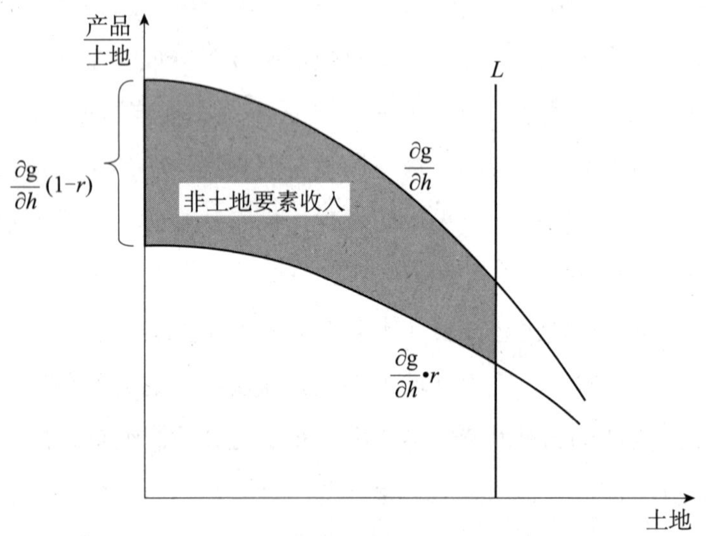

图 4—6　单个城市土地与非土地要素边际产出分析图

在特定时点，一国或一市可供投资的资源总量是一定的，假设只有一个城市，则土地的边际产出$\frac{\partial g}{\partial h}$随 h 的增加而减少，曲线$\frac{\partial g}{\partial h}$和曲线$\left(\frac{\partial g}{\partial h}\right)r$ 之间的阴影区域表示非土地要素的收入，它随着城市土地面积的变化而变化，$\left(\frac{\partial g}{\partial h}\right)r$ 下面的区域表示城市政府收取的地租总额。根据边际决策原理，如果非土地要素在其他城市（竞争者）能够获取的回报相等或更低，那么只要其在该市的边际产出大于零，非土地要素主体就会继续在该城市活动，并尽可能扩张该城市建设用地面积。为使收益最高，土地权利人会提升地租的比例，即$\left(\frac{\partial g}{\partial h}\right)r$ 曲线上移，直到非土地要素获取在其他城市可能获取的最高收益。

然而，如前所述，税制安排具有固定性，并非常态变量。在税制不能调整的假设下，显然非土地要素会倾向于多利用土地，进而在边际上行使分成权增加总收益，这也是像北京这样的大城市建设用地急剧扩张的理论原因。

同时，土地分成比例并不是城市建设用地权利主体可以调整的唯一变量，可以将固定总量的建设用地分为多个城市使用而获得更高的地租总收益。

如图 4—7 所示，T_1、T_2、T_3 和 T_4 分别是第一、第二、第三和第四个城市建设用地的分界线。

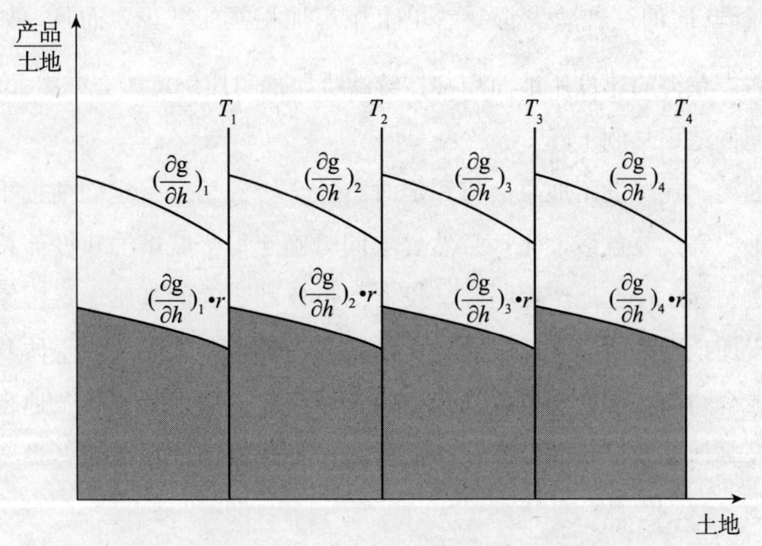

图 4—7 城市规模边际决定模型

当城市数目上升时，土地的边际产出也会向上移动。曲线$\left(\frac{\partial g}{\partial h}\right)_1$，$\left(\frac{\partial g}{\partial h}\right)_2$，…分别是每个城市的边际生产力曲线，$\left(\frac{\partial g}{\partial h}\right)_1 r$，$\left(\frac{\partial g}{\partial h}\right)_2 r$，…分

别是每个城市的边际地租曲线。单个城市的非土地要素回报以其$\frac{\partial g}{\partial h}$和$\left(\frac{\partial g}{\partial h}\right)r$之间的区域来表示。为了达到收益最大化目标，国家应当使边际地租额的积分极大化。也就是说，一市之非土地要素回报率不高于其在另一城市的回报率。但随着指定给每一城市的建设用地面积的减少，地租比例也必然会降低，这就需要降低合约的边际地租$\left(\frac{\partial g}{\partial h}\right)r$，目的是避免非土地要素转向其他城市，而这一边际地租可以直至为负（如在今天的工业领域，负地租是普遍现象。正是由于在工业领域全国各地争夺资本的市场趋于一体化，才激发了工业领域地租的下降，使生产力飞速提升）。$\left(\frac{\partial g}{\partial h}\right)r$的这种减少将导致单个城市地租额的减少，而且，如果每一个城市获得的建设用地面积都持续减少，地租比例可能会变得非常低，最终拖累地租总额下降。

因而，在建设用地总量与一定时点社会投资总量一定的前提下，国有土地要实现收益最大化，必然要求同时确定每个城市的建设面积和地租比例。即，在土地产权明确、投资回报权利明确的基础上，国家拥有的建设用地与其他要素组成合约，由政府与其他要素的产权主体共同商定分成合约条款，这些条款将约定每个城市建设用地的规模、地租的比例以及其他要素投入的额度，从而使得包括建设用地在内的各类要素达成均衡。

城市建设用地规模与分成比例同时确定的几何解过程如图 4—8 所示。

在图 4—8 中，我们集中精力讨论只有一个城市的情况，推导出全部国有建设用地没有得到充分利用的结论。如图 4—8 所示，曲线 g/h 表示该市建设用地的平均产出，即当其他要素的投入保持不变时，相应于土地面积的平均产出。曲线 f/h 是其他要素投入除以建设用地面

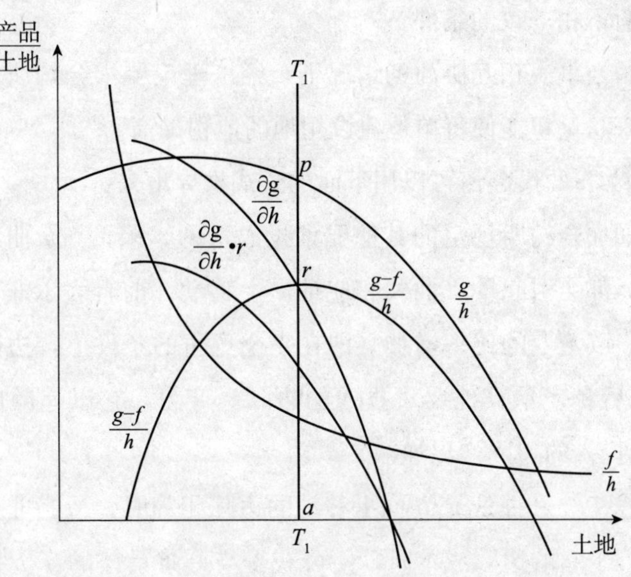

图 4—8 管制情况下的城市用地规模决定模型

积。暂且假设，所有非土地的投入都由其他要素主体承担，曲线 f/h 是除土地之外的总成本除以该市建设用地面积。总成本包括基础设施、厂房、设备、人力资本等。即 $f/h=(p_t\cdot t+p_z\cdot z+\cdots)/h$；这里 f 是除土地之外的总成本，p_t，p_z 是人力资本 t，设备 z 等要素的价格。因为固定时点其他总投入保持不变，曲线 f/h 是一条凸向原点的双曲线。曲线 g/h 和曲线 f/h 之间的垂直距离限定了 $(g-f)/h$ 曲线，即单位土地的地租。

限定曲线 f/h 的投入总量是由合约规定的，因为如果合约只规定地租比例，投资者就会对所承租的土地承担更少的投入义务。这就是当前在各个工业园区所见到的约束投资强度，并督促企业加快投资，保证进度；在房地产领域，也存在约束开发速度的条款。给定任一分成比例，其他投入者能获得每一单位产出的一部分。如果用地的决策完全由其他投入者作出，那么，其增量投入的成本低于相应的边际产出，其结果是导致与均衡不相一致的条件。

在合约当事人相互协商的情况下，经济理论要求合约所规定的其他要素的投入总量将能使每单位建设用地的地租最高。

$(g-f)/h$ 的最高值可以用下面的方式推导出来：

作为增加合约所规定的其他要素投入量的结果，f/h 曲线每一次的向上移动，都会引起 g/h 曲线相应地向上移动。前者表示非土地要素的边际成本，以不变的比率增加（即在完全竞争的条件下，边际要素的成本不变）；后者表示其他要素投入的边际生产力，它以递减的比率增加（即非土地投入的边际产出递减）。

当曲线 f/h 和曲线 g/h 向上移动的边际相等时，或当非土地投入的边际产出等于它的边际成本时，便可获得与一条具体的 f/h 曲线相对应的最高的 $(g-f)/h$ 曲线。相应的非土地成本限定了 f/h 曲线，包括了与生产性均衡相一致的其他要素的投入水平。为了使财富最大化，按定义，所选择的生产函数是可以使土地现值最大化的方法。因此，对作决策来说，曲线 $(g-f)/h$ 的相应值或平均地租，是从各条可选择的曲线 g/h 和曲线 f/h 推导出的最高值。更准确地说就是，曲线 $(g-f)/h$ 的最高值把单位土地的成本界定为了一般性资产。

土地的边际产出曲线$\frac{\partial g}{\partial h}$在其最高点与曲线 g/h 和曲线 $(g-f)/h$ 相交。分配给这个城市的均衡建设用地规模 T_1，就是曲线 $(g-f)/h$ 处于最大值的那一点。

最大化单位建设用地的地租，就是最大化全部建设用地的地租额。按照已确定的均衡土地规模 T_1，均衡的地租比例等于曲线 $(g-f)/h$ 的值除以曲线 g/h 的值（在 T_1 时）。也就是说，地租比例 r 等于图 4—8 中所标明的 ar/ap 值。在这种均衡地租比例给定的情况下（比如说 70%），我们可以把合约的边际地租曲线$\left(\frac{\partial g}{\partial h}\right)r$在每一点上作图表示为曲线$\frac{\partial g}{\partial h}$的比例。如曲线$\left(\frac{\partial g}{\partial h}\right)r$所示，由于非土地要素按照合约要支付其总产品的一定比例给建设用地产权人，就其所使用的土地数量而言，土地成本不再是一种约束条件。为使收入最大化，该市的承租者更愿意利用耕地到$\frac{\partial g}{\partial h}$为零的那一点上。另一方面，建设用地主体会把土地持有量限定在T_1上，并将剩下的土地以同样的合约条件分配给其他城市。

建设用地权利主体无法把承租者的土地持有规模限定在低于T_1的水平，因为在地租比例r的条件下，其他要素转往其他城市所获得的收入可能会更高，这样承租者就可能不再租用该市的建设用地。

以上论证说明：冻结设市，在目前的建设用地指标配给制以及规划建设规则的环境下，相当于阻止了建设用地规模在城市间根据经济效益最大化原则进行调整，必然会影响最优均衡的实现。关于这一理论假说，在第八章将给出实证数据的检验。

第五章

转变政府职能：优化城乡之间、城市之间、城市内部合约结构

第一节　理论建构：政府两层次职能论

根据第二章的理论阐述，政府在合约结构改进中的作用包括两个层次：(1) 在界定产权的基础上，让市场发挥更大作用，促成更多的交易，这是降低第一类合约费用；(2) 在政府参与的不同层级的“共用品”生产环节，通过优化政府内部层级间的合约关系，理顺权责划分，并创造条件让合约选择定律发挥作用，促进竞争，降低政府在城市生成、运行中的组织要素与其他要素间的交易费用。

对于全社会而言，界定产权是最基础的公共服务，对于农村而言，这一制度安排比转移支付更有效，这就是“资本的秘密”。因而，从政府的角度来看，在统筹城乡发展制度创新中，第一层的任务是向农村推进第一层的产权界定这一公共服务，使得农村资产的市场流转范围在既有时点的物理性交易费用的局限下尽可能外推，使农村资产的需求曲线外推。

如图 5—1 所示，农村资产权利界定特别是转让权界定明确，将使得其可竞争性大为提升，出价者众，能够利用社会对于该项资产可能收益的更多知识来增加其未来现金流。表现为需求曲线外推，从 D 外推至 D'。假设其他条件不变，即资产出让人自用评价不变，每笔交易的交易费用规模不变且对于交易双方的“侵蚀”能力等同，则：（1）潜在交易量外推至 I' 处；（2）新的交易不可能三角 $A'B'I'$ 与原三角 ABI 大小相等；（3）实际交易量由 q_r 外推至 q_r'；（4）增值空间“Δ”为面积 $DD'I'I$，根据定义，如果这部分增值无法实现，则这一面积即当前统筹城乡发展面对的“制度费用”；（5）不难发现，增值空间的分配是：交易费用部门取得 $q_r q_r' * AB$，交易双方获得增值大三角形中空白部分面积且平均分配。

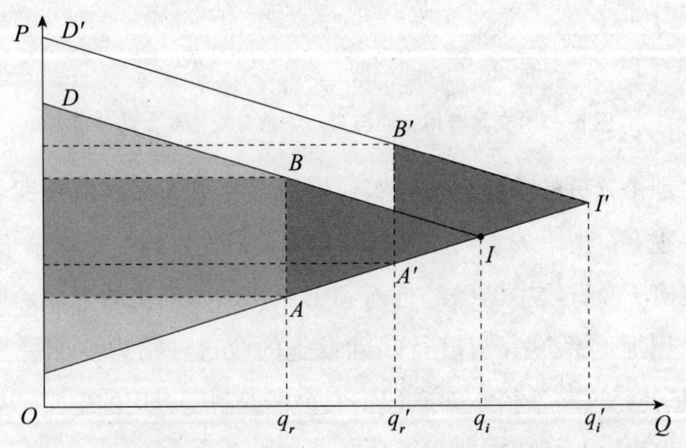

图 5—1　农村资产流转范围分析模型

以上分析是基于交易费用不变的假设，即在边际上不上升或不下降。如果放松这一假设，其他条件不变，我们得到如图 5—2 所示的模型，交易费用上升与图 5—1 的不同之处在于，增值空间不变，但分配格局发生变动，新的交易不可能三角 $A'B'I'$ 扩大，新增交易费用扩大，即图中斜线阴影梯形面积大于 $q_r q'_r * AB$ 的部分。显然，新增的不可能三角及交易费用边际上的增加有可能大于总的增值空间 $DD'I'I$，导致交易失败。因而，均衡的位置就是新增不可能三角及交易费用边际上的扩大这两者之和的变动等于 $DD'I'I$。

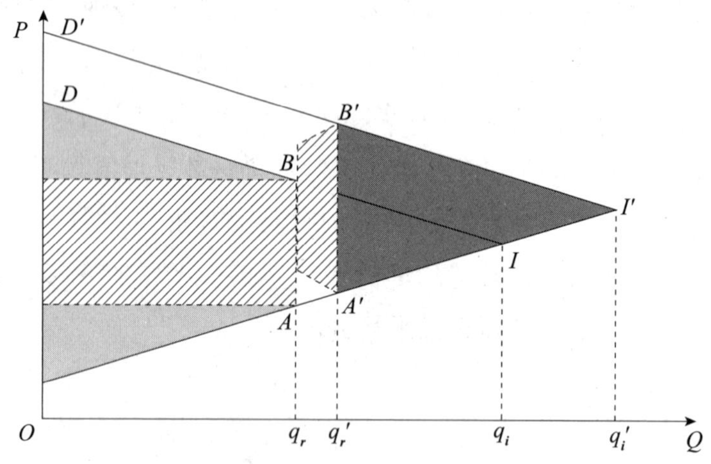

图 5—2　交易费用变动与资产增值分配格局变动分析

以上理论分析的总前提是，农村资产有在更大范围流转实现增值的空间。事实上，由于关于资产利用知识的分散性，这一空间总是存在的。同时，更由于今日之中国已经进入到工业化、城市化的大流通时代，也由于建设用地的总量管制以及基础设施的改进（物理性交易费用的降低），更是使得这一增值空间愈加扩大。根据制度费用的定义，中国当前统筹城乡发展面临的制度费用极其巨大。

如图 5—3 所示，在城市合约结构中，第一层是各类市场要素按照市场规律组合。按照合约理论，我们不必区分是企业雇用了劳动者还是劳动者雇用了企业家，只需要从要素组合生产的视角观察。各类要素集聚到城市，天然的一点好处是物理性交易费用 S 曲线的下移，这是空间局限条件改善的必然结果，但同时，由于城市集聚的要素互动频繁且在企

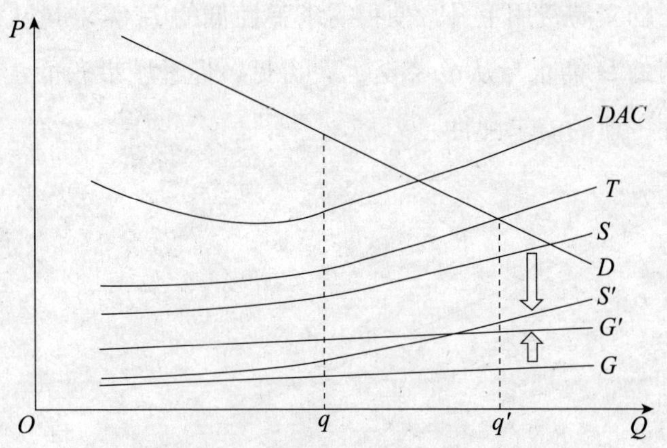

图 5—3　交易费用下降与城市集聚的关系分析

业设立、运行等要素重组的环节都涉及政府的参与，因而产权重组实现增值中的政府影响提升，表现为 G 曲线的上升，这两者的变动共同决定了 T 曲线的上移或下移。

G 曲线的变动是从消极方面来看政府作用对产权的影响，因为如果 G 曲线高扬，可以看作虽然权利"界定"清晰，但是由于政府的低效审批等具有广泛影响的交易费用上升，导致交易（重组）可能边界的左移，阻碍潜在租值的释放。反过来看，在边际上压低此类交易费用，能够将交易范围更多地向右推移。

在第二层，就是将公共服务的权责安排即各层级政府参与生产提供"共用品"的合约关系理顺。其中涉及最广泛范围的公共服务由最上层政府予以统筹生产，而属地性强的公共服务则应通过鼓励更多竞争，发挥合约选择定律，压低城市生成中的组织费用，使得农村资产流转面对的需求曲线弹性变缓，降低目前城市生产合约结构中，市政当局组织要素对于新进入农村家庭收益的"侵蚀"能力。

如图 5—4 所示，假设市场充分竞争，政府部门交易费用上升，且为方便分析，上升部分全部偏向资产需求方。对于不同需求弹性的 D' 与 D''

而言，同样的交易费用上升，使得需求弹性低的 D'需求量从 q'_r降至 q''_r，需求弹性高的 D''需求量从 q''_r降至 q'''_r，可见，促进城市竞争，有助于降低市场要素在一地的需求弹性。

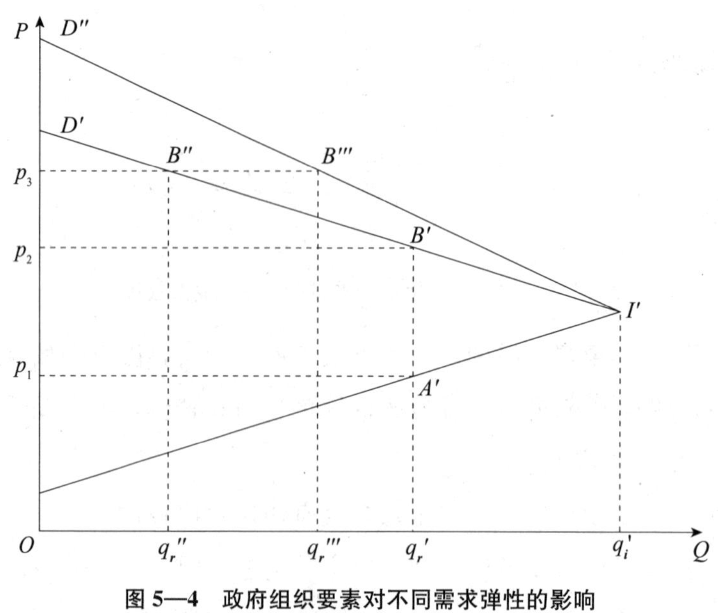

图 5—4　政府组织要素对不同需求弹性的影响

第二节　逻辑框架："两法一化"作为转变政府职能的基本路径

在统筹城乡综合配套改革框架下推进政府职能转变的基本路径可以总结为"两法一化"：先做减法，持续推进行政审批制度改革，为社会活力释放创造条件；再做加法，系统推进提供城乡均等化公共服务，构建城乡要素平等自由流动的社会条件；持续促进行政管理规范化，并注重完善统筹城乡发展的制度基础与运行机制（见图 5—5)。这一路径的完成是统筹城乡发展取得系统性成就的基本保障。

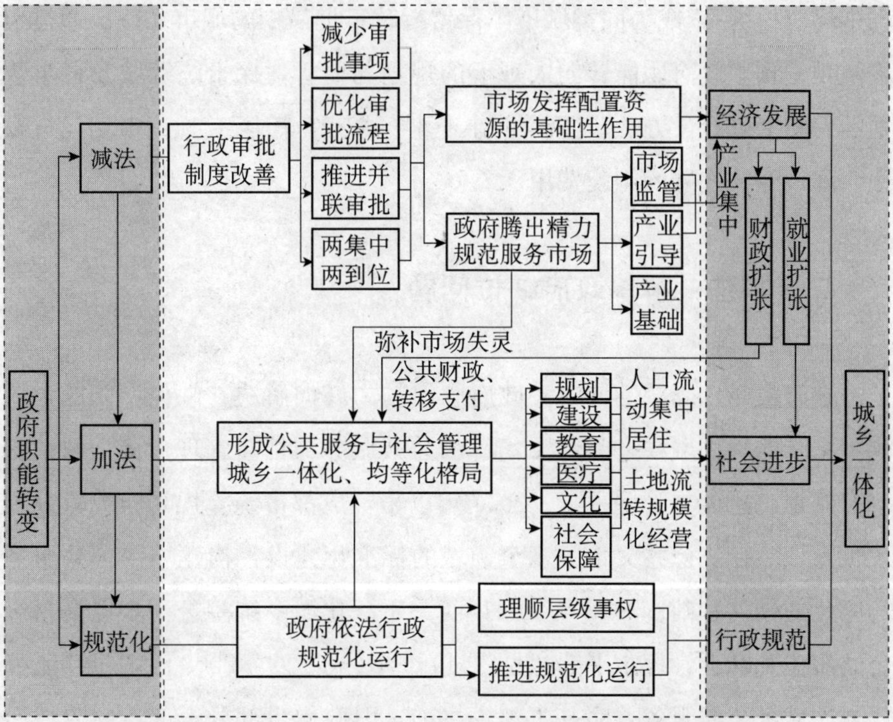

图 5—5　转变政府职能推进统筹城乡发展的逻辑架构图

一、减法：解决政府越位问题

政府职能的起点是做“减法”解决“越位”问题。在传统计划体制下，政府全方位干预市场决策，层层审批、事事审批，极大地增加了全社会的交易费用，“对经济整体的杀伤力可以大得惊人”①。针对这一突出问题，成都市从 2000 年开始在全国率先启动行政审批制度改革，出台

① 张五常：《新卖桔者言》，291 页，北京，中信出版社，2010。

《成都市行政审批制度改革若干规定》（成都市人民政府令第 81 号）为市场主体“松绑”，成为同类城市中保留行政审批最少的城市之一。通过退出微观干预，政府职能转向宏观上的规划与监管，探索统筹城乡科学规划的一整套理念、方法、体制机制，引导“三个集中”，规范市场运行秩序，降低经济发展的制度费用。

二、加法：解决政府缺位问题

在解决越位问题的同时，政府腾出精力转向解决“缺位”问题，职能更多转向提供城乡之间趋于均等的公共服务与社会管理，将全域纳入政府规划、建设与管理视野。2004 年以来，成都市统筹规划布局，开展了教育、医疗、公共文化等多个领域的标准化建设，构建城乡公共服务均等化的硬件基础；2008 年 11 月，《关于深化城乡统筹进一步提高村级公共服务和社会管理水平的意见（试行）》（成委发［2008］37 号）明确要求“城乡公共服务差距基本消失之前，财政增量部分全部投向农村”，从而建立了城乡一体的公共财政制度和经费保障机制。以覆盖城乡的公共财政制度为保障，以“六个一体化”为内容，通过机构改革等手段，逐步将城乡纳入统一的政府管理框架。积极推进农村社区向城镇社区转变，推进城乡经济、社会等各方面并轨运行。

三、规范化：确保权力公开透明运行

在政府职能转变基本到位的基础上，着力推进政府的规范化运行，在城市中率先确立较为完善的社会主义市场经济体制。实践中，要特别注意尊重群众意愿、发挥群众智慧，制度化承认基层民主治理、确权颁证等基层创新实践并迅速推广。

第三节 成都实践：改善行政合约结构的具体做法

一、划清政府与市场边界：降低要素流动重组的制度费用

基于两点原因，成都市将全面重构城乡经济社会运行秩序的起点选定为行政审批制度改革。第一，计划经济色彩浓厚的行政审批制度审批事项多、范围广、手续繁杂、多头审批，极大限制了市场主体的自主决策，进而限制了要素的合理流动与高效组合，造成整个经济运行效率低下，也为权力寻租创造了条件；第二，20 世纪 90 年代以来，地方政府间竞争构成了中国发展的重要制度特征。[①] 在此轮竞争中，为了快速吸引投资，优化政务环境，各地政府普遍放松了审批与管制，理论论证如图 5—3 所示。

2000 年，成都市在全国率先正式推行行政审批制度改革，主要做法及成效包括：

第一，大幅减少审批项目。前后九次大范围清理审批项目，使得行政许可项目由最初的 1 166 项减少到 107 项，而非行政许可审批项目也由最初的 1 006 项降低到 210 项。

第二，优化审批流程。自 2003 年开始成都市先后开展了八次审批流程再造，市级审批时限由法定时限总共 10 520 个工作日减少了 6 665 个工作日，压缩了 63.4%；2007 年，成都市开始实施企业注册登记“一窗式”

① 参见张五常：《中国的经济制度》，17 页，北京，中信出版社，2009。

并联审批，审批时限从 9～54 个工作日压缩为 2～7 个工作日，平均办结时间为 3.5 小时左右。2009 年，建立了投资建设项目分段式并联审批机制。

第三，推进审批事项向政务服务中心集中，全面降低企业、居民办事成本。2004 年，成都市政务服务中心投入使用，随后，逐步建立了城乡一体的四级政务服务体系。截至 2012 年 7 月，全市共建成了乡镇（街道）便民中心 322 个、村（社区）便民服务室 3 124 个，实现了政务服务向基层延伸和全面覆盖。

表 5—1 展示了国内代表性城市推行行政审批制度改革的成效。需要特别强调，成都市于 2004 年 2 月在国内最早启用市级政务服务中心，且率先实现了成都市市级政务中心与四川省政务中心同址办公。

表 5—1　　国内代表性城市行政审批制度改革成效比较

城市	起始时间	市级审批事项变动		缩减比率	是否推行并联审批	市级政务服务中心启用时间
		改革前	改革后			
成都	2001	1 166	107	90.8%	是	2004.02
深圳	1997	1 091	343	68.6%	是	2004.05
上海	2001	2 896	504	82.6%	是	未成立
杭州	1999	2 000	450	77.5%	是	2009
南京	2000	1 469	265	82.0%	是	2011
武汉	2001	1 625	232	85.7%	是	2012.10
西安	2000	1 378	105	92.4%	是	2009

资料来源：（1）《广东省深圳市行政审批制度改革》，中国政府创新网，http：//www.sina.com.cn，2007 年 7 月 16 日访问。（2）《深圳市市级行政审批事项调整目录》，载《深圳特区报》，2011－05－26。（3）《上海取消调整 950 个行政审批事项》，载《解放日报》，2009－12－12。（4）《上海积极推进行政审批制度改革》，载《中国纪检监察报》，2011－03－08。（5）《上海召开行政审批制度改革工作电视电话会议》，http：//www.anhuinews.com/zhuyeguanli/system/2011/03/06/003810989.shtml，2011 年 3 月 6 日访问。（6）《行政审批时限越来越短 今年杭州下决心要让中介服务提速》，http：//ori.hangzhou.com.cn/ornews/content/2011－01/05/content_3579370.htm，2011 年 1 月 15 日访问。（7）《南京改革行政审批制度》，http：//www.china.com.cn/chinese/kuaixun/20404.htm，2001 年 2 月 13 日访问。（8）《武汉市 10 年精简近 1 400 项行政审批事项》，http：//news.sina.com.cn/o/2010－12－07/194921598382.shtml。（9）《武汉市民之家明起正式启用》，人民网，http：//house.people.com.cn/n/2012/1026/c164220－19394293.html。

二、政府内部合约关系优化：机构横向整合、职能纵向优化

伴随着政府职能的转变，成都市在横向上推行了大部制改革，推进政府管理与服务范围覆盖城乡，在纵向上优化了城乡各层级权责配置，为统筹城乡发展提供了组织上的支撑和保障。

在横向上，推行大部制改革，建立城乡一体的管理架构。

在市级层面，2007年获批综合配套改革试验区之前就开始探索城乡一体的机构改革思路，分别于2004年8月、2005年6月、2005年10月、2005年12月、2006年10月开展了五次机构调整。2007年6月，获批国家统筹城乡综合配套改革试验区后，第一时间组建了中共成都市委统筹城乡工作委员会，从城乡系统运行的战略层次开展工作。自2008年以来，中国城市地方政府开始以大部制为特征的新一轮机构改革，成都市将此轮政府机构改革与推进城乡管理体制一体化结合起来，使政府机构真正适应城乡一体发展的要求（见表5—2）。

表5—2　　成都市政府机构改革部门调整一览表（2010）

改革方式	涉及部门	改革内容
组建	4	组建市经济和信息化委员会，挂市能源办、市中小企业局牌子
		组建市人力资源和社会保障局，挂市公务员局牌子
		组建市广播电视和新闻出版局，挂市版权局牌子，同时整合文化、新闻、广电三支执法队伍，组建文化市场综合行政执法机构
		组建市投资促进委员会

续前表

改革方式	涉及部门	改革内容
调整	4	市安全生产监督管理局（挂市政府安全生产委员会办公室牌子），由议事协调机构的常设办事机构调整为市政府工作部门
		市政府金融工作办公室更名为市金融工作办公室，由部门管理机构调整为市政府工作部门
		市人民防空办公室由议事协调机构的常设办事机构调整为市政府工作部门
		与原市人事局合署办公的市机构编制委员会办公室单独设置，列入市委机构序列
合并	3	市粮食局、市物价局并入市发展和改革委员会，在市发展和改革委员会挂市粮食局、市物价局牌子
		市政府侨务办公室并入市委统战部，在市委统战部挂市政府侨务办公室牌子
更名	3	市交通委员会更名为市交通运输委员会
		市建设委员会更名为市城乡建设委员会
		市房产管理局更名为市城乡房产管理局

在区县层面，2010年后，区（市）县全部撤销了归口管理机构、部门管理机构、议事协调机构的常设办事机构。

在纵向上，通过制度调整逐步理顺了政府间权责关系（见图5—6）。

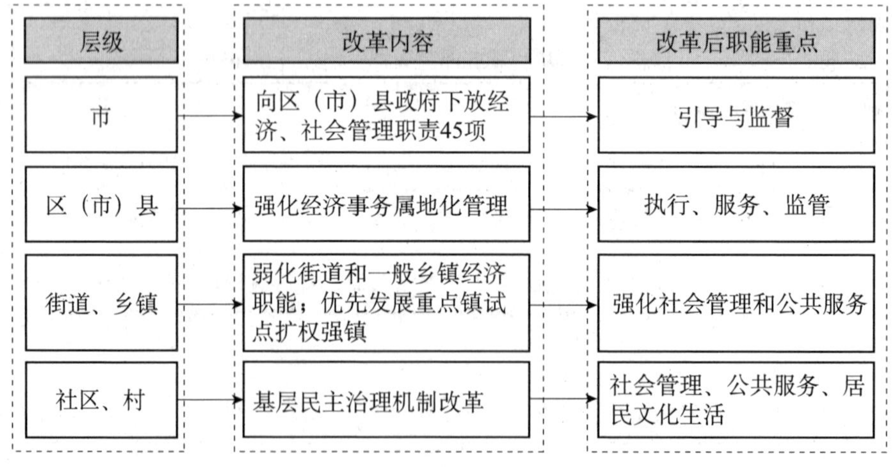

图5—6 成都市优化政府层级权责配置改革框架图

市级政府强化宏观规划、产业引导、转移支付、监督执行等职能，管大局、保底线。将执行、公共服务等职责的重心下移到区（市）县，强化了区（市）县政府的管理、服务、执行职能，特别是强化了经济事务属地化的管理职能。

在街道与乡镇层面，在全国率先开展了乡镇综合改革。对于规划确定发展为小城市的优先发展重点镇扩大其经济管理权限，鼓励产业集聚，对于一般乡镇及街道则全面强化其公共服务和社会管理职能。为此改革了绩效考核办法，在旧的考核体系中对乡镇和街道的经济指标考核权重占50%左右。而根据2010年6月出台的《成都市人民政府关于进一步加强乡镇和街道工作目标绩效考核的意见（试行）》，重点考核城市管理、社会稳定、社会保障等内容，不再考核街道和乡镇的经济类指标。

在社区、农村层面，制度化承认基层群众的自主实践，在全市开展了基层民主治理机制改革。从2008年开始，与农村产权制度改革一道，开展了经济、政治“双轨并进”的新一轮深层次改革，激发农村内生发展活力。

三、公共服务供给一体化，形成城乡一体化治理格局

为城乡居民提供均等化的公共服务对于加快要素流动、促进社会和谐具有决定性意义，成都市构建统筹城乡的公共服务与管理格局的主要做法可以提炼为：城乡规划管理一体化、城乡基础设施建设一体化、城乡公共服务与社会管理一体化。

（一）城乡规划管理一体化，稳定全域空间发展预期

以符合发展规律的全域规划来体现公共利益，是政府公共服务与宏

观调控职能的核心与前提，特别是在快速城市化进程中，规划不科学、不明确、管不住，必然会出现投资浪费、无序蔓延、环境恶化、社会冲突等损害公共利益和长远发展的问题。

基于这一认识，成都市逐步建立起了城乡一体的规划管理新体制，稳定了城乡空间资源权属预期。探索构建了城乡规划的制度基础，形成“横向衔接、纵向延伸”的城乡规划体制和“强化两头、简化中间”的规划管理机制，形成了“统筹规划、属地管理、分级审查、强化监督、覆盖全市”的规划管理体系，实现了规划编制、实施和监督三大过程的相对独立和衔接。初步引导形成了“一区两带五楔六廊”空间发展格局（见图5—7）。

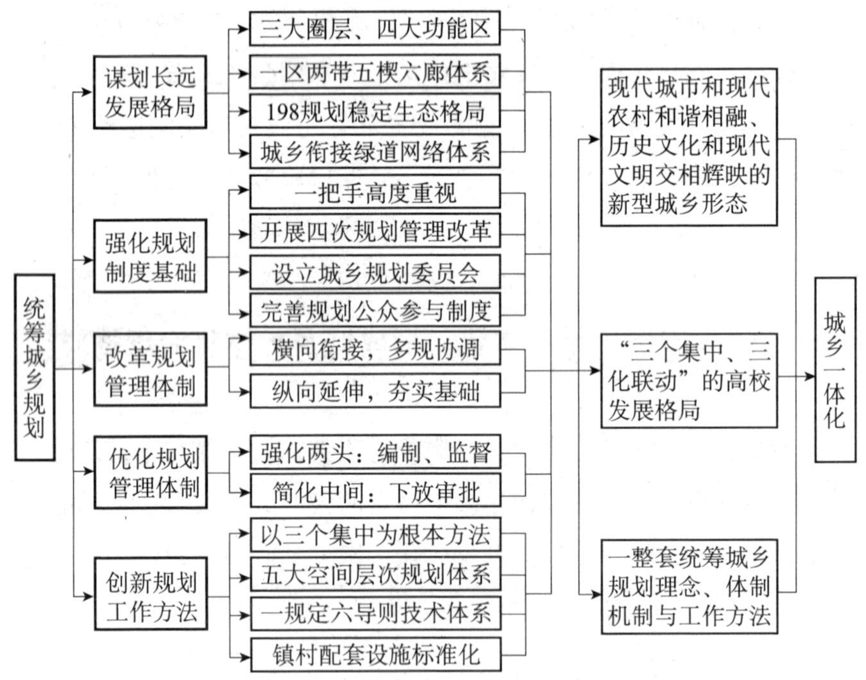

图5—7　成都市统筹城乡科学规划逻辑架构图

（二）城乡基础设施建设一体化，支撑城乡要素网络化有序流动

在城乡规划明确全市发展格局的基础上，着眼全域综合承载力提升落实规划，集中力量建设贯通城乡的主干基础设施网络，引导全市生产要素向六条走廊有序集聚，依托“放射加网”的基础设施架构串联各层级集聚点，以城乡统筹布局的网络化基础设施为支撑，推进形成集约高效的空间承载格局。同时，按照规划统筹布局，以标准化建设为基本手段推进城乡公共服务硬件设施的均等化。由于按照统筹规划进行投资，因而保障了公共投资的效益，避免了分散建设、无序建设所蕴含的投资浪费风险。

（三）以公共财政为保障，推进城乡公共服务与社会管理一体化

以覆盖城乡的公共财政体制为保障，成都市政府全面推进了义务教育、就业服务、社会保障、医疗卫生、公共文化、住房保障和环境卫生等基本公共服务城乡一体化，形成了一套具有地方特点、兼备普适价值的基本公共服务供给制度（见图 5—8）。

四、坚持依法行政，确保政府规范化高效运行

在政府职能切实转变、层级权责逐步明晰之后，面临的是“如何管”的问题。成都市政府给出的答案是“依法行政、规范化运行”，构建了由“依法行政、科学决策、政务公开、效能监察”四大板块组成的政府规范化运行体系（见图 5—9），政府从干预微观主体转向通过城乡规划、制度创新等宏观手段引导现代产业体系的生成以及城乡要素

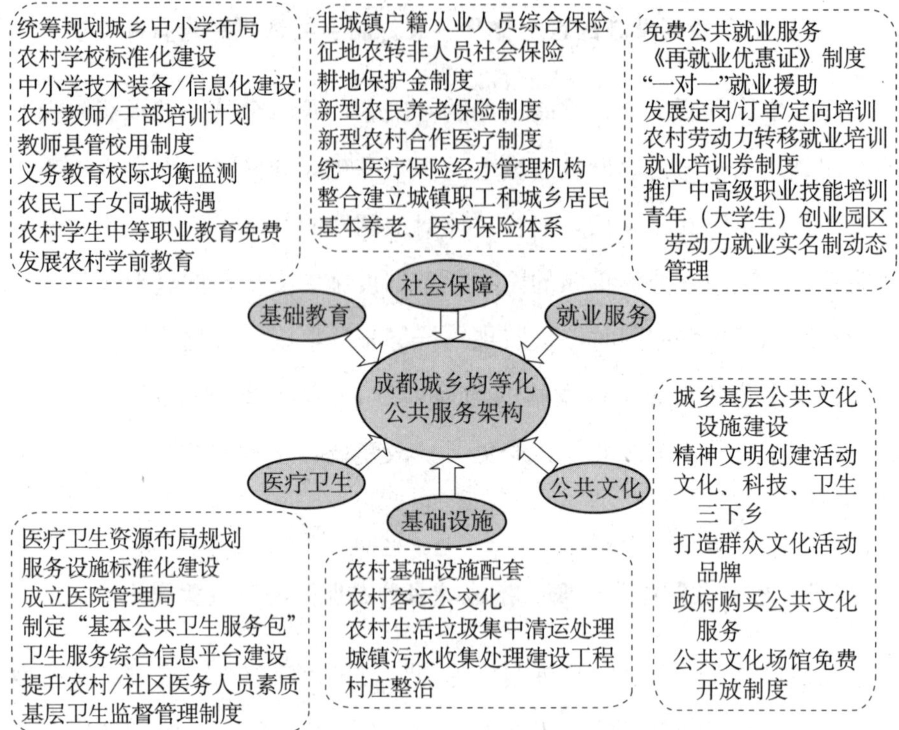

图 5—8　成都市城乡一体公共服务大系统框架图

资料来源：叶裕民等：《中国统筹城乡发展的系统架构与实施路径》，北京，中国建筑工业出版社，2013。

的有序流动。

第四节　合约结构改善的绩效：企业与居民视角

根据新公共管理理论，企业和居民是政府的“顾客”，因而政府职能转变的评价主体也应该是企业及居民。

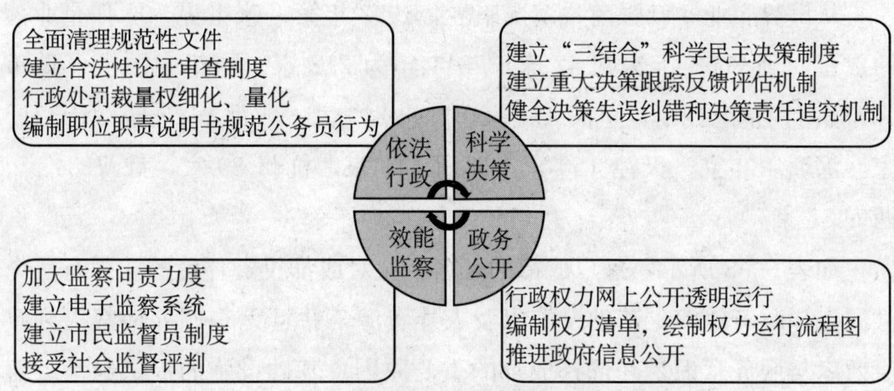

图 5—9　成都市规范化政府运行体系流程图

一、企业视角：投资吸引力增强、企业满意度高

利用外商直接投资来反映成都市对国际投资的吸引力，以此展示其竞争力的变化（见图 5—10）。如图所示，2000 年以来成都市外商直接投资规模在国内主要副省级城市排名中大幅攀升。2010 年、2011 年连续 2 年外商直接投资稳定高于广州、深圳等沿海发达城市。

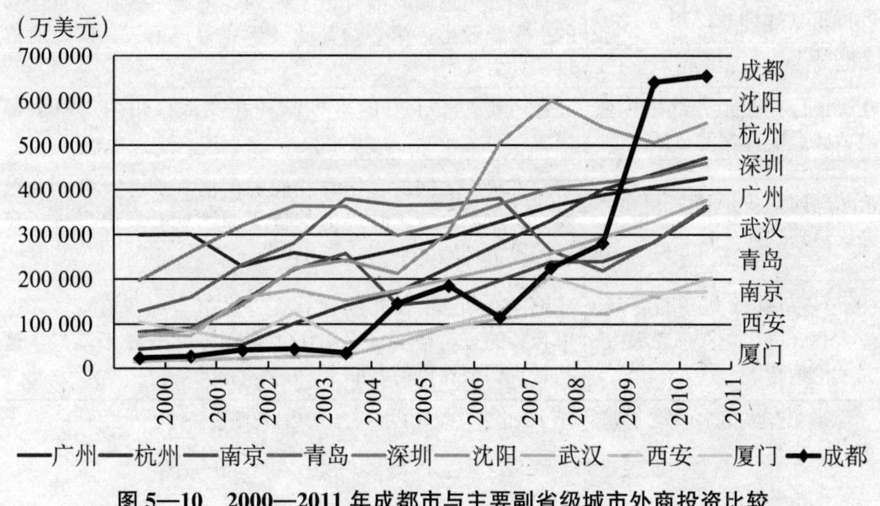

图 5—10　2000—2011 年成都市与主要副省级城市外商投资比较

从世界企业500强落户情况来看，1993年第一家世界500强企业落户成都，到2003年达到42家，2011年为212家。同年中国主要城市500强落户情况如下：上海471家，广州219家，成都212家，重庆195家，深圳188家，天津150家，苏州141家，杭州89家，武汉84家，西安81家。

如表5—3所示，落户成都的著名企业对成都投资环境的认同有三个共同点：政府效率、基础设施以及人才资源，并且无一例外地都提到政府效率与服务意识是其选择成都的重要原因。基础设施的提供也是政府作用的重要内容。

表5—3　　国内外企业家对成都市投资环境的评价

企业或商会负责人	评价内容
中国西南美国商会会长王晓东	在透明度、效率、基础设施、物流和交通方面，中国西南的其他所有城市都无法与成都匹敌
成都凯宾斯基饭店总经理弗里茨·申克尔	我认为这（成都）足以称得上快速、高效
西门子（中国）IT解决方案和服务集团总裁罗伯特·戴蒙	选择将新的全球IT运营中心落户成都的原因有三：第一，当地政府对企业的重视；第二，成都拥有广阔的人才市场；第三，许多人都乐意在成都工作、生活
英特尔（成都）公司总经理卞成刚	英特尔公司选择成都有三个原因：第一，成都拥有优秀的大学毕业生；第二，基础设施完善；第三，市政府提供了大力支持
花旗银行企业银行部中国西南地区总监理查德·阮	通常需要两三个月的审批流程在成都仅用两周就全部完成
沃尔玛四川省地区公司事务高级经理坎迪·杨	与地方政府之间的合作对我们的门店和业务开展至关重要，沃尔玛决定进驻成都的首要原因就是政府提供了良好的投资环境
EMC公司全球高级副总裁、亚太区和日本区总裁史蒂夫·伦纳德	成都拥有创新所需要的优秀人才、企业和政府资源，这里独特的宜居环境也吸引了很多国际化人才来落户，这些是我们最看重的方面

资料来源：奈斯比特：《成都调查》，北京，中华工商联合出版社有限责任公司，2011。

二、居民视角：居民满意度提升，农村提升明显

2011 年 4 月，笔者就成都市统筹城乡发展及服务型政府建设情况进行了居民问卷调查。随机抽取分布在成都市 12 个区（县）29 个街道（镇）的 30 个社区（村），回收有效问卷 619 份，其中社区 208 份、涉农社区 193 份、农村 218 份。数据显示，政府工作得到了城乡居民特别是农村居民的高度认可（见图 5—11），表明成都市在政府职能整体转变的同时，注重公共服务的城乡一体化供给，由此得到农村居民的广泛认同。

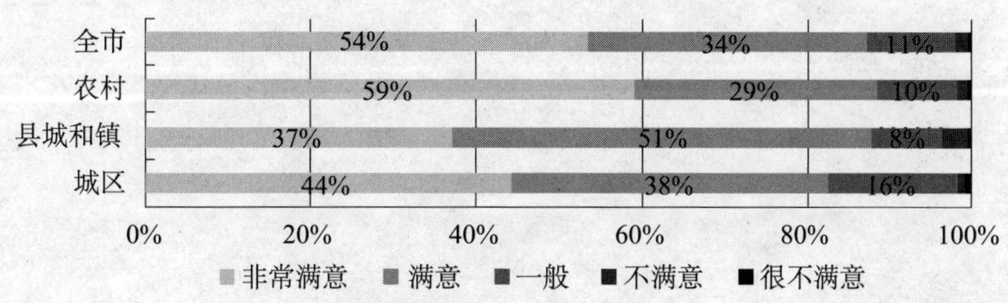

图 5—11 成都市城乡居民对政府工作的总体评价

在居民福利方面，受访者对职业培训、小学教育质量、中学教育质量、医疗卫生、养老保险、医疗保险、户籍制度改革等各项公共服务项目的满意度分别为 70.5%、67.1%、64.8%、74.7%、76.3%、70.9%、78.1%，相比 2006 年 7 月进行的同主题调查①分别上升了 10.5、5.9、3.7、6.5、13.7、5.3、5.2 个百分点（见图 5—12）。

① 2006 年，曾选取 15 个城区（近郊区）、5 个远郊区就相同问题进行问卷调查，共回收有效问卷 542 份，其中区县乡干部问卷 69 份，教师问卷 43 份，农民问卷 430 份。

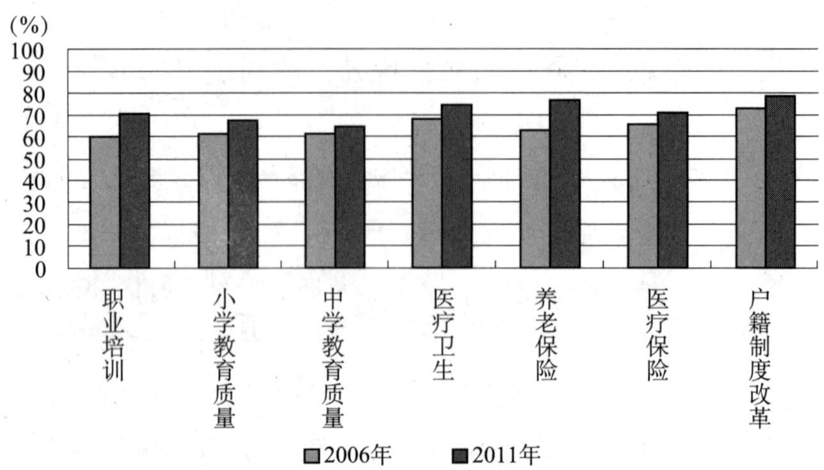

图 5—12　成都市居民公共服务项目满意度（2006 年和 2011 年）

第六章

公共服务均等化：人力资本积累与人口自由流动

经济学家最大的良心在于推动一个让每个人的能力都能够得到充分发挥，每个人在追求自己的福利增加的时候也同时增加了整个社会的福利的制度环境。

——林毅夫

第一节 理论建构：人力资本外部性要求最高层级政府统筹

公共服务是为了提升人力资本。由于长期实行城市偏向的公共服务供给制度，中国城乡之间公共服务与社会保障待遇差距悬殊。如前所述，农村物质性资产需要明确界定，而人力资本因更具动态性而不能简单界定，更需要公共投入。政府应当为城乡公民创造相对公平的起点。从效率角度而言，将教育资金从高等教育和发达地区转移投向基础教育和薄弱地区，更能发挥这部分资金的投资收益。

在各类生产要素中，“人”是唯一具有主观能动性的，在现代产业体系中也是越来越重要，乃至到了工业化后期和后工业化阶段成为最重要的资本。当前全国范围内的人口流动是极为可喜的现象，尽管它造成了城乡内部以及交通上的各种问题。

让我们从本书提出的理论视角探讨这一问题，分析城市公共服务供给中的使用条款与收入条款的结构性特征。

合约是着眼于未来的安排。目前，城市政府在边际上投入开发土地，可以获得两部分收入：一是垄断建设用地市场的转移性收入；二是其协调多个主体节省下来的交易费用，即组织要素收入。现实中，由于第一类收入的存在，在边际行为的选择上，地方政府十分热衷于开展物质性的造城运动。

对于直接服务居民的公共服务而言，也有两大原因导致地方政府激励不足，造成相对工业化而言的人口城市化转移滞后。

其一是人力资本的产出特性。从未来看当下，由于人力资本的产权特性，“工作的意向由劳力自己取决，雇主不容易控制其使用，或不可以容易地保障劳力言而有信”[①]，但人力资本对于一个经济体而言又是具有广泛正外部性的。如图 6—1 所示，人力资本未来增值的需求方是农村人口或流入城市的农村人口，而供给者主要是财政资金投入及政府组织管理要素。由于人力资本的天然属性和广泛外部性，又由于农村转移人口对自身人力资本增值投入的局限性，使得增值空间分配必然偏向需求方，从而推动交易费用向下移动，这一变动能够缩小交易不可能三角，因而对于整个社会是有益的。

---

① 张五常：《制度的选择》，264 页，网络版：http：//staff. ustc. edu. cn/～shzhang/chinese/papers/jjjs. pdf。

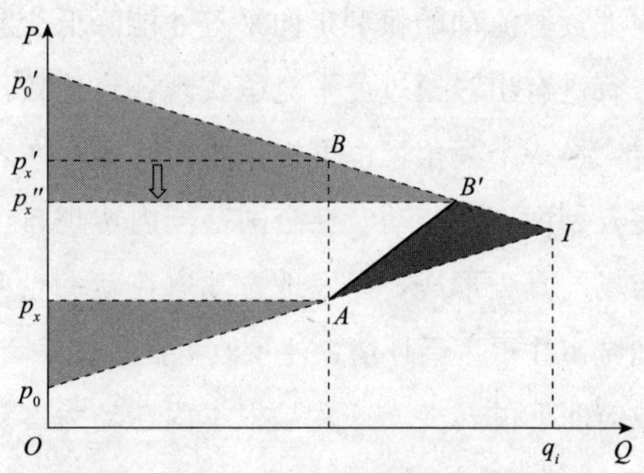

图 6—1　人力资本增值空间的结构变动分析

但是，由于人口流动的不确定性，人力资本提升的增值收益只有很少一部分会留在当地实现为地方政府的财政收益。因而，其生产如果只由低层级政府负责，那么显然一地政府仅有动力向短期性的培训进行投入，从而可以在短期内获得收益，而对于基础教育性质的投入却无法从中获取收益，或者说这种信息费用太高。因此，必须由一定范围内的最高级别政府来统筹此类公益性未来增值的生产。

其二是公共服务所面对的税制安排影响。目前的税收结构中，直接税比重太低，政府主要征收流转税，这一税种必然导致更关注流量而非存量，而且税收对象主要是企业，政府多提供一个基础教育学位要花费成本，而其收益则不确定，从决策的理性原则来看，地方政府当然不会主动去开放自己的落户政策。如果税收总量不变，而进行一定的结构调整，使得财产税等直接税的比例提升，则地方政府会更有动力去提供好的公共服务来留住自己的税基——每个家庭，也就是通过合约结构的改变来调整地方政府的决策方向。

由于历史上形成的集聚格局与增量上还在持续的公共资源不均衡投入，目前，离开北京等超大城市（人力资源流动重组）的机会成本过高。

只有城市体系内部资源流动的权利走向平等才能降低交易费用，各类要素根据市场信号有进有出，通过公平竞争实现各自比较优势，整体上实现资源优化配置。换一个视角，也可视作要素市场存在着广泛的局部分割。未来需要完善制度，让劳动者在全国范围内实现自由流动，促进全国统一劳动力市场的真正形成，促发地方政府在新一轮竞争中竞争人才要素，从而带动城市注重生活环境、注重改善民生、注重对市民的服务，进而真正带动政府职能的转变，这才是根本内在动力，从上到下的行政“压力”难以实现这种内生效果。

由决策范围所及的最高层级政府依据常住人口进行基本公共服务财力的转移支付、将全国社保基金打通、在税收结构中增加更多直接税等都是改革的方向。让地方政府只能或大部分从常住人口直接收税，再统一制度降低全国范围人口流动成本，地方政府必然转向提供优质公共服务以吸引或投资于人力资本。需要让地方政府真正从争地、争资金、争项目转向争人、留人，并在争人、留人中获得高质量发展及晋升机会（政治价格激励）。

从操作上来看，需要先框定总体格局，树立要素流动的总体预期；再推动全面确权，拉平基本公共服务差距，系统推进城乡公共服务及社会保障一体化；随着以上两项工作的推行，户籍改革顺势推行，拆除人力资本市场要素的局部性藩篱，让各地根据人力资本市场信号争其落地，以此带动全社会各类要素优化配置，这是收入分配改革的更完整路径。

成都市在 2003 年确立城乡一体化总体战略之后，即已着手构建城乡公共服务均等化大系统并推进落实。通过推行基本公共服务均等化，城乡公共资源配置日趋均衡，全市提供公共服务的能力明显增强，人民群众享有义务教育、劳动就业、社会保障、医疗卫生等公共服务的水平获得显著提升。

主要内容包括：在科学规划引导下[①]，以完善公共财政制度为支撑，制定“覆盖全域、层级清晰、动态提升”的公共服务配套标准，以标准化为基本手段和硬件依托，全面推进义务教育、就业服务、医疗卫生、公共文化等公共服务以及社会保障城乡一体化，形成了一整套城乡均等化的基本公共服务供给制度，逐步消除可能引致人口盲目流动的“势能差”，保障城乡居民发展起点、发展机会和基本权利的平等，为全面推行城乡双向自由流动的户籍制度奠定基础。

第二节　逻辑框架：确立总体格局并推进公共资源均衡配置

传统规划的范围局限于城区，而推进统筹城乡发展所涉及的范围是城乡全域。谋划确定某一区域的空间格局及其相应的资源配置和管制要求是规划工作的本质，转化为经济学语言就是明确各方对一定资源使用效益的预期，避免冲突与损害社会利益，也是划定基本生态格局、粮食安全格局，确定建设用地总量及分布的总依据。只有通过城乡规划框定格局，才能引导形成集约高效的新型城市化空间承载格局。

统筹城乡发展改革要“为各类生产要素在城乡之间自由流动创造条件”，其中，城乡各类要素要流动当然需要有相对稳定的预期，这就要求将规划覆盖的范围从城区拓展到全域，对全域基本格局进行谋划，从而让“城乡规划”为公共资源的均衡配置以及城乡各类要素的自由流动创造条件，具体流程参见图4—3。

① 因首先按照终极城市化的方向进行了科学规划，因而有的放矢，敢于进行公共投资，确保不会出现短命建筑等浪费现象。因而，本书将统筹城乡科学规划视作政府的首要公共服务职能。

以成都市为例，通过打破行政区划，按照全域范围内统筹发展和生态优先的理念，确定了“一区两带五楔六廊”空间发展骨架格局。

“一区”主要指成都市中心城区，是承载中心城市综合服务功能和发展现代服务业的主要区域；“两带”如上所述分别为龙门山和龙泉山生态旅游发展带，是成都市发展山区旅游、建设国际性旅游城市的产业功能区；“五楔”是嵌于六条发展走廊之间，由“山、水、田、林”等基本生态元素构成的绿色开敞空间，它与“两带”以及中心城区边缘的环形绿廊共同确定了市域的基础生态架构，避免以中心城区为圆心向四周无序蔓延的“摊大饼”式扩展；“六廊”是沿中心城区向外主要放射性通道形成的城镇发展走廊，是城镇、人口和产业集聚的主要区域，规划引导生产要素向六廊高度集聚，形成多中心、组团式、网络化的发展模式。

一、点集聚：构建面向“终极城市化”的产城一体集聚体系

成都市从2003年开始持续谋划面向终极城市化状态的集聚体系，这一体系在《成都市国民经济和社会发展第十二个五年规划纲要》中的表述是：由1个特大城市、14个中等城市、34个小城市、170余个小城镇、2 000个新型社区以及2 700个传统林盘保护社区等构成的市域城镇体系。

集聚体系以产业为先导和支撑。中心城区大力发展总部经济、楼宇经济和城市综合体，完善公共服务，提升城市品质；14个中等城市即14个郊区（市）县政府所在地，是组团式发展的主要空间依托；34个小城市即34个重点镇，重点镇发展为小城市；170余个一般乡镇所在地功能则明确为农村服务的公共服务中心；2 000个新型农村社区是全域农村基

层居民点，按照均等化原则为新型农村社区配置基本公共服务与社区服务；2 700个传统林盘改造则是为了保存和发展地方传统文化，在农村居住点集并规划中保留下来并对其基础设施加以现代化改造的林盘，作为乡村文化旅游的载体。

在此体系中，成都市不同于其他地方的做法在于：着眼终极城市化格局对未来城市体系的基层——乡镇进行分类处理，并配套推进财政体制、行政体制、政绩考核指标体系改革。

乡镇分为两类，少数的重点镇（根据发展条件确定，并允许根据市场变化微调）继续注重产业集聚，按照城市标准进行规划建设，未来培育为小城市乃至中等城市；一般乡镇（街道）则彻底剥离其经济职能，乡镇政府职能转向以提供公共服务为主。为此，成都市配套出台了一系列文件，如《关于进一步加快乡镇政府职能转变的意见》和《关于推进街道办事处职能转变完善社区治理机制的意见》等。对重点镇下放经济自主权、鼓励产业发展，对一般乡镇则由上级政府提供均等化的公共财政保障，并取消经济方面的考核指标。

在扶持重点镇发展方面，2004 年 9 月，成都市委、市政府下发《关于加快重点镇建设的意见》（成委发［2004］50 号），提出：抓好 30 个市级重点镇①的建设，使其形成具有较强辐射带动能力的区域中心城镇，有条件的发展为 5 万人以上的小城市。2005 年 6 月下发《关于加快优先发展重点镇建设的意见》（成委发［2005］23 号），进一步选出 14 个镇

① 30个重点镇包括：龙泉驿区的同安镇、洛带镇；青白江区的清泉镇、城厢镇；新都区的新繁镇、石板滩镇；温江区的永宁镇、万春镇；彭州市的濛阳镇、丹景山镇；邛崃市的平乐镇、羊安镇；崇州市的街子镇、三江镇、元通镇；都江堰市的青城山镇、石羊镇；金堂县的淮口镇、五凤镇；双流县的黄龙溪镇、中和镇、正兴镇；郫县的安德镇、友爱镇；大邑县的安仁镇、王泗镇；蒲江县的寿安镇、大塘镇；新津县的花源镇、普兴镇。

设定为优先发展重点镇①，提出在优先发展重点镇建立“城市化管理体制”。为落实这一精神，成都市城乡建设委员会发出《成都市2006年重点镇建设工作要点》②，提出以“城市管理的标准及效果与县城相同，管理机制和方式与县城有别”为基本思路，要求各区（市）县政府比照县城的城市管理标准和管理模式，充实、完善优先发展重点镇的城市管理体制。

2009年7月，成都市对重点镇名单进行了调整。调减原有4个重点镇（双流县中和镇、彭州市丹景山镇、蒲江县大塘镇和崇州市元通镇），新增双流县九江镇、彭州市丽春镇、蒲江县成佳镇、大邑县沙渠镇、金堂县竹篙镇、新津县兴义镇、邛崃市夹关镇及崇州市桤泉镇8个重点镇。成都市级重点镇从30个增加到34个。

二、线成网：形成网络化基础设施促进各级集聚点互联互通

现代产业及城市集聚体系需要互联互通，方能结成整体竞争力雄厚的城市群形态。成都在推进城乡一体的现代交通体系建设中，坚持“全域成都、交通先行”的理念，全力推进对外交通枢纽化，大力推进市域内轨道交通、高速公路、市域快速路和农村公路建设，实施了乡镇、村客运站建设和客运公交化改造。

在对外交通和综合交通枢纽建设方面，鉴于成都市已成为我国面向西亚、中亚、南亚以及欧洲的重要枢纽城市并具备了参与国际分工的基

① 14个优先发展重点镇为上述30个重点镇中的新繁、城厢、洛带、青城山、万春、羊安、濛阳、淮口、街子、安德、黄龙溪、寿安、安仁、花源。

② 成都市城乡建设委员会网站：http：//www.cdcc.gov.cn/webnew/aspx/Detail.aspx？NewsID=10756

础条件，成都市以全球视野谋划建设航空、铁路和公路三大枢纽，努力构筑“南北贯通、东西连接、通江达海”的综合交通运输节点地位。这些枢纽的形成将为成都市参与全球竞争、在更大范围内集聚资源提供有力支撑。

如果说交通枢纽建设打开了成都市通向全球的窗口，那么市域线状基础设施放射成网就将城乡全域资源要素与“窗口”之间拉近了距离，进而间接将那些空间“边缘”资产纳入全球要素配置平台和流转体系。

成都市以“一区两带五楔六廊”的全域规划为基础，以“全域集约、廊道拓展、城乡有序纳入统一流通体系”为理念，以交通为引导（TOD）构建了市域轨道交通网、高速公路网、快速路网、城市支线及农村公路等基础路网合理衔接的综合交通运输体系。

另外，值得一提的是，成都市规划建设了市域、城区、社区无缝衔接的健康绿道体系。从2010年到2012年底，成都市建成总长达1 117公里的健康绿道，成为目前国内城市规划中最长的绿道系统，将中心城区与自然保护区、风景名胜区、森林公园、历史名园、自然博物馆、名木古树、农业观光和风景游憩林地贯通融合成城乡一体的生态网络，从而构建起区域、城市、社区无缝衔接的三级城市绿道体系网络。

通过建设贯通城乡的主干基础设施网络，推进中心城区量能沿廊道向外拓展辐射，引导全市生产要素向六条走廊有序集聚，具有两方面重大意义：一方面，依托“放射加网”的基础设施架构串联各层级集聚点，对于农村而言，其资产的市场可达性与可竞争性大大提升，显著降低了各类农村资产参与市场流转、实现价值显化的交易费用；另一方面，城市中心公共服务与消费市场对于农村居民的可达性也大大提升，全域通达性趋向均衡，使人口不必争相涌入中心城区分享中心功能。

三、面优化：推进环境配套设施全覆盖维护自然生态本底

通过推进点状集聚，城镇体系各层级节点上集聚越来越多的人口及其生产、生活活动，各类废弃物也有条件得到集中处理；通过推进线成网，集聚点之间形成高效通道，从而使大多数人类活动在点和线体系中相对“封闭”运行，最大限度降低面状的生态冲击。

根据成都市的生态本底、资源禀赋、现实基础和发展条件，成都市域总体规划确立了“三大圈层、四大总体功能分区”的总体面状空间管制策略。三大圈层是指根据经济扩散发展的规律将市域分为三个圈层[①]，实行有针对性的发展策略。

四大总体功能分区为：(1) 龙门山和龙泉山两带生态及旅游发展区；(2) 优化型发展区（城在田中）；(3) 提升型发展区（园在城中）；(4) 扩展型发展区（城田相融）。

三大圈层成为公共财政转移支付的主要依据，对于国家或其他区域而言，其意义不在于划分圈层，而是其按照发展水平作为转移支付依据的做法非常值得借鉴。

近年来，成都着力推进市政公用设施向符合规划的各层级集聚点延伸和覆盖，环境治理向基层、农村和盲点死角延伸。

在水环境方面，2003 年到 2012 年 7 月，成都共在 14 个郊区（市）县建成了 186 座乡镇污水处理厂及配套管网，实现了中心城区、郊区（市）县城、乡镇污水处理设施全覆盖。

污水处理体系建成后，成都市提出加快建立覆盖全市的农村生活垃

① 一圈层包括成都市五个城区及高新区；二圈层包括龙泉驿区、青白江区、新都区、温江区、双流县、郫县；三圈层为都江堰市、彭州市、邛崃市、崇州市、金堂县、大邑县、蒲江县、新津县。

圾清运体系，建设覆盖全市城乡的生活垃圾无害化处置场（厂），实现了全市农村生活垃圾集中收运和无害化处理全覆盖。

在城市中心城区扩张的管控中，成都市针对国内若干大城市存在的“摊大饼”无序扩张顽疾，创新提出“非建设用地规划”，促进中心城区实现精明增长。

2006年，针对城市边缘区发展中的上述难题，成都市创新性地对规划区范围内198平方公里的城市非建设用地进行了统一规划，确定“198地区”的功能定位是生态保护、休闲旅游、农村聚居以及基础设施承载。这一规划致力于引导该区域经济与社会、城市与农村、人与自然的和谐发展。

成都市“198地区”规划从现实情况出发，深度革新了非建设用地特别是城市边缘区生态绿地的规划及管理理念，创造性地提出：非建设用地不是不建设，不是不发展，而是更集约地建设、人与自然更和谐地发展。积极引导各类建设向集中点归并，提高土地集约利用程度，预留合理规模的生态空间和产业用地，使城市边缘区用地同时具备生态、观光、农业生产等复合功能，并成为率先实现城乡一体化的地区，如著名的“五朵金花（幸福梅林、东篱菊园、江家菜地、荷塘月色、花乡农居）”现代化农村新形态就位于成都市锦江区“198”区域。

第三节　成都实践：以“配套标准化”作为公共服务均等化的基本手段

成都市推行打破城乡二元体制的“六个一体化”，其基本保障是覆盖城乡的公共财政制度，基本手段是“配套标准化”。公共财政“真金白银”的投入是“反哺”农村的基础性力量，而要保证公共财政的投入取得最大的效益则要靠科学规划的引导以及“标准化”的手段。

一、覆盖城乡的公共财政制度是打破二元体制的基石

在明确市、县、乡三级政府的职权划分（即政府内部合约结构，详见本书第五章）的基础上，成都加大并制度化了财政对农村基础设施和基本公共服务的支出，并建立了财政支农稳定增长的机制①，将城市土地收益中的较大部分用于支持农村，在市域范围内形成了以一般性转移支付为核心的公共财政制度。

2011 年，成都市、县两级财政对“三农”投入达 267 亿元，较 2002 年增长了 36 倍，近 9 年累计投入 1 091 亿元。②

二、配套标准化是推进公共服务均等化的基本手段

在公共投入的落实环节，成都市将“配套标准化”作为基本手段。

“配套标准化”包含两个层面的内涵：第一，镇村公共服务功能标准化，根据不同的集聚层级明确不同等级的配套设施类别及规模；第二，单项公共服务项目标准化建设，比如标准化学校、标准化医院、标准化文化设施等，单项公共服务标准化在随后各个分领域中予以陈述。

在镇村配套功能标准化层面，成都市从 2003 年就开始探索制定标准，明确不同层级集聚点的公共服务设施类别及其建设标准。

---

① 成都市规定以 2008 年为基数，各级政府每年将新增公共事业和公共设施建设政府性投资，主要用于农村公共事业和公共设施建设，直至城乡公共服务基本达到均等化。

② 参见成都市统筹城乡综合配套改革试验区建设领导小组：《成都市统筹城乡发展的探索与实践》，2012 年 7 月。

2008年，在总结经验的基础上，成都市委统筹城乡工作委员会印发了《关于重点镇公共服务和社会管理配置标准的指导意见（试行）》（成统筹［2008］123号）和《关于村（社区）及新居工程公共服务和社会管理配置标准的指导意见（试行）》（成统筹［2008］124号），确定了重点镇“1＋17”、村（社区）“1＋13”、新居工程“1＋11”的公共服务设施配置标准。

2012年，成都市委统筹城乡工作委员会印发了《关于进一步提升重点镇、一般镇、涉农社区及村（农民集中居住区）公共服务和社会管理配置标准的指导意见》（成统筹［2012］33号），提高了配套标准，升级后的标准为：重点镇配置标准由“1＋17”提升为“1＋28”；一般镇配置标准为“1＋27”，人口达到5万以上的，参照重点镇标准配置；涉农社区①配置标准由“1＋13”提升为“1＋23”；村和规模在300户以上的农民集中居住区的配置标准由“1＋11”标准提升为“1＋21”标准；50～300户的农民集中居住区参照“1＋21”标准，与相邻区域内公共服务和社会管理设施实现共享（以覆盖半径1.5公里或步行时间15分钟为标准）。标准的具体内容详见附表5、附表6、附表7、附表8。

三、农村公共服务与社会管理经费的财政保障制度与分类供给机制

2008年底，成都市委、市政府出台《关于深化城乡统筹进一步提高村级公共服务和社会管理水平的意见（试行）》（成委发［2008］37号），在全国率先将农村公共服务与社会管理纳入公共财政预算，并以新型村

① 涉农社区是指在各区（市）县县城或场镇附近成建制的农村社区。

级治理机制为保障推进村级公共服务与社会管理改革。

建立健全村级公共服务的经费保障机制是村级基层民主治理机制运转的基础与保证。在推进城乡基本公共服务均等化的过程中，成都市明确了政府投入的主体地位，构建公共财政保障机制，设立村级公共服务与社会管理专项资金，并纳入各级政府的财政预算。

2008年起，成都市、县两级财政每年向全市范围内建制村和涉农社区提供不低于20万元的村级公共服务与社会管理资金。其中中心城区由区财政全额安排，近郊区（县）财政由市与区（县）按5∶5的比例安排，远郊县（市）财政由市与县（市）按7∶3的比例安排。对于人口较多、辖区面积较大、位于丘陵山区、村组数量等因素，市财政在原标准的基础上进一步进行补助（见表6—1）。在此基础上，成都市要求各级政府对村级公共服务和社会管理投入的增长幅度必须高于同期财政经常性收入的增长幅度。2011年专项资金的最低标准已经从20万元增长至25万元，2012年又提高到不低于30万元，市、县两级财政共安排9.62亿元。①

同时，成都市尝试转变传统的财政支农资金投入方式，以财政资金作为资本设立涉农投资平台，以财政资金为杠杆撬动和支持金融资本和社会资本增加向“三农”的投入。自2007年起，注资1亿元成立小城镇投资有限公司作为政府的小城镇建设投融资平台。村级专项资金被用于村级公共服务设施建设项目，在面临资金不足的情况下，可以在经过民主决策②的基础上，向市小城投公司融资。每村（社区）实行打捆申报，

① 参见成都市统筹城乡综合配套改革试验区建设领导小组：《成都市统筹城乡发展的探索与实践》，2012年7月。

② 村级公共服务的融资建设须经村（居）民会议表决同意。召开村（居）民会议，应当有本村（社区）十八周岁以上村民的过半数参加，或者有本村（社区）三分之二以上的户代表参加，所作决定应当经到会人员的过半数通过。详见《成都市公共服务和公共管理村级融资建设项目管理办法》（成统筹［2009］60号）。

申报融资额度原则上不超过市、县两级财政核定的该村（社区）公共服务和社会管理专项资金的7倍，通过市、县两级财政安排的各年度村级公共服务和社会管理专项资金偿还投资本息。村（居）民委员会和村民议事会分别是项目建设的实施主体和监督主体。通过向小城投公司融资，有效解决了村级公共服务资金不足的问题，财政资金在社会力量的参与下效用得到了放大。

表6—1　　　　成都市财政补助村级专项资金标准

因素	数量或情况	对远郊县（市）的补助额	对近郊区（县）的补助额
村（社区）户籍人口	2 000～3 000人	增加0.7万元	增加0.5万元
	3 000～4 000人	增加1.4万元	增加1万元
	4 000人以上	增加2.1万元	增加1.5万元
村（社区）辖区面积	3～4平方公里	增加0.7万元	增加0.5万元
	4～5平方公里	增加1.4万元	增加1万元
	5平方公里以上	增加2.1万元	增加1.5万元
村（社区）地形	位于丘陵和山区	增加3.5万元	—
村（社区）下辖小组数量	数量超过12个	增加0.7万元	增加0.5万元

注：市财政对远郊县（市）村级专项资金安排标准为14万元/村（社区），按上述因素累积后市财政对村级专项资金每年上限为21万元。市财政对近郊区（县）村级专项资金安排标准为10万元/村（社区），按上述因素累积后市财政对村级专项资金每年上限为15万元。

资料来源：根据《成都市公共服务和公共管理村级专项资金管理暂行办法》（成统筹［2009］59号）整理。

表6—2展现了2009—2012年成都市、县两级财政对村级专项资金进行转移支付的总量及结构，4年中，两级财政累计向农村专项资金投入超过30亿元。需要指出的是，成都的经验表明，推动村级基本公共服务供给制度建立所需要的财政投入其实相当有限，并未给市、县两级政府带来沉重的预算负担。以2011年为例，市、县两级政府下拨专项资金8.37亿元，当年全市地方公共财政收入（不包括土地出让收入）为680.7亿元，仅占1.23%，负担并不重。考虑到它所带来的民生收益、

长期民主建设收益和社会和谐收益，不仅做得起，而且做得值。在全国其他省市乃至全国层面具有可行性。

表6—2　成都市财政补助村级专项资金总量及结构变动（2009—2012年）

年份	总量	结构及标准
2009	2009年全市2 751个村（涉农社区），实现市、县两级财政共预算村级专项资金71 229万元，其中五城区（不含高新区）4 220万元，近远郊区（市）县67 009万元，其中市财政下拨4.2亿元	专项资金项目超过13 000项，其中，公共服务设施类项目5 882个，公共管理类项目5 103个。平均每个村（涉农社区）经费达到25万元
2010	市、县两级财政共预算村级专项资金7.1亿元	截至2010年7月，核准放大融资的村（社区）88个，共融资金额1.2亿元
2011	全市下拨村级专项资金83 676.5万元，其中二、三圈层市、县两级划拨79 726.5万元，一圈层及高新区划拨3 950万元	实施专项资金项目约18 000项，基础设施和环境类项目占46.7%，社会管理类项目占31.1%，其他公共服务项目占21.2%。2011年新核准融资建设项目64个，总投资7 090万元
2012	市、县两级财政2012年安排全市2 592个村（含涉农社区）补助资金共计9.27亿元，其中，市级补助资金5.62亿元	村级专项资金标准由每村（含涉农社区）最低25万元调增至30万元。同时，持《居住证》、《临时居住证》的非户籍居民也将被纳入村级专项资金覆盖范畴
合计	31.9亿元	

资料来源：2009—2012年的《成都统筹城乡发展年度报告》以及成都市财政局、市统筹委《关于下达2012年村级公共服务和公共管理转移支付补助的通知》（成财农［2012］17号）。

成都在建立村级公共服务供给制度的同时，实施公共服务多元化生产，即建立了农村公共服务与社会管理的分类提供模式。政府负责基础的、不盈利公共服务与社会管理，村集体组织负责村内事务管理，而具有一定盈利空间的内容则推向市场，并培育若干社会组织参与管理与服务，这些内容被划分为七大类（见表6—3）。公共服务多元化生产机制提高了公共服务和公共产品的供给效率及水平，在成都市农村展现出勃勃生机。如双流县彭镇羊坪村开展公共服务市场化探索，将公共环境卫生管理、农业生产综合服务、公共基础设施管护等项目，采取招标、竞买等市场竞争方式推向社会。

表 6—3　　成都市村级公共服务和社会管理多元化供给机制

类别	具体项目		生产主体
文体类	1	广播电视村村通	政府为主
	2	电影放映服务	政府为主
	3	报刊图书阅览服务	政府为主
	4	文化活动	村自治组织为主
	5	农民体育健身	村自治组织为主
	6	文艺演出和展览服务	市场为主
教育类	7	农村义务教育	政府为主
	8	农村高中阶段教育	政府为主
	9	农村学前教育	市场为主
	10	农村职业教育	政府为主
	11	农村特殊教育	政府为主
	12	农村成人教育	市场为主
医疗卫生类	13	农村居民基本医疗保险	政府为主
	14	农村医疗救助	政府为主
	15	农村基本医疗服务	政府为主
	16	卫生防疫	政府为主
	17	农村药品配送和监管	政府为主
	18	农村妇幼保健	政府为主
	19	农村计划生育	政府为主
就业社会保障类	20	农村社会养老保险	政府为主
	21	农村最低生活保障	政府为主
	22	农村五保供养	政府为主
	23	农村受灾群众救助	政府为主
	24	农村优抚	政府为主
	25	农村社会福利和慈善	政府为主
	26	农村老龄服务	政府为主
	27	农村残疾服务	政府为主
	28	农村就业服务	市场为主
	29	农村就业援助	政府为主

续前表

类别	具体项目		生产主体
农村基础设施和环境建设类	30	农村道路建设及维护	政府为主
	31	农村水利设施建设及维护	政府为主
	32	农村水、电、气、通信、互联网等基础设施建设及维护	市场为主
	33	农村沼气池建设	市场为主
	34	农村垃圾和污水集中处理	政府为主
	35	农村客运	市场为主
	36	农村邮政	政府为主
	37	村内园林绿化	村自治组织为主
农业生产服务类	38	农村科技推广	政府为主
	39	动植物疫病防控	政府为主
	40	农产品流通	市场为主
	41	农用生产资料供应	市场为主
	42	农业信息化	市场为主
	43	种养业良种服务	市场为主
	44	农业资源和生态保护	政府为主
	45	农村扶贫开发	政府为主
	46	农村防灾减灾	政府为主
	47	农村金融服务	市场为主
社会管理类	48	农村法律援助	政府为主
	49	农村法律服务	市场为主
	50	纠纷调解	村自治组织为主
	51	农村警务	政府为主
	52	农村治保	村自治组织为主
	53	代办村民事务	村自治组织为主
	54	政策宣传	村自治组织为主
	55	环境卫生管理	村自治组织为主
	56	农村土地和规划管理	政府为主
	57	农村建构筑物建设管理	政府为主
	58	农村食品安全防控	政府为主
	59	农村安全生产监督管理	政府为主

资料来源：《中共成都市委成都市人民政府关于进一步加强农村基层基础工作的意见》（成委发［2008］36号）。

第四节　具体领域公共服务均等化的制度创新与做法

一、教育先行，推进城乡教育一体化

成都市在统筹城乡公共资源配置过程中坚持教育先行，在推进统筹城乡综合配套改革试验的过程中，大幅提高农村教育投入，每年以超过100%的速度递增。

2003—2007年，按照“20年不落后、50年能使用”的要求以及“学校选址与重点镇、中心村建设相协调”的原则，成都市、县两级财政共投资14.5亿元，实施了农村中小学标准化建设。

全市农村中小学从1 610所调整到967所，采取“统一规划、统一设计、统一投资、统一标准、统一风格、统一建设”的方式，通过撤销、合并、新建、改扩建，共建设了410所农村标准化中小学。经由标准化建设，全市农村教育硬件水平得到极大提升，农村中小学人均校舍面积超过了城区水平。2010年，城区和农村小学生均预算内公用经费支出分别达到2003年的11.15倍和44.08倍。[①] 2008年以后，又陆续为全市220多个乡镇各建设一所中心幼儿园，改善农村地区学前教育条件。

在硬件问题解决之后，成都市开始探索城乡师资等“软件”教育资源均等化的体制机制，在实践中形成了教师“县管校用”机制，规定各区（市）县每年安排1%的城区（城镇）学校教师到农村中小

① 参见《成都农村中小学基础设施建设至少提前20年》，四川新闻网：http://news.hexun.com/2011-11-06/134927519.html，2011年11月6日访问。

学定期服务，并把在农村学校任教一年以上作为晋升高级职称的必要条件。

成都市将农村义务教育全面纳入公共财政保障范围，新增教育经费主要用于农村，同时加大了市本级财政向农村的转移支付力度，农村小学和初中生均公用经费大幅提升，2008 年已全面达到城市学校标准。[①]2005 年，全市就基本普及了高中阶段教育。其中，普通中等专业学校在校学生数从 2003 年的 5.25 万人增长至 2009 年的 22.11 万人，增长了 3.2 倍，增强了教育结构与经济结构需求的协调度。

二、就业为本，推进城乡就业服务一体化

按照“政策制度城乡统一，就业机会城乡均等，公共服务城乡统一”的思路，成都市在全国率先建立了城乡一体的就业促进体系。[②]

首先，建立促进城乡就业的“三大制度”。第一，建立面向城乡全体劳动者的就业普惠制度。将农村劳动者按常住地纳入城乡一体的就业服务体系，政府提供免费的公共就业服务、职业介绍、就业培训等，满足城乡劳动者对于就业服务的一般需求。第二，建立就业扶持制度。为被征地农民和城乡失业人员发放《就业失业登记证》，提供就业技能培训补贴、技能鉴定补贴、岗位补贴、社保补贴、小额担保贷款等。第三，建立就业援助制度。为“4050”群体和零就业家庭提供“一对一”的就业

① 参见成都市统筹城乡综合配套改革试验区建设领导小组：《成都市统筹城乡发展的探索与实践》，2012 年 7 月。

② 参见《中共成都市委成都市人民政府关于促进城乡充分就业的意见》（成委发［2005］33 号）、《成都市就业实名制管理服务办法》（成劳社发［2006］110 号）、《成都市就业实名制动态管理工作标准》（成办发［2007］40 号）、《成都市就业和失业登记管理办法》（成劳社发［2009］176 号）。

援助，开发公益性岗位“托底”安置。

其次，建立适应市场需求的培训体系，推动城乡就业培训一体化。注重加强农村劳动力转移就业引导性培训、就业技能培训、创业培训、实用技术培训四大类免费培训。在培训供给机制方面，推行政府购买培训成果的办法。

再次，建立四级就业服务信息网络，完善城乡就业工作机制。成都市实施城乡一体的就业实名制动态管理，开展了城乡适龄劳动力资源基本情况调查登记，建成城乡适龄劳动者电子信息档案和信息数据库。以此为基础，完善了市、区（市）县、街道（乡镇）、社区四级就业服务信息网络，做到了公共就业服务体系服务到人。这一就业信息网络，降低了信息费用，促进了合约达成，有助于实现充分就业。2009 年，成都市委、市政府将就业指标纳入区县目标责任体系，制度化地督促各级政府重视就业问题。将城乡失业保险参保范围、缴费标准和待遇水平“三统一”，实现了城乡劳动者同等享受公共就业服务和就业援助、平等享受失业保险待遇。

三、医疗均衡，推进城乡医疗卫生一体化

成都市着力推进城乡基本医疗卫生服务均等化，逐步健全了城乡基层医疗卫生服务体系。[①]

---

① 《成都市政府批转市卫生局等四部门关于农村非建制乡（镇）卫生院改革指导意见的通知》（成府发［2006］20 号）、《中共成都市委成都市人民政府办公厅关于加快农村卫生改革与发展的意见》（成委办［2006］14 号）、《成都市乡镇公立卫生院管理暂行办法》（成办发［2007］113 号）、《成都市人民政府关于加强城市社区卫生服务工作的实施意见》（成府发［2007］38 号）、《中共成都市委成都市人民政府关于进一步加强农村卫生工作的意见》（成委发［2007］23 号）、《成都市社区卫生服务机构实行“八统一”标准化建设和规范化管理（试行）》（成卫妇社［2006］64 号）

第一，以标准化建设推进城乡医疗卫生设施均衡化。2003 年以来，对乡镇卫生院和社区卫生服务中心进行统筹布局。市、县两级财政投入资金 7.6 亿元，完成了 223 所乡镇公立卫生院、88 个社区卫生服务中心和 2 396 个村卫生站标准化建设，实现房屋、设备、人员、技术、管理五配套，实现城乡社区卫生服务全覆盖。

第二，推进医疗卫生管理规范化与信息化。推进公立医院、国有医院的管办分离。成立医院管理局行使出资人职责；卫生行政部门则主要承担医疗卫生发展规划、资格准入、规范标准、服务监督等行业监管和公共服务职能。以农村卫生县、乡两级管理为基础，推进农村公共卫生工作整体下移至乡镇卫生院，卫生执法监督下沉。各区（市）县还加强了卫生服务综合信息平台建设，开发了集电子政务、医保互通、医疗服务、疾病检测、传染病管理、慢性病管理、妇幼保健、公共卫生、居民健康档案、健康教育、信息查询与行政管理等功能为一体的卫生信息化应用系统。

第三，推进基本公共卫生服务均等化。成都市持续推进城乡公共卫生服务补助经费标准的城乡统一与动态提升。《成都市深化医药卫生体制改革总体方案》提出为城乡每位居民建立“基本公共卫生服务包”，同步建立健康档案，为基层医疗结构出具居民个性化“健康处方”等工作的开展打下了良好的基层。

四、社保并网，推进城乡社会保障一体化

以“先分类建立社会保障制度、实现城乡全覆盖，然后逐步消除制度碎片化，最终实现城乡一体化”为基本思路，成都市率先在全

国建立了由城镇职工和城乡居民养老保险、城镇职工和城乡居民医疗保险制度构成的、覆盖城乡全体居民、保险关系市域内顺畅转接的基本养老、医疗保险体系。城乡养老、医疗保险覆盖范围持续扩大。

第一，建立城乡一体的基本养老保险制度。在先后建立新型农村社会养老保险、城镇居民基本养老保险①、非城镇从业人员综合保险②的基础上，2009 年 12 月，成都市出台《成都市城乡居民养老保险试行办法》（成府发［2009］58 号），整合新型农村社会养老保险和城镇老年居民养老保险制度，实现城乡居民养老保险制度一体化。2011 年 4 月，将非城镇从业人员综合保险全部并轨城镇职工社会保险，全市基本养老保险统一为城镇职工基本养老保险制度和城乡居民基本养老保险制度。就业人员参保城镇职工基本养老保险，无就业的城乡居民可选定任意一种基本养老保险，并且两个体系可以转移接续，基本养老保险制度城乡分割、"碎片化"现象彻底消除。至此，成都市覆盖城乡全体居民、相互转接的一体化基本养老保险体系形成。在待遇方面，通过逐步提高城乡养老保险统筹层次，全市城乡养老保险待遇稳步提高。

第二，建立城乡一体的基本医疗保险制度。2004 年，成都市在全市农村推行新型农村合作医疗制度；2005 年，全面建立城乡少儿住院医疗互助金制度；2007 年，在全市域启动实施城镇居民基本医疗保险。在此

---

① 2007 年，成都市开始探索试行社会统筹与个人账户相结合的新型农民养老保险制度；2008 年，建立城镇老年居民养老保险制度。

② 2003 年，成都市政府出台《成都市非城镇户籍从业人员综合社会保险办法》（成府发［2003］7 号），在全市启动实施农民工综合社会保险。参保农民工享受工伤保险、住院医保、老年补贴 3 项保险待遇。

基础上，从2009年起，成都市逐次将4个险种统一整合为城乡居民基本医疗保险。自2011年4月1日起，成都市非城镇户籍从业人员综合社会保险并轨城镇职工社会保险。至此，成都市建立了由城镇职工和城乡居民医疗保险构成的、覆盖城乡全体居民、相互转接的一体化基本医疗保险体系，实现了市级统筹、城乡统筹、全域结算，做到了“筹资标准城乡一致、参保补助城乡统一、待遇水平城乡均等”。成都市还率先实现了统一城乡医保经办机构。

在其他方面，成都还推行了住房保障制度和社会救助制度的城乡一体化，这里不再详述。

基本公共服务均等化供给制度促进了城乡居民生活质量的快速提高，在此带动下，市民对社会认同感不断提升，对政府的满意度提高，生活幸福感提升。

第五节　循序同步推进户籍制度改革，实现人口自由双向流动

户籍制度是在特殊历史时期国家实行重工业优先发展战略的强积累模式及国家对城市偏向性政策的背景下产生的，要推进彻底的户籍制度改革，必须首先消除附着于传统的城乡分割户籍制度之上的社会福利和公共服务差别。

成都市的户籍制度改革坚持以人为本，目标是实现以人的流动为中心带动城乡各类要素依据市场信号自由有序流动，最终形成统筹城乡科学规划设想的集聚状态。这一过程的动力格局是：充分发挥市场的基础性力量，政府回归自身合理定位，提供城乡均等化的公共服务，实现公

共福利与户口脱钩，资产权利与社会保障脱钩。如此方能彻底实现人口自由流动，从而高效、公平地实现新型城市化。

以此为方向，在系统推进城乡公共服务与社会保障一体化的进程中，成都同步循序推进了5次户籍制度改革（见图6—2）。

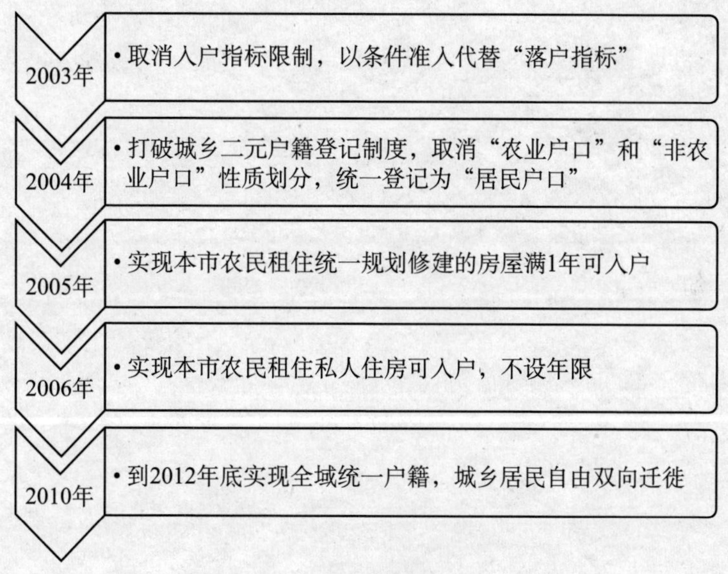

图6—2　成都市户籍制度改革历程

最终，经由与公共服务均等化相协调的持续5次户籍制度改革，成都市在全国率先走向了城乡人口自由双向流动的美好图景，完全解除了对公民迁徙权的不合理管制。

改革的综合效益也异常显著：实现了城乡全域、更大规模的人力资本积累，城乡劳动力经由系统培训，顺畅实现空间流动和社会流动，中产阶层加速形成，收入提升，消费潜力释放，发展方式转变取得明显成效。

数据显示，2003—2011年，成都市160万农村劳动力进城就业，农民增收的渠道大大拓宽，包括农业收入、工资收入、财产性收入等，农民的消费观念也发生了变化，加上新城镇、新社区建设，大大刺激并扩大了内需。2003—2011 年，全市社会消费品零售额从 776 亿元增加到2 861.3亿元，增长了 268.7%。总结起来就是："挣钱的人多了，挣的钱多了，花的钱也多了"，以内需为主体的经济运行格局开始形成。

第七章

农村产权制度改革：城市化动力结构调整

中国改革开放的重大制度变迁始自农村家庭联产承包责任制改革。通过将农村土地农业用途的使用权界定到农户，激发了农民的生产热情，冲开了传统计划体制的束缚，随后几年，农业产量连续攀升，农民收入显著增加，农村稳步健康发展，城乡居民收入差距缩小。农产品供给提升为城市的各项改革提供了现实条件，农村的发展也为此后的全面改革奠定了认识和实践基础。

20 世纪 80 年代中期以后，随着改革的主要阵地转向城市，在城乡二元体制依旧存在的情况下，城市基于集聚优势逐步拉开了与农村的收入差距。同时，随着城市建设用地规模与就业规模的不断扩张，城乡之间的不平等由计划经济时期的工农产品剪刀差形式演变为新时期的生产要素剪刀差，城乡居民财产收入差距持续扩大。

通过征地制度以及城乡劳动力差别待遇的一系列二元制度安排，城市形同一个巨大的筛子，将农民的土地资产及青壮年时期的人力资本留在城市，走上了一条不健康的城市化之路。随着新时期剪刀差所遇到的阻力越来越大，引发各类矛盾与冲突，因征地、拆迁引起的社会问题增多，表现为大规模信访、群体性事件、暴力恶性事件等。城乡要素市场特别是城乡土地要素市场改革势在必行。

第一节　理论建构：城市生成中的全要素效率提升论

在本节，首先给出大略的制度背景，进而通过三个模型推导农村产权制度的改革绩效，提出一个“无效率假说”，最后给出改革的方向是以股份制开发充分释放土地租值。

我国土地所有制包括农村集体所有和国家所有两种，除少数例外，基本上是农村的农业和乡村自身建设土地属于集体所有，城市建设用地和其他非农产业用地属于国家所有。在现行制度下，城乡土地要素分属两个市场、双轨运行，是我国计划经济向市场经济转型进程中最复杂、争议最多同时也是双轨运行的最突出领域。作为最基本的生产要素之一，土地在广阔而又复杂的城乡之间，通过计划指标的方式进行资源配置，这是我国完善社会主义市场经济体制的重大障碍之一。

当前国土制度的形成，首要的考虑是保护 18 亿亩耕地红线。但是，结果却出现城镇的不断蔓延、工业用地低效难以倒逼产业升级、地方政府获取大量土地征收收益却反而背上了巨额债务。

从理论上看，面对粮食安全底限，可以将其转化为耕地保护责任（其反面即土地建设开发权）的权属交易。正如排污权交易能够内化外部性、提升要素配置效率一样，土地发展权也可以通过交易实现社会效益的提升，这也正是城乡建设用地增减挂钩、“地票”、“城乡建设用地指标”等政策的经济学内涵。

土地作为一种生产要素，其本身不具备“能动”的生产功能，必须与附着其上的其他生产要素结合方能释放生产力。土地近年来价格上升，可套用周其仁教授解释中国经济崛起的原因：改革开放以前土地的成本更低，为何反而没有大规模的土地开发？其生产作用取决于其上所承载的具有能动性的生产要素，如房产、基础设施、办公设施、人力资本等。因此，土地的价值在于提供一个空间依托，让各类要素有更低成本联通的可能性。这其中有单纯因为集聚而产生的效率改进存在。所有的生产都是合作生产，让种种合约的成本降低，本身就是巨大的增值空间。

对于这一结合过程及其内在规律，如本书所提出的城市合约结构理论所示，需要将视野扩展到将城市作为一种特殊综合性“产品”的生产或供给过程。理论上，城市的“生产”与一般商品的生产一样，要涉及市场准入（设市制度）、要素流动与重组（人口户籍制度、土地制度）、生产组织（政府作用与市场力量结合）等环节，在制度层面，比一般商品生产过程所涉及的广度、深度都大为复杂。但是，土地制度改革的方向必须在城市生成这一制度创新框架下予以更为全面的研究。

当前存在的几类显著现象说明合约结构存在改进空间，也就是存在制度创新的潜力，比如：农村宅基地只能在农村集体组织内部进行流转，对于新增人口比较容易获得宅基地的地区，农民几乎以零成本得到新的宅基地，除特殊情况（比如，可转让宅基地与需求方宅基地相邻）外，农民基本没有购买宅基地的动力，价格信号抑制农村建设用地扩张的机制失效，从而导致农村旧宅基地的大量闲置甚至出现“空心村”。对于农村资源比较稀缺、宅基地分配相对严格、新增人口难以获得宅基地的地区，宅基地的流转相对容易一些。但由于供需双方的数量都很有限（流转范围受限），价格难以真正地反映价值，在没有价格吸引力的情况下，农民常常选择闲置土地而非转让。

因此，农村集体土地的权利束在使用权（发展权）、流转权（处置权）以及相应的收益权等方面都存在“残缺”，突出表现为两大限制：一是用途限制，即农村土地仅限于农用或是农村建设，不能转为其他用途；二是流转范围限制，即无论是农用地还是农村建设用地（主要是宅基地）的流转，都仅限于村集体内部，并且这种村内流转中市场信号发挥作用的空间十分有限。因而，在两大限制制度的约束下，农村土地要素的收益也仅限于配置在受限用途所产生的收益，而难以获得用于发展非农产业或用于城镇建设所可能产生的收益。

弹性欠缺的用途管制导致土地用途之间的边际转变收益差距极大，中国今天“工业用地的回报率比农业用地的回报率高出近十倍。以保护农业为由不容易解释，因为北京市政府也高举工业发展旗帜。以控制地价来增加政府收入作解释比较可取，但我们不容易明白为什么政府不采用其他增加收入的办法，尽可能使土地的使用回报率较为相近”[①]。

今天中国内地所实行的土地批租制来源于香港。“计程车牌照的垄断权在政府之手，土地使用的垄断权在政府之手，货运码头的海域垄断权在政府之手，汽油供应抽高税，也可看成政府垄断，还有不少其他的。这些垄断带来的收入可观，容许香港政府以低税率知名于世，但我曾经算过，把这些政府的垄断收入化为税看，香港中层人士的税率比美国的高。”[②] 可见，现行城市生产过程中的土地供应制度在于政府给自己垄断权，实质上是抽取了一种暗税。土地管制相当于“创生”了公海，其中攫取财富的地产商也在一定程度上减少了租值的消散，只不过在理论上还有进一步增加的空间。

从租金的经济学定义来看，租金（rent）是为利用某种资源（无论

① 张五常：《制度的选择》，239 页，网络版：http：//staff. ustc. edu. cn/～shzhang/chinese/papers/jjjs. pdf。

② 张五常：《经济解释（卷三）：受价与觅价》，115～116 页，北京，中信出版社，2012。

是土地、劳动、设备、思想还是金钱）而发生的一种支付（payment）。在经济学理论中，当资源的可用性对于为利用资源而发生的支付数量不敏感时，这种支付就被视为租金（Armen Alchian，1987）。

事实上，因为租的交易费用相对较低，所以弹性较大，但是说不敏感是不对的。比如，市中心的房屋受到空间约束，不可能增长，但是可以加高、加密，乃至增大城市的供给。

未来，应当改进这些不合理经济现象背后的制度安排，作为最基本、最重要的生产要素之一，农村土地的流转可以有效提高农村土地的利用效率，优化城乡两方面资源的配置。相反，“残缺”的农村产权和有限的市场空间，必然会导致土地资源的严重浪费，并扩大为对经济运行宏观效益的冲击。

改革的潜在方向是股份制开发，即农民的生地与公共投资结合生产熟地供应市场，从佃农理论的启示看，“假若市场的地主分成应该是百分之六十，但被政府约束为百分之四十……这样，百分之二十的收入权利就变得模糊不清。我于是想，要是政府把土地股份化，把三分之一的股权交给农户，那么农户就不会在竞争下增加劳力来生产了。农户的产品会是百分之四十归劳力，百分之二十是农户三分之一的股权应得的租金，而地主的百分之四十的分成，则是他的三分之二的股权所得”[①]。

我国的农地流转市场虽然已逐步形成，但发育缓慢，并且缺乏与现代产业体系、现代城市体系开放融通的制度安排与渠道、平台，与中共十七届三中全会提出的“城乡建设用地统一市场”目标相距甚远，目前仍处于非常初级的阶段。未来，农村集体土地制度应当追求更为公平的制度设计，更充分地发挥市场机制配置土地资源的决定性作用。这既有

① 张五常：《制度的选择》，241 页，网络版：http：//staff. ustc. edu. cn/～shzhang/chinese/papers/jjjs. pdf。

利于抑制城市扩张的冲动、提高城市土地的利用效率，也可以逐步还原农村集体土地比较完整的权利束，保障农民的财产收益。以下展开对这一问题的模型分析。

一、改进“效用—福利”模型分析土地征收制度

土地征收是现行制度框架下城乡土地市场对接的唯一通道，它指的是政府出于“公益用途”，“强制性”地实现农村土地的转让。从经济决策的角度看，传统的解释是政府能够通过土地征收克服土地资源配置中的“市场失灵”，至少实现卡尔多-希克斯改进，而政府更倾向于认为征收制度能够实现帕累托改进。一般认为，土地市场失灵的原因有二：一是某些建设项目用地供给的区位垄断；二是谈判成员过多造成市场交易费用高昂。

学术界一般用福利经济学“效用—福利”模型分析这一帕累托改进的政策过程。如图 7—1 所示，假设土地征收造成的要素重组会加速技术进步，使全社会效用可能性边界从 UPF_1 向外扩展到 UPF_2，最终使经济状态从卡尔多-希克斯改进的 P_2 点过渡到 P_3 点，在 P_3 点，土地被征收者的福利也能得到改善。

但是，政府并非“中立的”，其本身也有利益诉求，政府过度参与土地要素配置同样带来问题。第一，政府参与非公共利益的征地活动损害市场配置资源的决定性作用。第二，市场自发组织土地要素有交易费用，政府组织同样有费用（如低效、寻租与腐败），在努力降低市场自发组织要素交易费用的前提下，找到两种配置方式的均衡点才是应当追求的方向。第三，基于征收制度的地方政府土地财政收益分配机制不完善，收益倾向城市基础设施建设，出现城乡新型剪刀差。第四，地方政府以征地收益“杠杆”银行债务，进一步放大了宏观经济运行的风险。

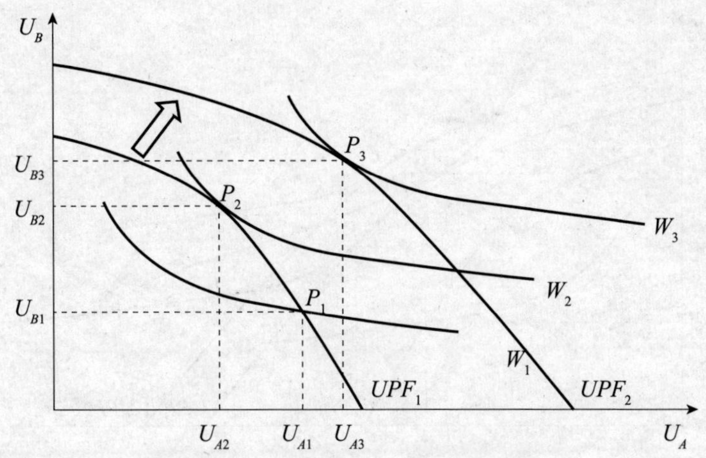

图 7—1　土地征收中的帕累托改进分析

因此，在以上帕累托改进的过程中，因有政府的参与需要做更进一步分析。本书对土地征收的帕累托改进过程作出相应修正，如图 7—2 所示：第一，对于效用可能性边界曲线，因为政府组织要素的费用也存在并且可能很大，因而全社会效用可能性边界不可能达到理想目标 UPF_2 而是收缩至 UPF_3（中空箭头）。第二，对于福利函数曲线，由于政府在土地征用中掌握大量收益，其对收益的分配直接影响到不同群体的福利获取，因而政府在很大程度上还影响着福利函数曲线的左右偏移。

若政府土地收益分配偏向农村即土地被征用者，则 W_3 在收缩的同时更向右偏移至 W_4，经济处于 P_4 点状态；若政府土地收益分配偏向城市，则 W_3 移至 W_5，经济处于 P_5 点状态，土地被征用者的福利相对于初始状态依然呈现损失。

综合以上推导可以得出结论：政府开展土地征用确实存在外推全社会效用可能性边界以促进经济发展的可能，也存在使利益相关各方均得益即实现帕累托改进的空间。但是，由于政府组织要素配置本身存在交易费用，外推全社会效用可能性边界无法达到理想状态，同时，政府很

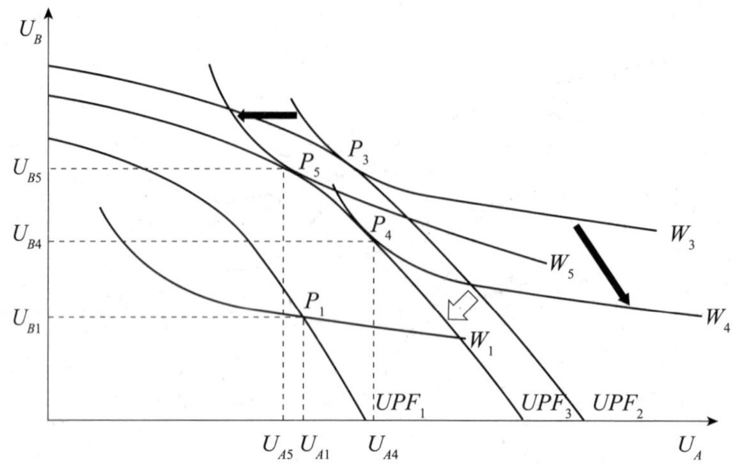

图 7—2　土地征收中引入政府现实作用的帕累托改进分析

大程度上决定着福利函数曲线的左右偏移，可能无法实现帕累托改进。

未来应通过制度创新降低市场组织土地要素流转特别是城乡间流转的交易费用，逐步实现全社会效用可能性边界外推的动力均衡与切换，在福利函数曲线的左右移动中，也要创造条件充分发挥市场的决定性作用，避免帕累托改进退化为卡尔多-希克斯改进。政府逐步回归本位，提供规划引导、合约执行保障等公共服务。

二、改进土地供需均衡模型分析城市建设用地供需

笔者依据阿瑟·奥沙利文的城市土地供需均衡模型，推导出建设用地供需关系模型。如图 7—3 所示，假设城市土地要素不区分用途，市场统一。[①] 再假设在当前制度条件下，均衡点位于 E_1，当土地价格为 P_1

① 事实上，我国土地市场在城乡分割、双轨运行的基础上，在城市土地市场内部又分为工业、商住双轨运行，使得问题复杂化，这里做简化假设，不影响论证结论。

时，对应的均衡供给量为 Q_1。

土地供给曲线的形态呈现先缓慢上升再快速上升的特点，这是由于：(1) 集聚经济存在一定的范围，因而潜在供给量实际上有限，随着供给趋于接近这一极限值，供给量相对于价格变动趋于无弹性；(2) 由于制度性原因，潜在供给量进一步被限制参与市场供给。

可以预见，随着经济活动集聚度的提升，各经济主体对土地的需求快速扩张，因而需求曲线会向外扩展至 D_2，若供给曲线无变化，均衡点移动至 E_2，导致土地价格快速上升至 P_2，成交量有限，在 O_2 处实现新的供需均衡量。这一过程对于整个经济而言可以表述为：各类经济主体用地成本大幅上升，城市扩展范围有限。

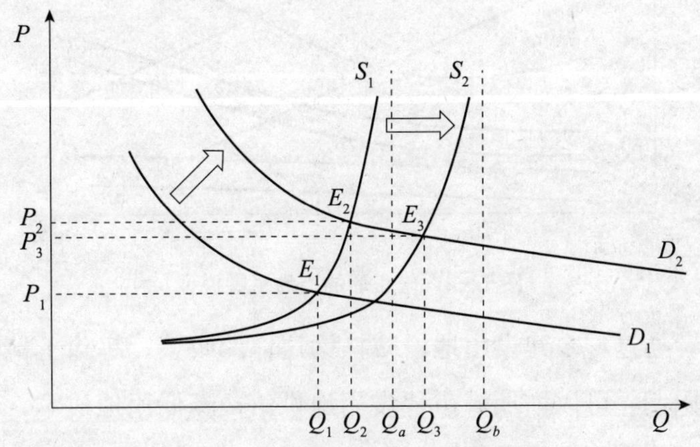

图 7—3　城市建设用地供需关系模型

若此时通过城乡建设用地增减挂钩等制度创新，实现因制度性原因而被限制的供给量的“入市”，从而使建设用地供给总量从 Q_a 增加至 Q_b，则供给曲线 S_1 右移至 S_2，城市建设用地的供需在 E_3 处实现新均衡，地价上升幅度降低且交易量也有较大放大。土地作为一类生产要素，其供需遵循经济运行一般规律，这也是城乡建设用地增减挂钩得以运行，并使农民得到更多收益，全社会实现帕累托改进的内在逻辑支撑。

以上是以城市为视角的模型，利用本书第二章中推出的加入交易费用的供需模型的推导结果如图 7—4 所示：界定农村资产产权特别是建设用地的开发权及其转让权，能够明确竞争规则，扩展流转范围，使得农村资产需求极大扩展，但同时，由于涉及主体较多，在具体的交易中，合约中的制度性交易费用会上升，显然，社会福利的改进取决于二者的相对变动差距。在当前的技术条件下，确权进而采用市场竞争下的合约流转与重组所带来的需求扩张的影响（D 到 D'）将会明显大于制度性交易费用的上升（G 到 G'）。

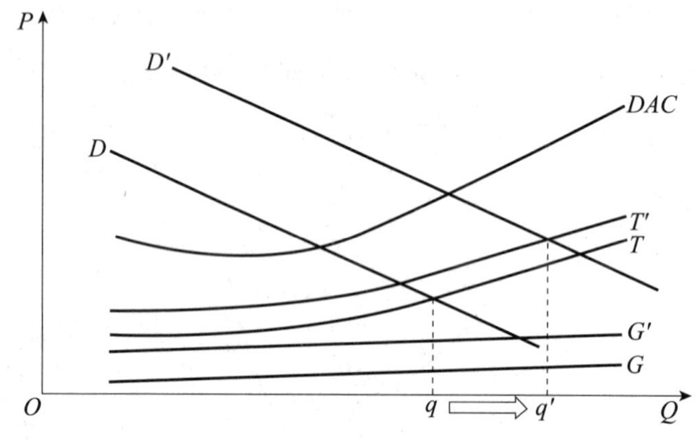

图 7—4　修正后的土地供需模型

可见，通过城乡建设用地增减挂钩这样的政策，解除土地供给的部分制度性限制，可以增加城市建设用地供给，降低用地成本，实现农村低效土地要素向更高效产业和空间的配置，为全面实现城市化降低部分土地成本；同时，也创造条件按照比较公平的市场价值对农民进行补偿，拉近城乡财产性收入差距，从而实现城乡之间的“双赢”。

三、拓展佃农限租模型提出超大城市非土地要素效率损失假说

张五常将佃农理论模型运用于台湾的减租管制：假设只是地租率通

过法律有效地降低了，其他限定暂不考虑。他把经济理论所暗示的可预期事件分成两大类：第一类是补偿性合约再安排（offsetting contractual rearrangement），其中包括补偿性支付（compensating payments）和通过权利转让所导致的土地使用权安排（tenure arrangements）的变化；第二类是资源的重新配置（resource reallocations）。在合约再安排被有效禁止的情况下，导致资源的重新配置——增加耕作集约度。在严格实施减租法的情况下，其结果是导致资源的重新配置，使所承租土地的 f/h 比例提高，或佃农耕作的集约度增加，超过自由市场情况下的耕作集约度。

本书尝试将佃农理论的上述分析原理运用于当前的城市合约结构分析。

目前的城市建设用地合约结构中，事实上是分成制，前文已述。在总体上，城市合约受限。在具体合约内部，税制及分成比例固定，使得建设用地合约缺乏自由调整的空间，加之不合理的公共投资结构，使得超大城市既集聚了大量公共资源，又不能通过调整分成比例调整收入结构。根据佃农理论，如果没有资源配置和收入分配的补偿性合约再安排，或这种再安排只是少量地发生（目前的车牌、限购等实际上就是再安排），那么，约束土地分成或收益权将导致单位土地的产出相应增加，部分弥补土地权利人由地租减少所造成的收入上的损失。

因而，类同佃农理论提出的“增加耕作集约度的假说”（the hypothesis of increased farming intensity），这里提出“超大城市拥挤假说”或者“城市间边际收益不平等假说”。

现实中，合约再安排补偿不足以恢复均衡状态，因而，这个假说可以陈述为：在目前建设用地收益由地方政府主要获取并且统一税制的情况下，资源会从其他城市转移到超大城市。并且，与把同样的资源用在其他城市相比，在超大城市，建设用地的边际产出会较高，而其他要素投入的边际收益会较低。即，非土地要素投入的边际收益将会低于相应的边际机会成本。

按照均衡条件，当非土地要素的边际成本等于其边际收入时，便会达到市场决定的租值分成比例。因此，非建设用地投入的增加对其决策主体而言没有好处。同理，建设用地决策主体也不愿承担更多的投入。

但在受约束的条件下，竞争会要求非土地要素决策主体增加其投入。例如，假设（不受限制的）建设用地租值占增值空间的比例为70%（$r=0.7$），由于固定税制约束及非自由设市限制，建设用地租值比例下降到40%（$\bar{r}=0.4$）。建设用地资产实际上获得年产出的40%，而且没有其他方面的补偿。其他要素现在从总产出中获得的是原来分成比例30%的两倍。假设均衡总产出是200美元，地租比例是$r=0.7$，非土地要素的收入是60美元，这等于非土地要素在其他城市可能获得的收入。如果受限制的分成率=0.4，非土地要素部门会获得120美元的收入，高于从其他城市可能获得的收入60美元。为了保持或获得超大城市土地，非土地要素主体将愿意承担不高于60美元的额外投入。同样，这一流程将会持续，超大城市建设用地主体将会引导非土地要素投入到边际产出为零。

因此，在受约束条件下，为了使土地收入最大化，(a) 只要非土地要素获得的收入大于其在其他城市可能获得的收入，建设用地权利主体就能成功地诱使非土地要素承担更多的生产投入（因为其他潜在的要素主体愿意这样做）；(b) 假设条件 (a) 成立，只要非土地要素额外投入的边际回报大于零，土地权利主体将会诱使佃农提高生产的集约度，因为受到约束的地租收入将高于不进行额外投入条件下的地租收入。

条件 (a) 是非土地要素成本的约束；条件 (b) 是物质约束的界限，即非土地投入的零边际回报。建设用地收入最大化将受到这两方面的限制。

结果是超大城市生产集约度提高。可以把生产集约度的提高定义为曲线 f/h 的提高，该曲线表示单位建设用地面积非土地要素投入的价值。

首先必须明确提出几个假设。(1) 在强制实行分成率（税率）r 后，假设不存在任何类型的补偿性合约安排。换言之，建设用地的收入严格受制于年产出 r 的比例。(2) 为了分析上的便利，假设除土地之外，所有的生产成本都由非土地要素来承担。放松这个假设并不会影响所隐含的资源配置。(3) 假设交易费用为零。

在佃农理论中，减租后，一般可以通过两种方式提高耕作的集约度。一种方式是，保持非土地要素的投入不变，而竞争促使建设用地权利主体收回部分土地从而减少非土地要素所承租的土地面积；另一种方式是，保持承租的面积不变，而竞争诱使非土地要素在所给定的土地上增加其投入。无论在哪一种情况下，结果都是非土地要素在承租的土地上增加了投入。

以下分别推导两种调整。

（一）土地面积缩小——用一个城市内部资源调整说明

在图 7—5 中，曲线 f/h 是凹向原点的双曲线，表示合约所规定的非土地要素投入的成本 f 除以土地量 h。如果给定土地的平均产出 $\frac{g}{h}\Big|_f$（它与非土地要素的投入相对应），那么，单位建设用地的收入（$g-f$）/h 也就确定了。如果非土地要素最初对应的土地量是 Oa，这里（$g-f$）/h 为最大值，充分竞争市场中的地租比例就等于 ar/ap。但在 $\bar{r}$ 的分成约束下，曲线（$g-f$）/h 不再与决策相关。建设用地权利主体现在不是最大化每单位土地的收入（$g-f$）/h，而是在 f/h 的约束下最大化（g/h）$\cdot\bar{r}$。

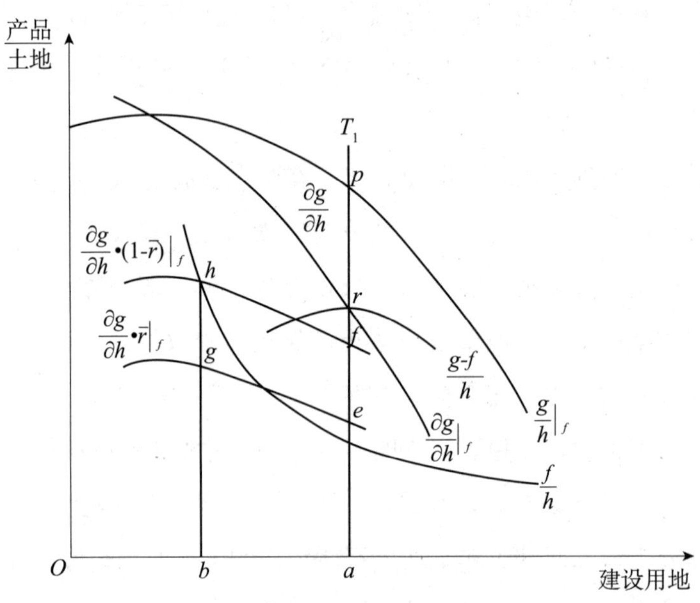

图 7—5　单个城市非土地要素效率损失推导模型

假设原有的地租率（ar/ap）为 70%，现在降低到 40%，用 $\bar{r}$ 来表示。于是，建设用地分成地租所受的限制用（g/h）· $\bar{r}$ $|_f$来表示，它为土地平均产出的 40%。只要降低地租，并用百分比来表示，就会出现这种情况，而不管原有的合约是定额约还是分成约。非土地要素相应的分成是（g/h）（$1-\bar{r}$）$|_f$。

如果不重新配置资源，现在每单位建设用地的租值就是 ae 而不是 ar，非土地要素的收入是 af 乘以 Oa，这比在其他城市可能获得的收入要高。为了使建设用地收入最大化，土地权利主体可以把非土地要素对应的土地减少到 Ob，而在非土地成本 f/h 的约束下，不减少非土地要素的投入。这就是为什么我们看到在工业领域，政府要与投资企业签订投资协议，其中最重要的条款就是约束企业的（单位面积）投资额以及投资进度，在房地产开发领域也会约定不允许闲置，必须保证其投资进度。

如图 7—5 所示，给定 f/h，在 h 点能够达到竞争均衡，因为在这一点，非土地要素收入等于其（非土地）机会成本。现在每单位土地的收益是 bg，而 bg 要高于 ae。其结果是导致资源的重新配置，使社会资本对应建设用地的 f/h 比例提高，或城市生产的集约度增加，超过自由市场情况下的生产集约度。

假设只有两种生产要素，建设用地 h 和其他要素 t。在这个假设下，增值空间生产的总成本 f 是现行的非土地要素的回报率 W 乘以 t。在原有的土地面积分割线之上，土地的边际产出的 $\partial g/\partial h$ 为 ar。由于调整后与土地持有量 Ob 相应的 f/h 比例较高，土地的边际产出也变得较高。这就意味着，土地的边际产出在拥挤的大城市比城市体系中的其他城市要高。另一方面，非土地投入的边际产出要低于其他城市的边际产出。换言之，拥挤的大城市的非土地投入的边际成本要高于它的边际产出。

因此，由于设市约束和税率约束，拥挤的大城市中非土地投入的回报率要低于社会潜在收益率（市场利息率）。这一明确的假说将在第八章给出实证检验。

（二）非土地要素投入的增加——以多个城市的投入调整来说明

从另一个角度，我们把非土地投入视为显性变量，同时把分析扩展到多个城市的情况。

假设：（a）建设用地权利主体（不论是政府所有还是个人所有）以其土地与其他要素组成合作生产的合约；（b）城市间建设用地同质，在同一生产函数下生产。因此，对每个城市来说，均衡建设用地回报的比例是一样的。事实上，对于多个城市而言，给出这一假设是比较武断的，如果城市出现边际收益递增，即生产函数不同，则此假设不能成立。但是，边际收益递增又总是有其边界的，在当前的信息与交通条件下，如果没有突变性的技术变动，边际收益递增是容易收敛的。这里为了方便分析，假设其不存在，并且，将在实证检验中证明边际收益递增是否发挥主导作用。

在图 7—6 中，纵轴表示社会总产出，横轴表示非土地要素投入。曲线 $G|_H$，是在建设用地总量保持不变（连同假设（a））的情况下，社会的总产出。其形状表明非土地要素的边际报酬是递减的。曲线 Wt 表示非土地要素投入的总成本，W 表示非土地要素的社会回报率。在自由竞争的城市间非土地要素市场中，Wt 是一条直线。曲线 $R|_H$是在建设用地总量给定的情况下的地租总额曲线。它是从总产出曲线 $G|_H$中减去 Wt 获得的。

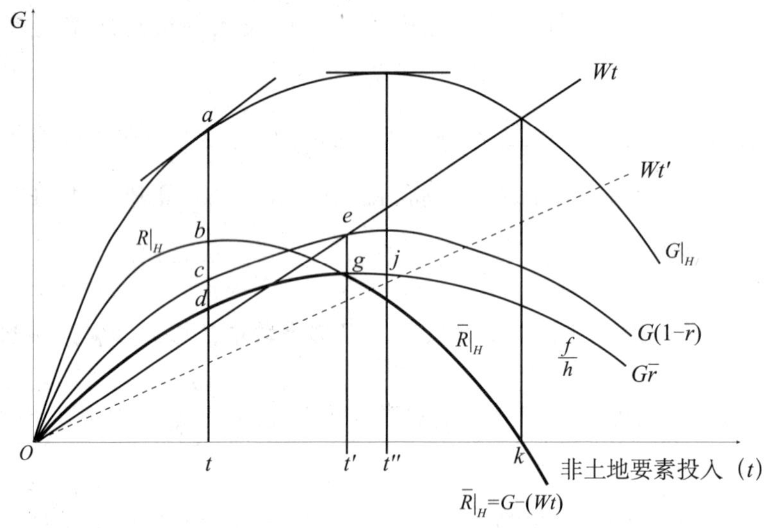

图 7—6　多城市非土地要素效率损失推导模型

若不受管制，非土地要素投入的均衡数量将是 Ot，这里地租总额 $R|_H$最大，地租总额就为 tb，地租的分成比例等于 tb/ta（连同假设

(b))。在均衡状态，非土地要素的边际成本等于边际产出，即 $G|_H$ 曲线上 a 点的斜率等于 Wt 的斜率，也即

$$\frac{\partial(Wt)}{\partial t}=W=\frac{\partial G}{\partial t}$$

分成受限后，建设用地的分成限制用曲线 G 表示，这里 G 是城市的总产出，$\bar{r}$ 是由 40%比例限制的分成率。也就是说，在每一点上，R 都是 $G|_H$ 的 40%，曲线 G（$1-\bar{r}$）表示随着非土地要素投入的变化而变化的非土地要素收入。

在 $\bar{r}$ 的约束下和不调整土地投入集约度的情况下，建设用地的分成额为 td，其他要素的分成额为 tc（$=ta-td$）。但是，给定其他要素 Wt 的成本约束，建设用地决策主体将使其他要素的投入增加到 t'，这里，在 $\bar{r}$ 和 Wt 的约束下，$G\bar{r}$ 和 G（$1-\bar{r}$）都将最大化，即 $Wt=G$（$1-\bar{r}$）。由于在给定的建设用地上的其他要素投入为 Ot'，土地的分成额为 $t'g$，其他要素的分成额为 $t'e$。

对建设用地主体来说，受 $\bar{r}$ 和 Wt 约束的地租总额曲线将是粗线 $\bar{R}|_H$，它随 $G\bar{r}$ 线从 O 上升到 g，然后随 $R|_H$ 线下降。从 g 到 k 的 $\bar{R}|_H$ 线段度量了 $G|_H$ 和 Wt 的差，意味着在这一线段上 Wt 的约束超过了 $\bar{r}$ 的约束。因此，$\bar{R}|_H$ 有不连续的导数，并且边际收益 $\partial\bar{r}/\partial t$ 在 g 点是不确定的，这一点是 $\bar{R}|_H$ 的最大值。

如果不能达到实际约束的权限（图 7—6 中 j 点），那么，当 $Wt=G(1-\bar{r})$ 时，或当其他要素从其他城市可能获得的收入等于 $G|_H$ 分成额的收入时，便会达到 $\bar{R}|_H$ 的最大值。因此，g（或 e）是一个新的均衡点，其前提是，在 $\bar{r}$ 这一额外约束的限制下地租最大化。在这个均衡点，非土地要素的边际成本 $\partial(Wt)/\partial t=W$，要大于边际产出 $\partial g/\partial t$。

如果非土地要素可能获得的收入较低，即回报率为 W'，那么非土地

成本约束可以用虚线 Wt' 来表示。在这种情况下，为使收入最大化，建设用地主体将只允许其他要素的投入增加到 t''。这里 $G\bar{r}$ 为最大值，而其他要素的边际产出为零。由于实际约束的极限（考虑边际收益递增在内）先出现，因此约束 Wt' 不再与生产的集约度决策相关。$\bar{R}\mid_H$ 的最高点将是 j 点，这里我们有

$$\frac{\partial\bar{r}}{\partial t}=\frac{\partial G\bar{r}}{\partial t}=\frac{\partial G(1-\bar{r})}{\partial t}=\frac{\partial G}{\partial t}=0$$

但在这种情况下，非土地要素将超出其在其他城市从事经济活动可能获得的收入而得到一种剩余；这样，在 $\bar{r}$ 的约束下，新均衡变得不确定。可以想象，建设用地主体诱使其他要素投入增加到 t'' 时，就会停下来；但另一些潜在的其他要素主体会找到建设用地主体，愿意向建设用地权利人提供更高的地租分成，显然，在政府垄断建设用地的情况下，税制分成受限，于是出现寻租空间，出现制度缺陷造成的贿赂。

可见，在 $\bar{r}$ 的约束下，超大城市的生产集约度会增加，资源会从其他城市转向建设用地生产力高但分成受限的城市。这部分额外配置的资源的回报会低于把相同的资源用于其他城市产生的报酬。这种变动会使得其他要素的供给曲线向上倾斜，使图 7—6 中的曲线 Wt 大幅上升。因此，资源重新配置将在一定程度上受到抑制，但不会完全停止。

由于资源从整体上是由其他城市转向分成受限的大城市，该市的总产出将会上升。但是，资源边际收益的不一致意味着，现有社会资源的使用在经济上是无效率的。从制度费用的定义来看，这部分效率损失应当被看作当前城市生产合约结构不完善所造成的制度费用。

第二节　逻辑框架：从行政运作走向市场运作

当前统筹城乡发展及土地制度改革实践中的种种误区之所以存在，根本原因在于未理清基本的权利关系及政府的职能定位。本书基于成都市系统改革、明确权属、规范流转、政府职能同步转变的农村产权制度改革路径，经过提炼总结，以时间为序列出了未来深化产权制度改革的路线图（见图 7—7）。

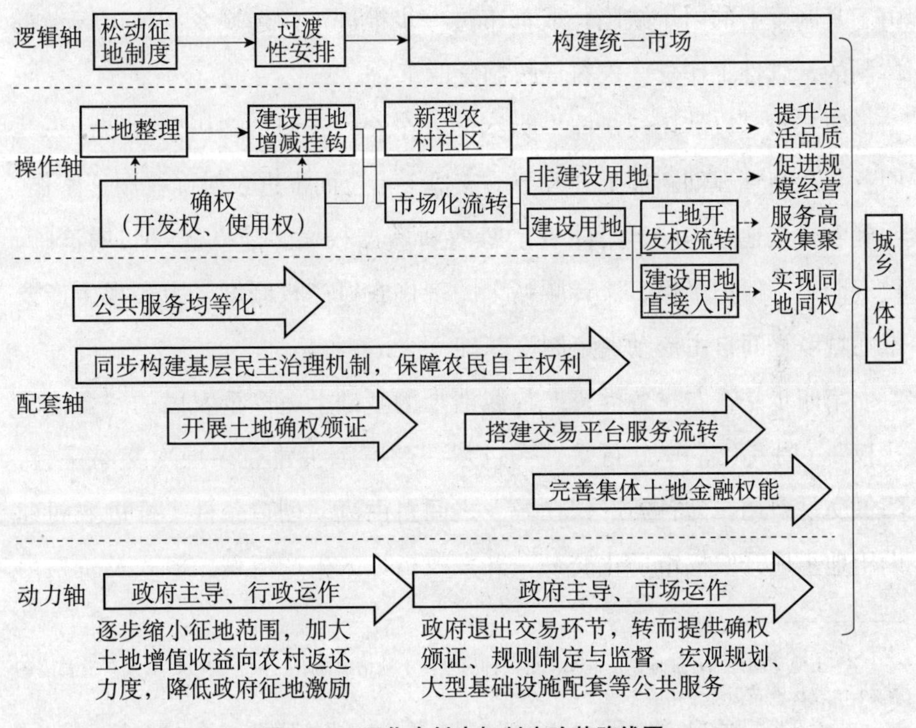

图 7—7　深化农村产权制度改革路线图

以成都市的实践为例，这一路线图的操作过程是：

第一步是在征地制度框架内通过土地整理政策[①]为城市提供土地占补平衡指标，逐步增大征地收入对农村和农民的返还比例。从 2003 年到 2007 年，整理新增耕地的投入标准由 1.6 万元每亩增加到 2.5 万元每亩。[②] 这些投入改善了农村的耕作条件，增加了耕地面积，并开始带动农业规模化经营。

第二步是探索"城乡建设用地增减挂钩"，挂钩范围从乡镇拓展到整个县域，并在灾后重建中尝试进行市域范围流转，并基于挂钩政策实践经验探索出建设用地指标（实际上是开发权）交易的重大制度创新。一方面，此项政策创造了土地增值收益向农村倾斜的更大空间；另一方面，由于其制度上的内生缺陷，成都市进一步推进了构建城乡一体市场经济体制的基础性工作——农村产权制度改革。

第三步是以"还权赋能"为纲领，在农村新型治理机制改革、公共服务与社会管理创新等配套改革的支撑下，全面推进农村确权颁证工作，明确农村土地、房屋、集体资产等农村资产权属。建立起"归属清晰、权责明确、保护严格、流转顺畅"的现代农村产权制度，为实现生产要素在城乡之间自由流动奠定制度基础。

第四步是在农村各类资产权属清晰的基础上，尊重农民的"合法转让权"（周其仁，李立行等，2011）[③]。政府牵头建立多层次交易平台，降低交易费用，为各类产权在城乡之间自由流动创造条件。推进农村建设用地土地开发权市场化交易，开发权指标的生产流程、模式及价格由

① 土地整理是既有征地制度框架下的一种探索，土地增值向农村倾斜有限，不具有重要改革意义，在具体改革做法中略去不表。

② 参见北京大学国家发展研究院课题组：《还权赋能：奠定长期发展的可靠基础》，北京，北京大学出版社，2010。

③ 参见四川大学成都科学发展研究院、中共成都市委统筹城乡工作委员会编：《成都统筹城乡发展年度报告 2011》，成都，四川大学出版社，2012。

市场主体竞价确定，以土地指标交易带动农村土地综合整治，实现城乡建设用地向城市集中，农村新型社区建设加速推进，社会资本作为运作主体获取经营收益的多方获益格局。

第五步是探索农村集体建设用地直接入市，并且逐步完善农村产权的金融权能，真正实现城乡资产同权。在第四步与第五步中，政府逐步退出交易环节，只是提供市场监管、交易平台（产权交易所）、权益保障并收取一定比例费用投入新型农村社区的公共设施建设等公共服务。

第三节　成都实践：深化农村产权制度改革的具体做法

一、探索实践“城乡建设用地增减挂钩”政策

“城乡建设用地增减挂钩”政策最早在2004年出现于中央文件之中，当年国务院发布的《关于深化改革严格土地管理的决定》（国发［2004］28号）中提出“鼓励农村建设用地整理，城镇建设用地增加要与农村建设用地减少相挂钩”，旨在化解城市化进程中的城乡建设用地“双扩”[①]难题（刘守英，2011）[②]。此后，成都成为国土资源部确定的首批试点地区。

城乡建设用地增减挂钩政策是指将若干拟复垦为耕地的农村建设用地地块（即拆旧区）和拟用城镇建设的地块（即建新区）共同组成建新

① “双扩”是指城市建设用地大幅扩张的同时，农村建设用地规模也继续增加。造成城镇与农村建设用地同步扩张。

② 参见刘守英：《博弈“增减挂钩”》，载《中国改革》，2011（6）。

拆旧项目区，通过建新拆旧和土地复垦，以建设用地指标的流转形式实现项目区内建设用地位置置换。形象地说，就是农村节约出的建设用地指标“飞”到城市使用。

如图 7—8 所示，其实施的基本步骤为：（1）在县域范围内确定拆旧区与建新区，编制挂钩项目规划，确保符合土地利用总体规划，实现用途管制；（2）组建投融资公司，作为项目基础设施以及新型农村社区房屋建设的资金运作平台；（3）国土部门下达除计划内年度建设用地指标之外的专用周转指标，作为挂钩两个区块建设落地指标；（4）新区建设；（5）农村居民、村民自治组织、投融资公司等主体签订分房方案与搬迁协议，村民迁入新社区；（6）拆旧区集体建设用地（主要为宅基地）整理复垦，以复垦的耕地面积归还周转指标，实现建设用地和耕地的位移。

汶川地震之后，为支持灾后重建，成都市获得国土资源部批准的特殊土地政策——指标可跨区县挂钩。2008 年 8 月 7 日，国土资源部、四川省、成都市三方签订《共同推进国土资源管理工作促进成都统筹城乡综合配套改革试验区建设合作协议》，该协议允许成都下辖的都江堰市、彭州市、崇州市、邛崃市、大邑县五市县通过土地整治节约的建设用地，可由成都市国土局以每亩 15 万元的价格收购储备。挂钩半径扩大使得建设用地置换能够实现的级差地租不断攀升，也使得拆旧区农户获得的实际收益不断提升，享受的社会保障待遇也逐步与城镇居民接轨。此后，成都增减挂钩项目迅速放量增长。

然而，这样一项“无论从初衷还是实施办法看，都是有效的”（刘守英，2011）政策在全国的实践中却遇到诸多争议，国家层面也不断出台政策加以规范引导，2010 年底国务院更是发出措辞严厉的国发［2010］

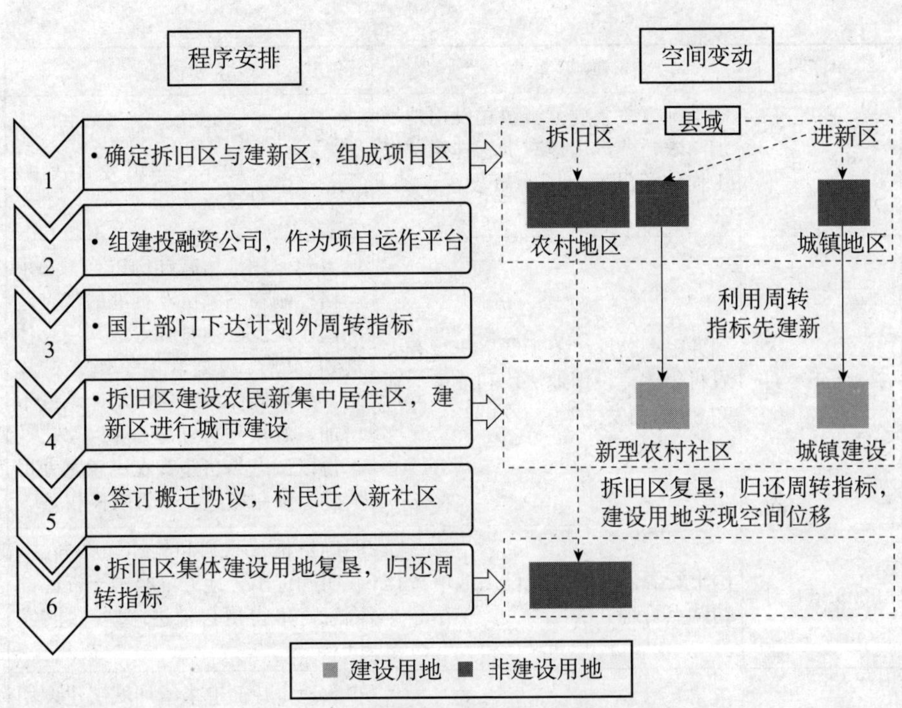

图 7—8　城乡建设用地增减挂钩项目流程图

47 号文对各地的误区进行纠正（见表 7—1）。①

表 7—1　　　　“城乡建设用地增减挂钩”政策演变

时间	政策文件	主要内容
2004 年 9 月	国务院《关于深化改革严格土地管理的决定》（国发［2004］28 号）	鼓励农村建设用地整理，城镇建设用地增加要与农村建设用地减少相挂钩

① 周其仁教授（2011）认为：高层决策者之所以担心增减挂钩盲目扩大会出问题，主要是基于现有政治结构的考虑。在现有政治结构下，基层政府缺乏实质性制约。在农转非指标普遍饥渴的背景下，地方政府会尽可能增加“挂钩”面积，就可能多拆农民的房屋。他认为在中国任何深层次的改革都要受到政治结构的制约。长期以来，行政权异常强大，财产权、公民权非常薄弱。参见《周其仁：“增减挂钩”怎么看?》，财新网，http://finance.ifeng.com/roll/20110126/3302028.shtml，2011 年 1 月 26 日访问。

续前表

时间	政策文件	主要内容
2005 年	国土部《关于规范城镇建设用地增加与农村建设用地减少相挂钩试点工作的意见》（国土资发［2005］207 号）	选取天津、浙江、江苏、安徽、山东、湖北、广东、四川等省（市）作为第一批试点
2007 年 8 月	国务院办公厅《关于严格执行有关农村集体建设用地法律和政策的通知》（国办发［2007］71 号）	城乡建设用地增减挂钩试点，必须严格控制在国家已经批准的试点范围内。试点必须符合土地利用总体规划、城市规划和乡（镇）村规划，必须确保城乡建设用地总量不增加，农用地和耕地面积不减少。不得以试点为名违背农民意愿大拆大建、强制搬迁，侵害农民权益
2008 年 6 月	国土资源部《城乡建设用地增减挂钩试点管理办法》	明确目标、原则和具体操作办法，并明确提出，地方不经国土资源部同意，不得擅自推进“增减挂钩”试点
2010 年底	国务院《关于严格规范城乡建设用地增减挂钩试点切实做好农村土地整治工作的通知》（国发［2010］47 号）	少数地方片面追求增加城镇建设用地指标、擅自开展增减挂钩试点和扩大试点范围，突破周转指标，违背农民意愿强拆强建，必须采取有力措施，坚决予以纠正
2011 年 7 月	国土部、中农办、发改委、财政部、环保部、农业部、住房和城乡建设部组成联合检查组，赴 14 个省（市）开展城乡建设用地增减挂钩试点和农村土地整治清理检查抽查工作	检查结果：增减挂钩试点和农村土地整治事业政策方向完全正确，总体可控。但实施过程需要规范，加强监管。检查出问题：第一位是如何更好地“尊重农民意愿，保障农民权益”，其次是如何更有效地管理资金等问题*

* 《中国国土资源报》2011 年 8 月 15 日报道：《增减挂钩：“体检”过关了吗？增减挂钩试点和农村土地整治清理检查结果透析》。转引自成都市国土资源局网站：http：//www.cdlr.gov.cn/cdgtzyj/detail.aspx？id=30643。

综合来看，这项探索性的制度创新提供了优化城乡建设用地布局的空间，但也存在着制度缺陷，其根本缺陷是挂钩流程完全由政府主导[①]，并未真正改革征地制度。政府既要负责制定政策、编制规划、审核项目、组织施工、调处纠纷、监督检查、配套公共设施，又要负责动员农户、筹集资金、招标工程、管理工程、调整土地、建设住房、提供物业保障等。一方面，在建新区依然要征地，而征地价并非市场价；另一方面，整理得到的挂钩指标价格也是由政府或其主管部门制定，市场变动因素无法及时反映到价格中。在整个过程中，依然保持着政府集“运动员”和“裁判员”于一身的不合理格局。

成都市在“增减挂钩”实践中逐步认识到这一政策的缺陷。进一步探索出以确权为基础，建立交易平台，不断提升农村产权交易市场化水平的完整路径。[②] 只有“政府革自己的命”，才能倒逼征地制度改革。

---

① 刘守英教授（2011）认为，既然是由政府主导并规定有一定的实施期限，那么在旧村拆除和农民搬迁过程中，农民自愿的原则在实践中很难真正落实；整个运作流程由政府组建的投融资公司来实现。其特征与政府主导的城市化中政府垄断土地一级市场、靠土地抵押融资的模式差不多，由此产生的财政和金融风险不可小视；此外，村庄拆并与农民集中上楼涉及农村土地承包关系、农民的宅基地权利等复杂而敏感的财产权利关系。“增减挂钩”在政府主导推进下容易被简单化。由于中国现行农民宅基地权利的法律规定存在缺陷，改革滞后，也容易削弱甚至侵犯农民的宅基地权利。参见刘守英：《博弈“增减挂钩”》，载《中国改革》，2011（6）。

② 国内相关学者对“增减挂钩”政策进一步改革完善的代表性观点包括：周其仁（2011）认为今后的增减挂钩，不能再用行政手段推进。政府权力应逐渐退出来，让农民自主决定。应在尊重农民土地财产权的前提下，让挂钩指标交易形成价格，并让农民去决定如何分享挂钩的收益。刘守英（2011）认为必须尽快改革现行土地管理体制和土地制度，切实推进旨在保护农民土地权利和促进土地市场交易的改革。包括：第一，改革现有建设用地指标管理模式。现行的靠自上而下分配建设用地指标来管理土地的方式，无法真正反映土地供求关系，存在指标下达效率低下、实施成本高、违规违法严重等弊端，必须根本改变。第二，出台农村集体建设用地上市办法。一方面，出台和完善政策，促使农民在城市“落地”；另一方面，推进现有存量集体建设用地入市。允许农村集体建设用地出租、转让和抵押；制定农村集体建设用地指标异地上市交易办法。第三，推进农民宅基地商品化改革。改革现行农村宅基地福利分配制度；允许农村宅基地出租、抵押、处置；对城市区域内的集体建设用地，应允许其在不改变集体所有制的前提下，进入非农建设用地市场。

二、在系统改革框架下全面推进农村确权颁证

农村资产确权登记工作早在20世纪80年代末已经启动。

《中华人民共和国土地管理法》第十一条规定："农民集体所有的土地，由县级人民政府登记造册，核发证书，确认所有权。农民集体所有的土地依法用于非农业建设的，由县级人民政府登记造册，核发证书，确认建设用地使用权。单位和个人依法使用的国有土地，由县级以上人民政府登记造册，核发证书，确认使用权；其中，中央国家机关使用的国有土地的具体登记发证机关，由国务院确定。确认林地、草原的所有权或者使用权，确认水面、滩涂的养殖使用权，分别依照《中华人民共和国森林法》、《中华人民共和国草原法》和《中华人民共和国渔业法》的有关规定办理"。这一法律条文提出了确权登记的任务，不过内容上更偏重于确定国有与集体土地所有权的边界以及国有土地使用权确定到法人单位或个人。

1989年，当时的国家土地管理局出台了《关于确定土地权属问题的若干意见》(［1989］国土［籍］字第73号]，对土地权属问题的处理进行了补充细化。此后，又于1995年出台《确定土地所有权和使用权的若干规定》(［1995］国土［籍］字第26号，以下简称《规定》)，对确权登记工作进行了进一步充实和完善。其中，《规定》第五章列述了"集体土地建设用地使用权"确权的若干规定。

然而，在实践中，土地确权登记工作在国有土地使用权以及集体土地中的耕地领域（明确集体所有权，集体与农户签订30年不变承包经营合同）执行较好，而在集体建设用地方面推行缓慢。基本原因有二：一是农村建设用地确权的相对紧迫性不及耕地。确权是为了权利的保障与市场化流转，耕地权利的保障关乎性命，而在城市建设尚未快速扩张的

阶段，还未使建设用地的相对价格提升起来，其功能单一，提供农村居民的居住空间，流转价值不大。二是农村建设用地特别是宅基地确权成本更高，需要更高精度的测绘技术。因而，农村集体建设用地流转价值不高、确权成本巨大阻碍了这项既定工作的深化落实。

在新的发展条件及土地用途管制的背景下，建设用地价值不断提升，确权领域的缺失极大阻碍了农民集体建设用地的流转与价值释放，我国的社会主义市场经济体制仍然存在明显的城乡二元特征。

成都市在城乡六个一体化格局初步形成、城乡建设用地增减挂钩等实践经验不断丰富的基础上，在全国率先启动农村新一轮产权制度改革，开始对这一突出问题进行深层次的制度完善。

成都市农村产权制度改革的核心任务是按照完善社会主义市场经济体制的要求，明确农民及集体经济组织对承包地、宅基地、集体建设用地、农村房屋、林权等的权属关系，“确实权、颁铁证”，实现农村产权归属清晰、权责明确，并具备按照市场机制流转的完整权能。

经过确权、登记、颁证，村、组等集体经济组织获得土地所有权证，即《集体土地所有权证》，农民获得由成都市政府主管部门颁发的“六证”，即《农村土地承包经营权证》、《集体土地（农用地）使用权证》、《集体土地（建设用地）使用权证》、《林权证》、《房屋所有权证》以及《集体资产股权证》。

从法律上看，土地确权登记是对现有基本制度进行了确认和落实，使得农村土地通过市场进行优化配置有了“准入证”，农用地、集体建设用地、宅基地、房屋等具有了交易、流转、租赁、入股、抵押等功能，构建完善了农村微观市场的基础。[①] 在农村构建市场化机制有效运作的

---

① 参见茅于轼等：《成都统筹城乡综合配套改革专题研究之六：优化资源配置，重组生产要素，突破资金瓶颈》，2010 年 10 月。

产权制度基础，全面确立有保障的农户转让权。为适应城乡一体的社会主义市场经济框架的要求，为城乡社会经济的持续发展，奠定可靠的制度基础。①

从宏观角度看，要促进农村生产力的进一步解放，就必须确立农民在更清晰的使用权基础之上的转让权。否则，转让无法顺畅进行，也就无法释放工业化、城市化的全部潜力。

成都市推进农村资产确权登记颁证的做法主要包括：

第一，对农村土地、房屋开展全面确权。按照“能够确权颁证到农户的，必须确权到户；不能确权颁证到农户的，必须全部股份量化到户”② 的要求，对农村各类财产产权确认到户。

对农村集体土地所有权、房屋所有权、集体建设用地使用权、农村土地承包经营权和林权进行确权登记颁证；开展农村自留地和公益设施占地、集体企业占地等未到户土地以及村级其他集体资产权属的确权颁证，并在此基础上开展股权量化工作；引导和鼓励农民建立长久不变的农村产权关系。

在具体操作上，首先从历史遗留问题较少的宅基地确权开始；对农业用地，先确立法律已明确表达的农户承包地经营权，暂留自留地、未利用地的确权，在承包地确权完成后，再彻底完成确权工作。先易后难，逐步推进，直到完成权威性强的全面确权。

在推进确权的同时，成都还建立了农村产权登记、保护和纠纷调处的体制机制。将农村产权的权属登记、变更等工作纳入了部门职责范围，健

---

① 参见周其仁等：《成都统筹城乡综合配套改革专题研究之一：农村产权制度的新一轮改革》，2010年10月。

② 《成都市2011年推进农村产权制度改革工作情况》，载：四川大学成都科学发展研究院、中共成都市委统筹城乡工作委员会编：《成都统筹城乡发展年度报告2011》，成都，四川大学出版社，2012。

全了农村产权常态化管理机制。在市和区（市）县建立了农村产权维护援助中心，把征地拆迁、农村土地综合整治及流转、产权维护、促进城乡生产要素自由流转等涉及农村产权保护的事项列入法律援助范围；组建了“成都市农村产权仲裁院”，为农村产权纠纷的调处增设新的途径。

经由4年时间，构建起了“归属清晰、权责明确、保护严格、流转顺畅”的符合社会主义市场经济体制要求的现代农村产权制度。

第二，村民自主贯穿确权全过程。成立“村民议事会”，对确权过程中入户财产调查和实测的结果进行评议，对存在异议、纷争的疑难案例进行甄别，并将评议结果作为确权的预案公示，直到为各方接受后，再向县级人民政府上报确权方案。在这一过程中，农户自己做主，积极参与公共治理。

第三，在具体工作中注重确实权，为大规模转让奠定坚实的程序基础。利用现代测绘技术，对农村宅基地及集体公益设施建设用地进行信息化，先对界限明晰的宅基地确权、登记、颁证，进而对难以明确分割的建设用地进行股份量化确权到农户；对于农用地，紧密结合第二次全国土地调查，实地测量村组范围内全部承包耕地的每一个地块，规范登录到每个农户，并经由村庄评议机制，对农户之间自第二轮承包以来发生的人口、土地的变化进行一次性的调整，做到“应确尽确、五个一致（土地、台账、证书、合同、耕保金）、程序规范、群众满意”，在此基础上颁发的农地承包经营权证，与实际的耕地面积、地块、位置、承包合同与耕保责任全部相一致。图7—9是成都都江堰市柳街镇鹤鸣村鱼鳞图①，这是一份反映集体建设用地确权后的权属关系图，它得到全村群众认同，每个人都郑重地按下了自己的手印。

---

① 鱼鳞图最早出现于宋代，到了明代才为政府普遍使用而成为一项制度。从明代到清代，国家对于赋役都有两种重要的册籍，名叫黄册和鱼鳞册。黄册登记户口，鱼鳞册登记田亩。具体沿革参见钱穆：《中国历代政治得失》，第2版，118～120页，北京，三联书店，2005。

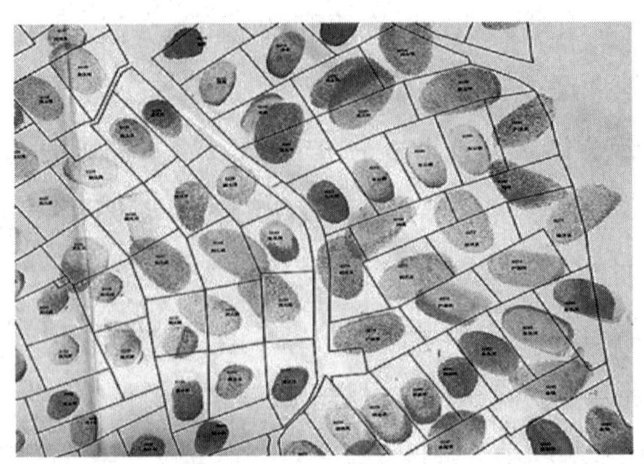

图 7—9　农村产权改革鱼鳞图

第四，搭建覆盖农村各类资产的信息化登记管理平台。目前，由成都市农委负责开发的农用地承包经营权信息管理系统、市国土局负责开发的集体土地登记管理系统、市城乡房管局负责开发的房地产登记信息系统和林业管理部门负责开发的林权证管理信息系统都已投入使用。

从 2008 年初至 2011 年底，历时四年，成都农村产权制度改革确权颁证工作全面完成。确权颁证共涉及 20 个区（市）县、257 个乡镇（涉农街办）、2 745个村（涉农社区）、35 847个村民小组，212 余万农户，累计颁发各类产权证和股权证 826.6 万本。其中，颁发集体土地所有权证 3.6 万本，颁发集体土地（农用地）使用权证 38.4 万本，颁发集体土地（建设用地）使用权证 173.0 万本，颁发林权证 65.9 万本，颁发房屋所有权证 181.6 万本，向农户颁发农村土地承包经营权证 180.3 万本，颁发股权证 183.8 万本。完成清产核资村民小组数35 491个，完成集体资产股份量化村民小组数32 676个，部分或全部权属达成“长久不变”决议村民小组数31 842个。[①]

① 参见四川大学成都科学发展研究院、中共成都市委统筹城乡工作委员会编：《成都统筹城乡发展年度报告 2011》，成都，四川大学出版社，2012。

"要让社会有秩序，不是说说就行的，是需要有投入的，要有法律表达。老百姓可以根据法律表达保护自己的财产，而不是靠少数官员替他保护财产"。[①]

三、搭建交易平台服务农村资产市场化流转

在基本完成农村确权工作、建立起权利市场化交易制度基础的同时，成都市把工作重心转向开辟农村资产市场化流转的渠道，构建农村产权交易服务体系。

2008 年，成都市出台了促进农村产权流转的一系列文件[②]，建立了农村产权交易制度。

2009 年 12 月 29 日，成都市人民政府办公厅下发了《成都市人民政府办公厅关于印发〈成都农村产权交易所组建方案〉和〈成都市引导和鼓励农村产权入场交易暂行办法〉的通知》（成办发［2009］75 号），确定了成都农村产权交易所的组建方案、交易范围、组织机构等。

2010 年，成都市委、市政府发出《关于实现生产要素在城乡之间自由流动的意见（试行）》（成委发［2010］29 号）进行全面部署。为服务于农村各项资产在城乡之间规范流转，特别是逐步实现集体土地和国有土地在转让权方面的"同地同权"，成都市搭建了统一管理、多层次运行、覆盖到乡镇的农村产权流转服务体系。

2010 年 7 月 7 日，由成都市国土资源局、市房管局、市林业园林

① 参见方烨、周其仁：《以土地转用抑制土地财政，成都模式可行》，载《经济参考报》，2011-10-31。

② 包括《成都市集体建设用地使用权流转管理暂行办法（试行）》（成国土资发［2008］124 号）、《成都市农村土地承包经营权流转管理办法（试行）》（成农办［2008］8 号）等。

局、市农委下属机构分别按50%、25%、12.5%、12.5%的比例出资，按有限责任公司法律架构设立的成都农村产权交易所正式注册成立（对外挂牌“成都农村产权交易所”），为按现代企业管理模式运营的综合性产权交易所。

成都农村产权交易所的业务范围包括：（1）农村土地承包经营权、林权、农村房屋所有权、集体建设用地使用权、农村集体经济组织股权、农业类知识产权等农村产权的交易；（2）农村土地综合整治腾出的集体建设用地挂钩指标、占补平衡指标的交易；（3）资产处置等。

成都农村产权交易所成立以后，全面连接各区（市）县农村产权交易分所，搭建了市、县（区、市）、乡三级农村产权流转信息发布和组织交易的综合型平台。

产权明晰、流转平台完善，极大地降低了农村资产的交易费用，扩展了交易范围。以此为基础，成都市基层群众创造性地开展了自主开发利用集体建设用地、农村股份合作、土地股份公司、家庭适度规模经营、业主租赁经营、“大园区＋小业主”、农村产权抵押融资等类型丰富的农村产权市场化运作实践。

需要说明的是，在促进耕地使用权流转发展现代农业这一问题上，历来不存在基本制度上的障碍。根据多地调查问卷数据（成都，样本数619，调查时间2011年4月；敦煌，样本数457，调查时间2010年7月；莆田，样本数333，调查时间2012年5月），当前土地流转的主要障碍在于：（1）流转的产权基础不够明晰；（2）流转收益较低；（3）流转信息成本较高。成都市农村产权制度改革中的确权颁证解决了第一个问题，鼓励社会资本投入现代农业及培育本地种田大户解决了第二个问题，通过建设产权流转平台解决了第三个问题。

以确权为基础，以产权交易所为平台，成都市探索了集体建设用地进入大范围市场流通的多种模式。首先，2008 年汶川地震后，允许地震重灾区农户和集体经济组织吸引社会资金联建农村房屋；其次，探索和发展土地开发权的市场化交易，吸引社会资本参与农村土地综合整治；最后，在产权交易平台挂牌出让集体建设用地，从而开创集体建设用地直接入市的路径。

经由规范的流转，农村资产的流转范围及规模不断扩大，农民拥有的土地、房屋资源实现了市场价值的显化。

以下两小节分别介绍成都土地开发权市场化交易以及集体建设用地直接入市交易的探索，分别适用于不同区位和发展水平的地方。

四、创新开展建设用地指标（土地开发权）市场化交易

根据成都市国土资源局 2009 年发布的《成都市农村土地综合整治白皮书（2009—2015)》，当时，成都计划通过 6 年时间综合整治全市 600 多万亩农用地和 50 多万亩建设用地，预期可以节约建设用地 36.8 万亩，需要投资 866 亿元，平均每年 145 亿元①，这一投入规模要求必须发挥市场力量。

如前所述，“城乡建设用地增减挂钩”政策实行过程中，政府主导的格局仍未改变。为使政府退出土地要素直接配置环节，真正将职能转变为市场监管和公共服务，创造条件让社会资本投资于农业和农村，成都市作出了大胆探索。

首先，探索了建设用地指标（土地开发权）的市场化交易。开展农村存量建设用地整理，扣除农民集中居住区占地及预留给农民集体的发展用

① 参见邓瑾：《火爆“地票”突然暂停 成都土改风向难辨》，载《南方周末》，2010-12-30。

地，经验收合格后节约出的建设用地面积抽象为建设用地指标，主要作为国有经营性建设用地首次出让的“准用条件”，通过农村土地综合整治项目，吸引社会资本参与“生产”国土部门年度指标之外的增量指标，并通过市场化交易获取收益，收益由农民与投资者按照市场原则谈判分配。

这一政策与“城乡建设用地增减挂钩”政策的区别主要有三点：

第一，“指标”的生产、交易及落地三个过程在时空上相互分离。无须组成“拆旧”与“建新”项目区。土地综合整治项目在成都市国土资源局立项即可，并不纳入国土资源部“增减挂钩”试点年度计划指标序列，“指标”生产构成单独的环节，其启动的必要条件是农民集体自主申请，且必须先建新居，农民入住后再拆旧整理出指标。

第二，政府退出“指标”的生产与交易环节，回归市场监管（各项建设要符合规划）、提供公共服务（提取一定比例资金进行公共设施配套）的本位。新型社区建设的方案以及“指标”变现的收益由社会资本与农民谈判确定，而“指标”的价格则通过产权交易所的多主体市场竞价充分体现其市场价值。

第三，交易范围突破了县域。对于那些处于非中心区位置、建设用地在当地开发价值不大的农村，将建设用地中的“开发权”抽象出来进行市场化交易，能够使农民得到更高收益。

2010 年，成都全市完成验收的挂钩指标 5 万亩，农民让渡土地指标的对价平均在每亩 15 万元，这已经为农民带来了惊人的收益，而当交易方式从国土部门内部挂钩转变为自行协商或是通过农村产权交易所公开拍卖后，其价格更是上升到每亩 30 万元以上。[①]

从理论上看，这一做法实际上是将农村建设用地的权属进行了细分，

① 《合法转让权是财产性收入的基础》，载：四川大学成都科学发展研究院、中共成都市委统筹城乡工作委员会编：《成都统筹城乡发展年度报告 2011》，成都，四川大学出版社，2012。

附着于建设用地之上的建设过程包含了一束权利的实现，主要是开发权以及土地的使用权。成都市的建设用地指标交易，农民转让的只是集体建设用地权利束中的开发权而非全部使用权。从过程来看，农村存量集体建设用地中的一部分复垦为耕地，这一用途反向转变就是丧失或者转让“开发权”的过程。

成都市探索完善农村建设用地开发权市场化交易的历程是：

第一步，试验推出国有经营性建设用地出让的“持证准入”制度。

2010年8月5日，成都市国土资源局发布公告，称根据《成都市人民政府办公厅转发市国土局等部门关于完善土地交易制度促进农村土地综合整治和农房建设工作实施意见（试行）的通知》（成办发［2010］59号）的相关规定，成都市国有建设用地使用权出让实施“持证准入”制度。

该制度规定“所有参与成都市（包括中心城区及二、三圈层各区（市）县）国有经营性建设用地（暂不含工业用地）使用权竞买的竞买申请人，在报名时必须持有建设用地指标证书或建设用地指标保证金收款凭证”，指标可以通过三种方式获取：一是在成都农村产权交易所通过竞拍购得，二是通过参与农村土地综合整治项目整理获得，三是向成都农村产权交易所缴纳建设用地指标保证金，取得建设用地指标保证金收款凭证。

2010年8月12日，成都农村产权交易所举办了首次集体建设用地指标拍卖——蒲江县农村土地综合整治项目挂牌融资交易会，该项目总面积49 109亩，预计可整理得到指标819.85亩，项目挂牌价格为每亩15万元。因首次采用此种模式拍卖，仅有两家竞拍人参加竞拍。通过电子竞拍，国资性质的成都市兴城投资有限公司以每亩15.2万元、总价1.246亿元拍下综合整治项目，每亩的拍卖价格只高于起始价2 000元。

据当时媒体报道，这一成交价款除去基础设施、土地复垦、农田整理外，搬迁农民可获得人均1万元的补偿。按照这个标准，只能为农民完成毛坯房的建设，如果达到人均2.5万元的补偿就基本可以覆盖建房及装修费用。据蒲江县国土局副局长潘为华估算，人均补偿款如果提高到2.5万元水准，指标价格需达到每亩20万元左右。①

虽然上述土地整治项目鼓励社会资金参与，但当时开发企业仍愿意选择缴纳保证金作为主要渠道来获取指标。而保证金仅为指导性价格，无法充分体现出相应开发权指标的市场价值。为促进农村建设用地开发权流转，成都市对持证准入制度进行了调整。

第二步，调整国有经营性建设用地出让的“持证准入”制度。

2010年11月16日，成都市国土资源局发布《关于进一步完善国有经营性建设用地使用权出让“持证准入”制度的公告》，规定自2011年1月1日起，市场开发主体“持证准入”获得指标的方式只有两种：一是直接参与农村土地综合整治项目，二是在成都农村产权交易所购买。

2010年12月17日，成都市农村产权交易所举行了新规发布后的首场竞拍会，共有2 000亩开发权指标参与拍卖，分为10亩、20亩、30亩等多个层级标的（见表7—2）。起拍价为15万元/亩，共有近200家开发商参与，最终成交均价达到72.89万元/亩，是起拍价的近5倍，溢价率达386%。最终总成交额达14.57亿元，其中，最低价46.5万元/亩，最高达到92万元/亩。指标价格的上升，带动了更多资金进入农村。

表7—2　成都市农村产权交易所2010年12月17日建设用地指标标的一览表

序号	交易标的编号	指标面积（亩）	序号	交易标的编号	指标面积（亩）
1	ZB-JS-061-2010	20	3	ZB-JS-063-2010	100
2	ZB-JS-062-2010	30	4	ZB-JS-064-2010	50

① 参见潘国建：《集体土地入市 政府将逐步退出主导地位》，载《财经》，2011-01-27，http://news.xinmin.cn/rollnews/2011/01/27/9113336.html。

续前表

序号	交易标的编号	指标面积（亩）	序号	交易标的编号	指标面积（亩）
5	ZB-JS-065-2010	10	18	ZB-JS-078-2010	50
6	ZB-JS-066-2010	30	19	ZB-JS-079-2010	100
7	ZB-JS-067-2010	20	20	ZB-JS-080-2010	150
8	ZB-JS-068-2010	50	21	ZB-JS-081-2010	50
9	ZB-JS-069-2010	100	22	ZB-JS-082-2010	100
10	ZB-JS-070-2010	30	23	ZB-JS-083-2010	30
11	ZB-JS-071-2010	150	24	ZB-JS-084-2010	10
12	ZB-JS-072-2010	20	25	ZB-JS-085-2010	20
13	ZB-JS-073-2010	10	26	ZB-JS-086-2010	100
14	ZB-JS-074-2010	50	27	ZB-JS-087-2010	200
15	ZB-JS-075-2010	150	28	ZB-JS-088-2010	20
16	ZB-JS-076-2010	200	29	ZB-JS-089-2010	100
17	ZB-JS-077-2010	30	30	ZB-JS-090-2010	20

资料来源：成都市农村产权交易所网站：http：//www. cdaee. com/notice/display. php？aid=2565。

同时，此次拍卖引发了社会的广泛关注，也引发了推高房价的质疑。成都市国土局当时表示将加大指标供给来平抑价格。事实上，早在此次拍卖两天之前的 2010 年 12 月 15 日，成都市农村产权交易所即已发布《成都农村产权交易所建设用地指标交易公告》（成农交指标告［2010］005 号），称定于 2010 年 12 月 29 日公开交易建设用地指标 3 000 亩。

在国土资源部的调控下，2010 年 12 月 28 日，成都农村产权交易所发布《关于暂缓举行建设用地指标交易的公告》，称原定于 2010 年 12 月 29 日的建设用地指标竞价会因故暂缓举行。

第三步，将“持证准入”改为“持证准用”，进一步完善并重启建设用地指标交易市场。

成都市建设用地指标交易在被国土资源部“叫停”期间，按照成都市国土资源局副局长黄晓兰的表述：“在强调进一步发挥农民集体和农户的主体作用基础上，从指标来源、用途、交易方式、价格、期限等多方面对指标交易制度进行了优化，将国有经营性建设用地出让‘持证准入’

调整为‘持证准用’，并完善了指标交易信息披露、市场动态监管等配套措施。”①

2011年4月13日，成都市国土资源局发布《成都市国土资源局关于完善建设用地指标交易制度促进农村土地综合整治的实施意见》（成国土资发［2011］80号），宣布暂停4个多月的建设用地指标交易经过进一步的制度完善后得以重启。新规与此前规定的主要区别在于：

首先，“持证准入”改为“持证准用”，这是修正后的交易规则与之前最大的区别。一字之差，建设用地指标不一定非在拍地前取得，只需要拍地后有足够的建设用地指标相匹配即可。这就避免造成恐慌性抢购指标，也不会造成地票闲置，其价格可以反映建设用地指标达到真实的供求均衡价格。开发主体可以先通过拍卖获得国有经营性建设用地使用权，不需先持有相应建设用地指标，只要在签订《国有建设用地使用权出让合同》及《出让合同补充协议》前提交建设用地指标证书或缴纳相应面积的建设用地指标价款即可。

其次，新规定分区域实施不同政策，在成都市主城区及青白江区、龙泉驿区、温江区、新都区、郫县、双流等二圈层拿地必须获得相应面积的建设用地指标，方能签订《国有建设用地使用权出让合同》；而彭州市、都江堰市、崇州市、邛崃市、大邑县、金堂县、新津县、蒲江县等三圈层区域，则按照政府规定的最低保护价标准，签订土地出让合同时，按照当年最低保护价标准缴纳相应面积的建设用地指标价款，2011年建设用地指标的最低保护价提高到每亩18万元。也就是说，开发主体获取建设用地指标的渠道恢复为三种，但是在成都主城区及二圈层拿地的开

① 黄晓兰：《关于成都市探索开展建设用地指标交易的实践与思考》，成都国土资源局网站：http：//www.cdlr.gov.cn/cdgtzyj/detail.aspx？id=37077。

发主体只能通过两种方式，即在成都市土地矿权交易中心、成都市农村产权交易所购买或参加土地整治项目，而在三圈层拿地则可以采取缴纳固定保护价款的形式获取。

同时，新政策还要求“建设用地指标交易后，不得再次转让，但可以分割、合并使用”，旨在抑制投机性需求。

在此过程中，农村土地综合整治的程序与收益分配是关乎农民利益的关键环节。为鼓励社会资本直接参与农村土地综合整治，成都市出台文件限制区县土地储备中心做农村土地整理[①]，目标是把空间留给社会资本，政府力量逐步退出市场的具体运作，从而保证建设用地指标的提供方不是政府一家垄断，而是市场化的多方竞争。

建设用地指标出让收益分配比例是：市政府提取10%作为基础设施与公共设施配套费（由指标供给方按成交价款的10%缴纳），最终返还给指标来源地做农村公共基础设施配套建设，交易所收取0.5%的交易服务费，剩余高于项目整理成本的收益全部由村民获得。如果是社会资本介入整治项目，则项目收益分配比例由村集体和社会资本主体双方协商。

经过这一轮深化改革，成都市构建了“农民自主、市场交易、持证准用、收益返还”的农村土地综合整治新机制。将建设用地指标交易制度和部分国有土地使用权出让“持证准用”制度相结合，倒逼部分参与城市开发的社会资金进入农村参与农村土地综合整治，并由市场交易机制保障农民分享城市化的土地收益，为农村环境改善和现代化建设开辟了一条可持续、有保障的资金来源渠道。

从开始运行截至2012年7月，成都全市共成交建设用地指标交易

---

① 参见王小乔：《成都新规 农地再“飞”》，载《南方周末》，2011-05-13。

274 宗，共 39 211.2 亩，成交金额 59.42 亿元；耕地占补平衡指标交易 125 宗，共 33 800 亩，成交金额 31.89 亿元。[①] 成都市农地市场化交易吸引了数百家企业、400 多亿元社会资本投入到农村土地综合整治中，通过指标收益全部返还农村的机制，切实促进了农民增收和农村发展。

五、实现农村集体建设用地直接入市并完善其金融权能

对于那些拥有良好区位条件和自然环境条件的村庄，其建设用地的使用权本身具有很高的市场价值，针对这类情况，成都市开展了集体建设用地直接入市的改革实践，迈出了从根本上突破征地制度的关键一步。2010 年 8 月 5 日发布的《成都市集体建设用地使用权流转管理办法（试行）》第三条规定："集体建设用地按照先整理集中、再流转使用的原则，在保持土地所有权不变的前提下，实行使用权有偿、有限期流转。"

集体建设用地入市分为三种模式：第一种是组成集体资产经营管理公司，农民及村集体以股东身份将所拥有的土地使用权注入公司并按照公司章程获取土地使用权出让收益，以公司为主体在有形土地市场公开挂牌出让集体土地使用权；第二种是农民以集体名义自主委托出让集体建设用地使用权；第三种是农民集体自己开发利用，与社会资本协商谈判引入投资者进行开发获取出让收益或以集体土地使用权折价入股合作经营。

不管是哪种入市方式，都要有一定前提：符合用途管制，符合城乡建设规划，不建住宅。也就是说，集体建设用地直接入市仍需要满足

① 参见成都市统筹城乡综合配套改革试验区建设领导小组：《成都市统筹城乡发展的探索与实践》，2012 年 7 月。

“三大管制”，即用途管制、转用管制以及不允许参与城市住宅市场①，除此以外，集体建设用地可以参与工业用地、商业用地供给。政府仍然保留城市住宅市场土地供给的垄断地位，但入市的口子已经打开，农民开始（有限度地）参与建设用地市场获取更大收益，向着“城乡统一建设用地市场”的改革方向前进了一大步（集体建设用地使用权出让流程见下面的专栏）。

专栏

成都市集体建设用地使用权初次流转程序

（一）土地所有者持经村民会议三分之二以上成员或者三分之二以上村民代表同意集体建设用地使用权流转的决议和集体土地所有证，向土地所在地国土资源局（分局）提出流转申请，经区（市）县人民政府审批后，由区（市）县国土资源局（分局）核发同意流转批准书。

（二）土地所有者取得同意流转批准书后，按本办法第二十条的规定实施流转，并与土地使用者签订集体建设用地使用权流转合同。

（三）土地使用者持同意流转的决议、同意流转批准书、集体建设用地使用权流转合同等资料，到土地所在地区（市）县国土资源局（分局）申请办理土地使用权登记，由登记机关颁发集体建设用地使用证。

——摘自《成都市集体建设用地使用权流转管理办法（试行）》

以下分别说明三种集体建设用地直接入市的运作过程，相关案例如表7—3所示。

---

① 《成都市集体建设用地使用权交易规则（试行）》（成国土资发［2008］569号）第五条规定：“集体建设用地流转价格不得低于政府公布的该区域集体建设用地使用权流转最低保护价，且不得用于商品住宅开发。”《成都市集体建设用地使用权流转管理办法（试行）》（2010年8月5日发布）第二十三条进一步明确：“集体建设用地可用于建设农民住房、农村集体经济组织租赁性经营房屋，不得用于商品住宅开发。”

表 7—3　　成都市农村土地流转案例整理表

编号	地点	土地用途	时间	面积或案例数量	交易双方	交易方式	期限	农民收益（万元/亩）
1	都江堰市大观镇茶坪村	农用地	2005	十几户	农户与政府	征地	永久	1.6
2	都江堰市向峨乡	农用地	2009	几十户	集体与集体	自行协商	永久	3.0
3	都江堰崇义镇	农用地	2009	1 000 亩	农户与公司	出租	15 年	3.2
4	都江堰市天马镇金陵村	农用地	2011	50 亩	农户与大户	出租	未知	3.2
5	温江区	建设用地指标	2007	257 户	农户与政府	行政配置	永久	39.0
6	都江堰市大观镇茶坪村	建设用地	2008	1 例	农户与他人	联建	50 年	164.0
7	锦江村	建设用地	2008－2009	3 例	政府与公司	挂牌、拍卖	40 年	130.0
8	郫县三道堰镇	建设用地	2009	700 户居民	农户与他人	自行协商	永久	100.0
9	都江堰市大观镇茶坪村	建设用地	2009	1 亩	农户与农户	组内联建	50 年	66.0
10	都江堰市青城山镇泰安村	建设用地指标	2009	20 户	集体与公司	自行协商	永久	40.0
11	都江堰市青城山镇泰安村	建设用地指标	2009	几十户	农户与集体	自行协商	永久	80.0
12	都江堰市	建设用地	2008－2010	2 000 例	农户与他人	联建	40～70 年	39.0
13	都江堰市青城山镇泰安村	建设用地	2008－2010	1 例	农户与他人	联建	50 年	231.0
14	都江堰市青城山片区	建设用地	2010	10 户	农户与他人	自行协商	永久	200.0
15	都江堰市天马镇金陵村	建设用地	2010－12	30 亩	农户与公司	拍卖	40 年	38.0

续前表

编号	地点	土地用途	时间	面积或案例数量	交易双方	交易方式	期限	农民收益（万元/亩）
16	成都全域	建设用地指标	2010-12	2 000 亩	政府与公司	拍卖	永久	72.5
17	都江堰市	农用地及建设用地	2011-01	大量	农户与政府	征地	永久	5.4
18	成都全域	建设用地指标	2011-05-06	500 亩	政府与公司	挂牌	永久	30.0
19	都江堰市柳街镇鹤鸣村	建设用地指标	2011	200 户	集体与公司	自行协商	永久	35.0
20	成都全域	建设用地指标	2007-2011	5 万亩	政府内部	行政配置	永久	15.0

资料来源：《合法转让权是财产性收入的基础》，载：四川大学成都科学发展研究院、中共成都市委统筹城乡工作委员会编：《成都统筹城乡发展年度报告 2011》，成都，四川大学出版社，2012。引用时本书略作整理。

第一种入市方式，在市场上仿照国有土地出让方式实行公开挂牌交易。比如，2008 年 10 月，成都锦江区挂牌出让两宗使用期 40 年的集体建设用地使用权标的，最终以每亩 80 万元价格成交，将规划建设一个品牌车 4S 店和一个加油站，中标单位获颁“集体建设用地使用权证”。

第二种入市方式，农民集体自主委托出让集体建设用地使用权。成都市官方数据显示，截至 2011 年底，全市已实现村组自主流转集体建设用地使用权（集体建设用地直接入市）45 宗，1 027 亩，金额 46 326.6 万元。①

第三种入市方式，农民集体自己开发利用，与社会资本协商谈判引入投资者进行开发获取出让收益或以集体土地使用权作价（出资）入股合作经营。

① 《成都市 2011 年推进农村产权制度改革工作情况》，载：四川大学成都科学发展研究院、中共成都市委统筹城乡工作委员会编：《成都统筹城乡发展年度报告 2011》，成都，四川大学出版社，2012。

《成都市集体建设用地使用权交易规则（试行）》（成国土资发［2008］569号）第七条规定："集体建设用地使用权初次流转应当采取挂牌方式。"2010年8月5日发布的《成都市集体建设用地使用权流转管理办法（试行）》第二十条规定："集体建设用地使用权可以采取协议、招标、拍卖或者挂牌等方式流转。集体建设用地用于工业、商业、旅游业、服务业等经营性用途以及有两个以上意向用地者的，应当进入土地有形市场采取招标、拍卖或者挂牌等方式公开交易。"第三十六条规定："集体建设用地使用权流转价格不得低于政府公布的该区域的集体建设用地使用权流转最低保护价。"以上规定意味着自2008年之后，农民自己开发集体建设用地用于经营性用途或者采取作价（出资）入股、联营等形式引入社会资本参与开发，都要在公开市场上交易使价格显化。而此前由农民集体与社会资本协商谈判的模式，如蛟龙工业港开发模式[①]以及村民集体组成集体经济组织自主开发的模式也必须走向经由公开有形市场实现入市。

在农村各类资产完成确权并开始流转的同时，成都市拟订方案，让有合法产权的农村资产特别是集体建设用地获得更为完善的金融抵押功能[②]，同时，成立成都市农村产权流转担保股份有限公司和成都农村产权交易所作为两大平台。

① 成都蛟龙工业港位于成都市青羊区，由香港蛟龙集团2000年开始开发，起步于大石桥村50亩用地。其运营模式是租用农民土地，修建厂房再转租给其他企业。

② 这是一项突破既有法规的试验。根据《担保法》的规定，集体所有土地的使用权不能进行抵押。但在2009年3月18日中国人民银行和银监会联合下发的《关于进一步加强信贷结构调整，促进国民经济平稳较快发展的指导意见》中指出有条件的地方可以探索开办土地经营权抵押贷款。2009年11月，成都市政府向金融机构下发《关于成都市农村产权抵押融资总体方案及相关管理办法的通知》（成办发［2009］59号）以及《成都市农村土地承包经营权抵押融资管理办法（试行）》、《成都市农村房屋抵押融资管理办法（试行）》、《成都市集体建设用地使用权抵押融资管理办法（试行）》三个具体操作文件；成都市农村产权流转担保股份有限公司（下称：产权担保公司）和成都农村产权交易所作为两大配套机构，产权担保公司负责农村产权抵押物担保，而交易所则负责各种产权抵押物流转。

根据能够获取的数据，到2011年，成都市农村产权流转担保股份有限公司[①]实现了农村产权担保贷款余额11.02亿元。通过抵押融资风险基金支持金融机构开展农村产权直接抵押融资，目前全市农村产权直接抵押贷款余额已达16.25亿元。[②] 成都市的探索将中国土地产权二元结构向着“同地同权同价”推进了一大步。

---

① 担保公司业务主要分为行为担保和信用担保。行为担保是指对成都市范围内的土地承包经营权、林权等流转行为进行的担保，目的是防范和化解流转行为可能给农民和业主带来的风险。信用担保则是农村利用各类权属证明质押融资，或者利用宅基地、农村房屋、新居工程抵押融资等进行的担保。农民向金融机构申请贷款，由产权担保公司提供担保，而农户以经过确权登记的各项产权提供反担保，从而避免了与现行法律规定农村产权不允许抵押的冲突。对于普遍担忧的农村产权抵押贷款风险会对农民基本生活造成冲击的问题，成都市规定“农户在抵押农村房屋时，还必须承诺设定抵押的房屋在依法偿债后有适当的居住场所，并且征得所在农村集体经济组织同意”。

② 《成都市2011年推进农村产权制度改革工作情况》，载：四川大学成都科学发展研究院、中共成都市委统筹城乡工作委员会编：《成都统筹城乡发展年度报告2011》，成都，四川大学出版社，2012。

第八章

实证分析：检验理论与假说

本章内容是前述理论分析、理论假说的实证检验。

第一节分析全国地级以上城市边际生产率变动，证明当前中国城市运行的合约结构存在问题，导致一定的效率损失；第二节运用地级以上城市数据验证第七章中推广佃农理论模型所作出的假设推论；第三节分别从成都全市以及一个村庄的两个层面案例来论证合约结构改进对农村发展的影响。

第一节　全国城市体系边际收益测算

张五常在《佃农理论》中指出：各部门中资源边际产出的不一致意味着，现有社会资源的使用在经济上是无效率的。如果城市生产的两层合约结构合理，则根据经济均衡的经典理论，各个城市资源的边际产出应当一致。边际决定边界，这一道理当然同时适用于城市这一空间单元。按照本书提出的宏观合约结构理论，城市可以被视作各类要素合作发展的一种特殊“产品”，并且按照向前看的产权理论，资源流动配置的决策主要取决于边际变动。

一、数据与规模分组

（一）数据来源

数据来自两大数据库，均采用市辖区这一统一口径数据。土地数据来自中指数据库，原始指标包括各城市相应年份建设用地（住宅用地、商业用地、工业用地、其他用地）成交数量及均价。非土地数据来自中经网数据库，原始指标包括地区生产总值（GDP）、人均地区生产总值、第二产业从业人员数、第三产业从业人员数、职工平均工资、固定资产投资总额、地方财政预算内支出、年末金融机构各项贷款余额、建成区土地面积。

（二）样本数量

中经网数据库包含地级单位 335 个，剔除缺乏数据的地级单位之后，共含地级市 286 个。由于土地交易数据仅包含 208 个城市，故两个数据库交叉，进一步从中经网 286 个地级以上城市中剔除相关地市。

在具体指标计算中，如不需采用土地数据，则以中经网 286 个城市为样本，如需要采用土地数据则以 208 个城市为样本，并且根据具体指标与年份情况进一步剔除数据缺乏城市以及数据异常城市。

（三）指标处理

关于货币成本的处理：中国人民银行的基准贷款利率在 6.5%左右，考虑到潜在市场利率要高于基准利率，故设定年利率 7%作为货币资本的计算依据。此外，由于近年来非贷款渠道融资在城市发展中所占比例开始上升，故货币资本的潜在投入及其成本要大于银行贷款成本。

关于建成区与城市建设用地面积数据的选择：城市建成区是指市行政区范围内经过征用的土地和实际建设发展起来的非农业生产建设地段，它包括市区集中连片的部分以及分散在近郊区的、与城市有着密切联系、具有基本完善的市政公用设施的城市建设用地（如机场、铁路编组站、污水处理厂等）。而城市建设用地是指已经征用的用于建造建筑物、构筑物的土地。假设目前中国城市为单中心城区，显然采用建成区面积这一数据更为合适。

（四）城市规模分组说明

城市规模问题是城市经济学的核心理论问题之一，然而，针对何种规模的城市具有更高集聚收益的国内外实证研究却不多。

国内对城市规模收益进行经济学分析测算的学者中，以王小鲁为主要代表。王小鲁和夏小林于 1999 年发表在《经济研究》上的论文《优化城市规模，推动经济增长》运用中国 600 多个城市的数据进行计量研究，发现规模在 100 万～400 万人的大城市，净规模收益最高，达到城市 GDP 的 17%～19%，超过这个规模区间，净规模收益缓慢下降，但在一个相当大的范围内仍然保持正的净收益，而规模小于 10 万人的城市则无法发现净规模收益。该项研究由此得出结论，中国的大城市不是太多，而是太少；中国应该优化城市规模，这将改善资源配置状况，提高资源利用效率和经济效益，加速经济增长。

国外研究中，2006 年美国布朗大学的两位经济学家发表论文（他们还声称这是有史以来第一篇使用计量经济学方法研究城市集聚效应的论文），使用计量经济学方法和中国数据，得到了与王小鲁和夏小林类似的结论。他们发现城市的净集聚效应首先随着城市规模上升而急剧上升，在达到峰值之后缓慢下降，最优人口规模为 250 万～380 万人。这恰好处在王小鲁、夏小林估算的 100 万～400 万人区间的中间偏上位置，也明显在 100 万人之上。也因此得到了中国城市的平均规模过小的结论（Au & Henderson，2006）。

2010 年王小鲁发表于《经济研究》2010 年第 10 期的文章《中国城市化路径与城市规模的经济学分析》，进一步利用世界范围数据论证了中国城市体系中百万人口以上城市供给不足，他认为原因在于城市规模扩大会同时提升集聚收益与外部负效应，而目前外部效应更多地由政府承担，以基础设施、环境治理等为例，而居民与企业则享受到就业、资产升值等各种好处，导致激励不匹配，更重要的是传统计划经济造成的行政化分配资源以及对金融等市场的扭曲，使得公共资源与市场资源都向行政级别高的城市集中，这更加剧了上述激励结构扭曲。这一判断与本书提出的用宏观合约结构理论来分析当前城市"生产"机制的缺陷是一致的。

基于以上研究，考虑到中国城市规模分布的现状，这里将计算的城市人口规模分组确定为 400 万人或以上、200 万～400 万人、100 万～200 万人、50 万～100 万人、50 万人以下五个组。受限于数据的可获得性，这里只计算了 2008 年、2009 年、2010 年三个年份的数据。期望未来能够获得更多的数据，计算更长时期的变动。

二、计算结果呈现及主要结论

土地要素、劳动力要素、资本要素的边际收益测算的公式分别为：

土地要素边际收益＝地区生产总值增量/土地交易额

劳动力要素边际收益＝地区生产总值增量/劳动力要素投入增量

资本要素边际收益＝地区生产总值增量/资本要素投入增量

其中

资本要素投入=固定资产投资额+贷款余额＊7%

结果如表8—1、表8—2、表8—3所示。

表8—1　　不同规模城市的土地要素边际收益测算（2008—2010年）

城市规模（万人）	2008		2009		2010	
	城市个数	指标值	城市个数	指标值	城市个数	指标值
≥400	17	6.29	17	1.95	17	3.04
200～400	23	5.84	27	2.51	29	2.21
100～200	28	8.10	59	3.72	65	4.35
50～100	24	7.64	55	2.76	60	5.00
<50	7	7.82	17	3.60	20	3.97
均值		7.14		2.91		3.71
标准差		1.01		0.75		1.10

表8—2　　不同规模城市的劳动力要素边际收益测算（2008—2010年）

城市规模（万人）	2008		2009		2010	
	城市个数	指标值	城市个数	指标值	城市个数	指标值
≥400	14	9.64	15	3.39	14	7.04
200～400	26	9.75	25	5.47	29	8.76
100～200	77	11.01	64	4.52	72	8.93
50～100	103	9.56	87	4.45	94	8.56
<50	50	7.18	35	4.49	35	7.94
均值		9.43		4.47		8.25
标准差		1.39		0.74		0.77

表8—3　　不同规模城市的资本要素边际收益测算（2008—2010年）

城市规模（万人）	2008		2009		2010	
	城市个数	平均比值	城市个数	平均比值	城市个数	平均比值
≥400	14	0.41	17	0.54	11	1.12
200～400	16	1.24	28	0.56	29	1.19
100～200	65	1.01	80	0.47	74	1.27
50～100	93	1.30	105	0.50	107	0.96
<50	36	0.40	41	0.57	39	0.90
均值		0.87		0.53		1.09
标准差		0.44		0.04		0.15

综合以上数据可见，各类要素应向规模在 100 万～400 万之间人口规模城市倾斜，特别是 100 万～200 万人口城市。其中，建设用地要素应当更加向 100 万～200 万人口城市倾斜。这印证了人口规模在 100 万～400 万之间边际收益更高的既有结论。

第二节 推广佃农模型的假设检验

一、投入分布结构

计算公式：

$$当年投入=\frac{土地交易}{总额}+\frac{二、三产业}{从业人员收入}+\frac{固定资产}{投资额}+贷款余额*7\%$$

如表 8—4 所示，虽然在边际上资产按照市场规律会流向边际回报更高的 100 万～400 万人口规模城市，但由于资源配置不合理管制的存在，新增投入依旧向超大城市集中。这印证了本书运用佃农理论推广模型得出的假设推论：资源从整体上是由其他城市转向分成受限的大城市。

表 8—4　　要素投入在不同规模城市的分布（2008—2010 年）

城市规模（万人）	2008			2009			2010		
	城市个数	投入总额（亿元）	比例（%）	城市个数	投入总额（亿元）	比例（%）	城市个数	投入总额（亿元）	比例（%）
≥400	17	50 407	45	17	74 318	46	17	81 483	42
200～400	24	26 032	23	27	37 946	24	29	50 207	26
100～200	62	21 564	19	61	30 514	19	67	36 734	19
50～100	62	12 021	11	58	15 097	9	64	20 299	11
<50	22	2 174	2	22	3 007	2	23	4 158	2
100～400	86	47 595	42	88	68 460	43	96	86 941	45
均值		22 440			32 176			38 576	
标准差		18 132			27 178			29 573	

二、基于流量的空间投入产出分析

这里比较的是相对数值，故假设当年固定资产投入全部为折旧收入，归属于固定资产要素收入，这不影响本书的基本结论。基于此，由于当年投入中不包括存量的土地要素数据，因而大体可将“当年 GDP－当年投入”这一数值视为城市存量土地要素的回报。

在表 8—5 的比较中，算法为“当年 GDP－当年投入”除以建成区土地面积，这一比值能够直观反映单位空间要素的相对回报水平：

平均比值＝(当年 GDP－当年不包含土地存量投入）/城市建成区面积

表 8—5　　基于流量的不同规模城市空间投入产出分析（2008—2010 年）

城市规模（万人）	2008		2009		2010	
	城市个数	平均比值	城市个数	平均比值	城市个数	平均比值
≥400	17	4.56	17	3.27	17	4.27
200～400	24	2.77	28	1.19	29	0.98
100～200	63	1.62	67	0.89	67	1.07
50～100	61	1.30	64	0.24	64	－0.08
＜50	23	0.90	23	0.38	23	0.37
均值		2.23		1.19		1.32
标准差		1.48		1.22		1.71

注：表中平均比值的单位为亿元/平方公里。

由于土地市场具有连续数据的城市有限，表 8—6 展现了 50 个具有完整数据的大城市的纵向数据，以此分析多年份的空间要素回报情况。

表 8—6　　50 个大城市基于流量的空间投入产出分析（2003—2010 年）

城市	2003	2004	2005	2006	2007	2008	2009	2010
北京	0.26	0.17	0.95	0.91	0.95	2.12	0.83	1.36
天津	1.57	1.65	2.17	2.59	1.66	2.31	0.20	0.76
上海	3.81	3.04	3.35	4.02	4.17	6.98	4.68	7.32

续前表

城市	2003	2004	2005	2006	2007	2008	2009	2010
广州	2.43	2.83	2.96	3.39	3.53	4.97	3.68	4.83
深圳	2.69	3.10	4.03	4.60	5.34	6.70	5.54	6.91
珠海	2.64	2.81	2.64	2.86	2.50	3.75	1.74	2.83
佛山	3.73	6.81	10.43	11.44	13.43	11.26	16.70	20.15
福州	1.53	1.54	0.50	0.16	−0.45	0.88	−0.86	−1.91
厦门	3.95	4.00	2.55	0.49	−1.03	1.52	0.26	1.15
莆田	4.95	5.32	4.58	3.09	2.55	3.59	3.24	2.80
三亚	0.40	−0.23	0.53	0.49	−1.23	−1.37	−3.89	−5.82
乌鲁木齐	0.83	1.26	1.16	1.06	1.57	1.60	1.12	1.54
银川	−0.26	−0.17	0.19	0.14	0.07	0.98	0.61	0.21
西宁	0.12	0.18	0.48	0.45	0.52	0.42	−1.05	−0.14
兰州	0.85	1.08	0.66	0.78	0.69	1.11	1.02	0.10
西安	1.32	1.15	0.79	−0.09	−1.56	−0.74	−2.56	−3.02
昆明	1.85	1.89	1.20	1.08	0.56	0.95	0.04	−1.51
石家庄	1.86	1.71	0.66	0.46	0.59	1.26	−1.29	−1.80
唐山	2.40	2.93	3.12	3.24	2.71	3.70	0.93	0.59
济南	3.04	2.46	1.80	1.66	1.69	2.02	0.99	2.26
青岛	2.93	3.16	2.95	2.33	3.79	4.59	3.17	3.88
烟台	1.09	1.03	0.60	1.57	1.43	1.78	1.49	1.14
沈阳	2.60	1.81	0.64	0.72	−0.01	0.52	−1.37	−0.78
大连	2.32	2.58	1.49	1.10	1.46	1.45	−0.65	−2.22
锦州	0.90	1.68	1.77	2.07	2.37	2.93	2.03	0.70
长春	2.98	2.96	1.49	0.55	0.66	−0.33	−0.60	−1.30
哈尔滨	1.40	1.54	1.13	1.10	1.45	1.78	0.25	−0.75
南京	0.29	0.42	0.51	0.52	0.35	1.54	0.25	0.38
无锡	2.05	1.98	2.39	2.71	3.27	3.96	2.20	0.77
徐州	2.10	3.22	2.33	1.84	2.02	1.85	1.42	1.68
常州	2.57	2.50	2.12	2.25	2.00	3.04	0.74	0.77
苏州	1.08	2.05	2.37	2.56	1.78	4.14	3.06	4.04
南通	0.57	1.07	1.41	1.50	0.79	1.61	0.73	0.13
连云港	0.09	0.56	0.11	−0.28	−0.69	−0.59	−1.15	−1.02
镇江	1.30	1.10	0.81	0.73	0.77	0.94	−0.15	−1.40
杭州	1.42	1.50	1.49	1.84	0.89	3.29	−1.26	1.11
宁波	2.65	1.46	1.22	0.01	1.21	2.83	0.28	2.81

续前表

城市	2003	2004	2005	2006	2007	2008	2009	2010
温州	1.83	2.26	1.63	1.14	1.63	2.70	1.51	2.11
合肥	0.49	0.28	0.42	−0.37	−1.63	−1.77	−3.42	−3.09
芜湖	0.74	0.86	0.71	0.82	−0.24	0.50	−0.96	−1.31
长沙	0.94	0.62	0.22	−0.15	−1.14	1.42	0.33	0.23
贵阳	0.34	0.34	−0.08	−0.25	−0.59	0.08	−1.15	−1.69
太原	0.96	0.68	0.67	0.82	0.70	1.58	0.47	1.37
南昌	2.42	1.49	0.44	0.50	0.93	1.25	−1.17	−1.30
郑州	0.41	0.49	0.13	0.35	0.08	1.01	−0.21	0.10
武汉	3.43	3.62	2.71	1.07	0.69	2.05	0.04	−0.23
南宁	0.71	0.47	0.20	0.11	0.13	1.22	1.80	−0.91
重庆	0.39	−0.15	−0.11	−0.22	−0.68	−0.06	−0.89	−0.54
成都	0.90	1.00	0.17	−0.07	−1.56	0.40	−1.28	0.20
绵阳	1.71	1.74	1.25	1.37	1.39	1.55	−0.01	0.06

需要说明的一点是，很多城市在2008年以后该比值变为负值，这是由于金融危机后的政府投资应对所造成的，一方面产出增速放缓，另一方面投资大增，存在一种可能，即当前投资能够在转化为生产力后提升城市生产效益。

对于这一点，应该承认存在这种可能性，但由于两个原因对此存疑：首先，此轮大规模投资并非市场导向，其效益存在疑问；其次，此轮投资凸显了按行政等级分配项目的计划特征，多数项目投向超出规模收益高值区间的超大城市。对于这一疑问，我们还需要进一步的数据来进一步确证，因为在这一时间区间内本轮投资项目的生产力效应将会充分体现出来。不论怎样，这种向下的趋势是客观存在的（见图8—1）。

结论很明显，正如第七章所提出的假说，超过规模收益的城市总产出上升，但由于设市约束和税率约束，拥挤的大城市中非土地投入的回报率要低于社会潜在收益率。换言之，目前中国城市化的制度费用或交

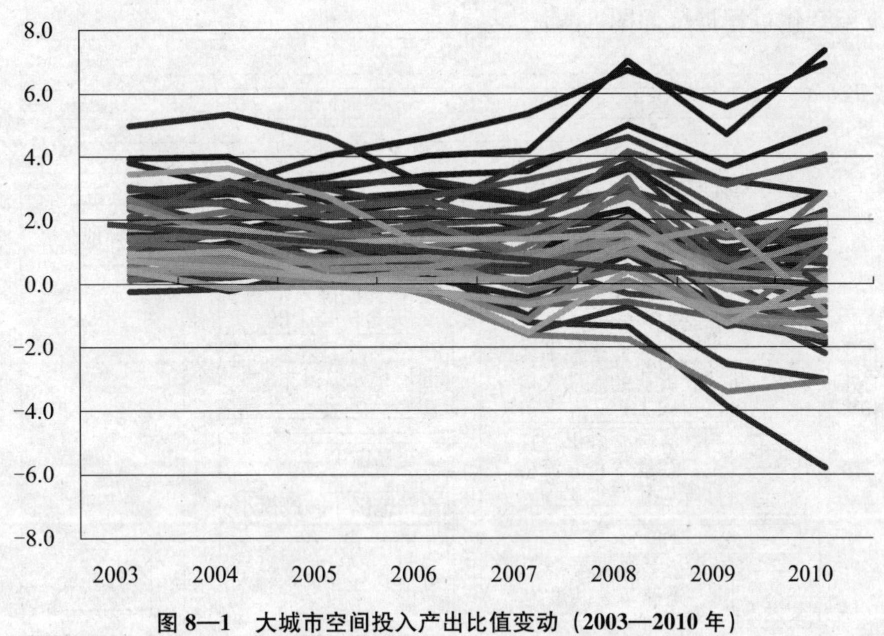

图 8—1　大城市空间投入产出比值变动（2003—2010 年）

易费用就是这些损失了的资源被配置到边际收益更高的城市所可能获取的收益增量。更为严重的则是：由于边际收益不可避免的作用，中国超大城市的边际收益正在趋向于零。

第三节　成都案例：农村资产与流动的变化

一、案例分析的方法

基于第二章中提出的经济运行一般化框架，分析农村现代化就转变为分析如下三个问题：（1）改革前后农村资产形态有了什么样的变化？（2）改革前后农村资产流动有了什么样的变化？（3）改革前后农村收入结构有了什么样的变化？为了回答以上三个问题，将成都农村产权制度改革变化过程提炼为图 8—2。

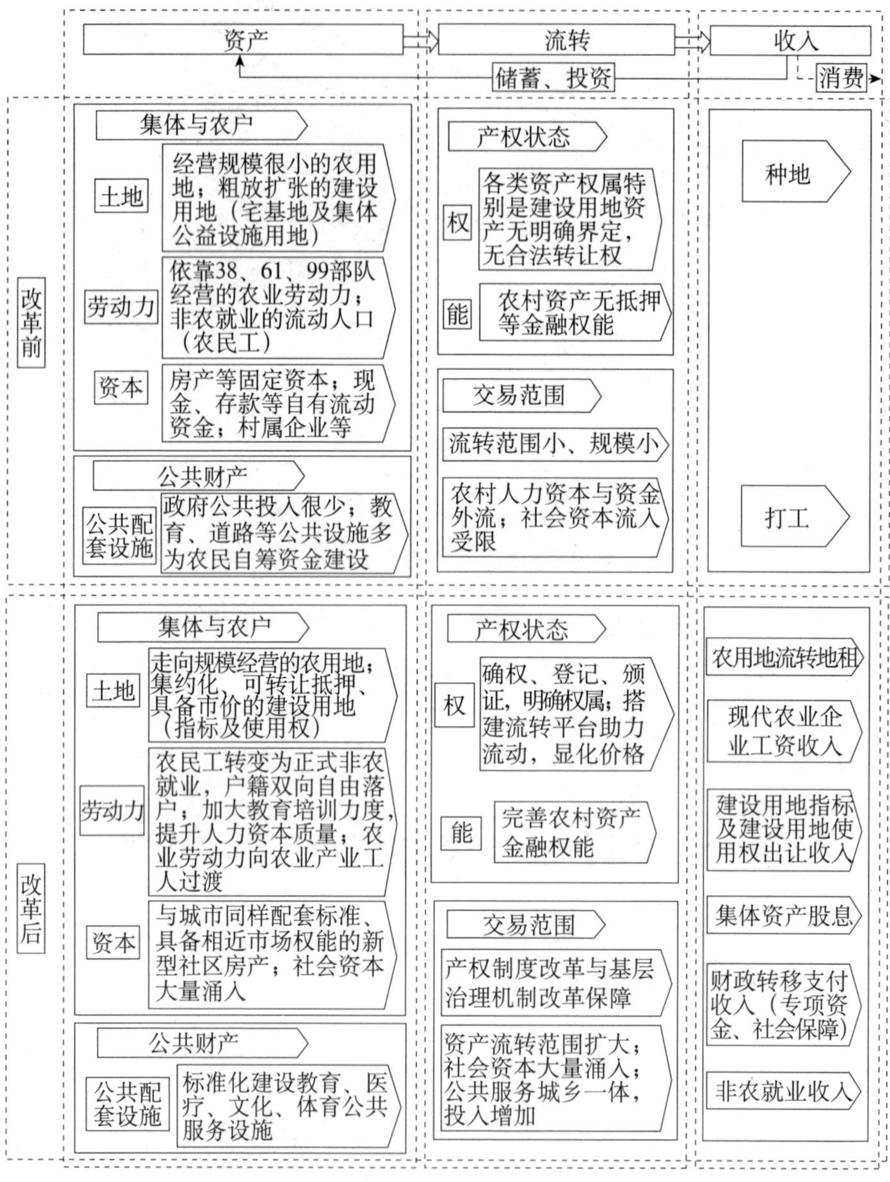

图 8—2　成都市推进农村现代化综合改革的效果

传统农村发展的突出特征是封闭、落后。资产质量差，人均资产少且无正式制度保障下的市场表达，转让权受限制，结果就是农村资产流动范围小、受限制、遭遇不公平对待，加之公共资产及公共服务投入规模不足，必然导致城乡收入差距扩大。改革之后，农民户均资产实现大跃升，资产激活变为资本，生活环境与公共服务得以改善，收入结构多元化；资产和收入环节同步实现了城乡差距收窄。

在宏观经济层面，农民收入提升使得农村消费提升，支撑发展方式转变。“城乡差别在于城市人民的财产性收入的比例比农村居民的财产比例高很多，过去实行的体制导致了农民有财产也不能获得收入。如果这一环解开，中国的农民不仅可以售卖农产品，打工，还可以获得城市化进程当中的土地权益，这会大大增加中国内需的厚度。”[①] 同时，在金融运行层面，农村资产的货币化表达还有利于金融深化，对冲多年净出口所累积的基础货币被动投放。

二、成都全市层面

(1) 在全市农村资产存量变动方面，最大的变化是新型农村社区的建设。因为新型农村社区的选址、建设符合规划，统筹产业、居住、交通等因素进行布局，具有稳定的发展预期，因而可以大规模投资其公共配套设施而避免投资分散与浪费，按照城市社区标准建设，同步将政府便民服务、社会管理硬件配套和软件配套延伸到新型农村社区，大大改善了农民集中居住质量（见图 8—3)。

在推进城乡一体化的过程中，全市累计已入住农民集中居住区1 613

① 方烨、周其仁：《以土地转用抑制土地财政，成都模式可行》，载《经济参考报》，2011-10-31.

个，建筑面积 5 300 余万平方米，142 万农民的生活居住条件得到改善。[①] 基础设施作为项目组成部分，被纳入项目成本，完全按照城市社区标准同步设计、跟踪建设、同步考核。[②]

图 8—3　成都市新型农村社区实景图

资料来源：图片来自成都市城乡规划管理局。

(2) 在农村资产的流动与重组环节，在农村土地综合整治框架下，一方面促进了集中居住，同步开展田地平整、地权调整、水利配套等，为农业现代化创造了条件，另一方面也缓解了城市发展用地指标不足的矛盾。截至 2011 年底，全市流转耕地面积 267 万亩，占耕地总面积的 41.9%，全市农业产业化经营带动农户面达到 80%，土地规模经营 50

① 在新型农村社区建设过程中，为提升建筑设计水平，成都市城乡建设委员会在其网站建立了公开的“农房设计方案图集库”，免费供全市选用。包括 580 个农村聚居区（点）设计方案，含总平面布置、产业、交通及景观、单体设计的平立剖图及透视效果图，约 1 500 种可供选择的户型，各类图片约 14 000 张。

② 《成都市 2011 年农民集中居住区建设情况》，载：四川大学成都科学发展研究院、中共成都市委统筹城乡工作委员会编：《成都统筹城乡发展年度报告 2011》，成都，四川大学出版社，2012。

亩以上的农业企业、专业合作组织、种植大户等业主总数达到 12 149 个，现代农业规模经营、产业化发展的格局开始形成；截至 2011 年底，农民利用经过确权的资产实现担保贷款余额 11.02 亿元，直接抵押贷款余额达 16.25 亿元；截至 2012 年 7 月，农民通过各类集体建设用地使用权交易获取收益达 18.81 亿元，全市建设用地指标成交总金额 59.42 亿元，吸引数百家企业、300 多亿元社会资本投入到农村土地综合整治中。①

2003 年以来，成都市农用地快速向规模经营集中，稳步缩小城乡产业效率差距，城乡经济趋于一体化。如表 8—7 所示，成都全市第一产业增加值由 2003 年的 153.2 亿元增加到 2011 年的 327.3 亿元，翻了一番多；在农业从业人口减少及农业产值提升的综合作用下，第一产业效率由 2003 年的 0.39 万元/人增加到 2011 年的 1.07 万元/人，增长了 1.7 倍，而同期非农产业效率仅增长了 0.5 倍，城乡产业效率相对差距收窄。

表 8—7　　成都市农业与非农产业效率对比（2003 年、2011 年）

年份	农村从业人员（万人）	第一产业产值（亿元）	城镇从业人员（万人）	非农产值（亿元）	第一产业效率（万元/人）	非农产业效率（万元/人）	农民人均纯收入（元）
2003	391.1	153.2	180.5	1 717.6	0.39	9.52	3 655
2011	306.9	327.3	462	6 527.3	1.07	14.13	9 895

资料来源：2003 年、2011 年《成都市国民经济和社会发展统计公报》。

（3）资产存量的丰富，流动环节的优化，自然表现为收入的提升。在改革中，农村资产真正流动起来，农民在自身资产的流动中获得巨大

① 参见成都市统筹城乡综合配套改革试验区建设领导小组：《成都市统筹城乡发展的探索与实践》，2012 年 7 月。

收益，这是单纯依靠政府向“三农”投入倾斜所无法达到的。以成都“农村产权制度改革第一村”都江堰市柳街镇鹤鸣村为例，在确权颁证前，村民务农的年人均纯收入约为 300 元。在确权颁证后，土地资源具备了向土地资产转换的条件。通过土地整治项目，村民住上了“小洋楼”，增加了耕地面积，耕地流转后，人均土地租金收入 600 元，并且土地使用方的现代农业企业还为农民提供了数百个就业岗位，村民在当地务工，每年可挣得六七千元。①

三、微观案例：郫县战旗村农村现代化改革成效

战旗村是一个以深化农村改革推进实现农村整体现代化的活教材，是以城市化带动农村现代化正确思路的样板。

该村位于成都市郫县唐昌镇，距离成都市主城区三环路直线距离约 30 公里。全村面积 2.1 平方公里，耕地 1 930 亩，辖 9 个村民小组，总人口 1 700 人。2008 年以来，该村以农村产权制度改革为核心、以村级公共服务和社会管理改革为保障，探索实现农业、农村、农民“三农”的整体现代化。

主要做法包括：第一步，坚持规划先行。2007 年，委托成都市规划设计研究院编制了规划，为全村发展确定了蓝图。

第二步，推进“农村四项基础工程”，在产权制度改革、新型基层治理机制改革的保障下，推进实施土地综合整治项目。完成 9 个村民小组《集体土地所有权证》确权颁证，为 527 户农户颁发了《农村土地承包经营权证》、《集体土地使用证》、《房屋所有权证》和《农村集体资产股权证》，

① 参见张晏、李倩、郑荣：《确实权颁铁证——成都集体土地确权颁证工作纪略》，载《中国国土资源报》，2012-04-20。

形成了农村产权长久不变决议。在此基础上，开展战旗村土地综合整治项目，利用可节约出的 208 亩集体建设用地指标挂钩到郫筒镇城区使用的预期收益，向成都市小城投公司融资 9 800 万元，实施土地整治项目建设，项目运转流程如图 8—4 所示。采取“统规统建”和“统规自建”两种方式，建成了 9.1 万平方米的新型社区，入住 469 户、1 561 人。

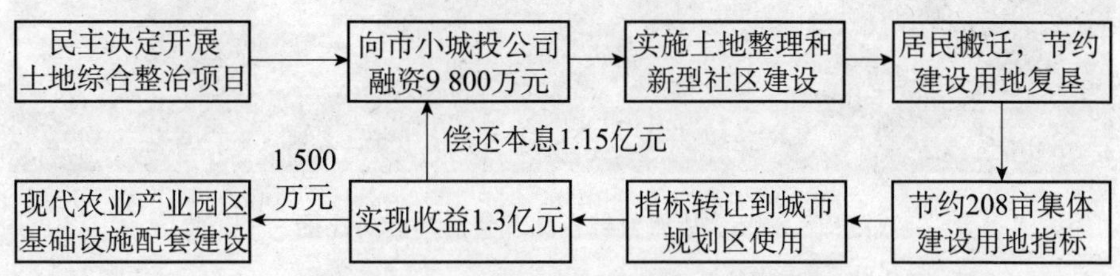

图 8—4 战旗村土地综合整治项目流程

第三步，进一步运用产权制度改革成果，推动集体与农户各项财产的市场化流转，全面提升村民收入水平。

下面，按照本书提出的“资产—流转—收入”分析框架来比较战旗村改革前后的情况。

(1) 在战旗村资产存量变动方面，资产形态最大的改变在于居住环境的极大改善。如图 8—5 所示，整治后的农民居住标准提升，同时房产拥有与城市房产相同的产权登记、金融抵押等市场化权能。

图 8—5 战旗村居住环境整治前后对比图

资料来源：图片来自成都市城乡规划管理局。

在农村综合环境及农用地方面，通过统筹规划与建设，综合环境得到明显改观（见图 8—6）。

图 8—6　战旗村综合环境整治前后对比图

资料来源：图片来自成都市城乡规划管理局。

经过土地复垦和田块整治、沟渠改造、道路建设，新增耕地 209 亩，提高了农业综合生产能力（见图 8—7）。

图 8—7　战旗村农用地整治前后对比图

资料来源：图片来自成都市城乡规划管理局。

在公共资产方面，新型社区按照“1＋13”的配置标准，建成了便民服务中心、村卫生（计生）站、劳动保障工作站、社区幼儿园、综合文化活动中心等公共服务配套设施（见图 8—8），集体资产也由 2007 年的 1 280 万元上升到 2011 年的 2 300 万元。

图 8—8　战旗村公共配套设施图

资料来源：图片来自成都市城乡规划管理局。

（2）在资产流动与重组方面，对于建设用地，如前所述，通过增减挂钩政策出让 208 亩建设用地指标，实现收益 1.3 亿元，约合每亩 62.5 万元；村集体还利用预留的 23.8 亩集体建设用地直接入市，以 50 万元/亩作价入股，与企业合作建设“战旗第五季——生态田园村”（见图 8—9），保障村民与集体的持续收入。

图 8—9　战旗第五季——生态田园村

资料来源：图片来自成都市城乡规划管理局。

在农用地流转方面，组建了战旗农业股份合作社，组建方式是村集体注入50万元现金，农户以土地承包经营权入股，保底收入为800元/亩·年，外加盈利的50%作为二次分红。依托合作社规划建设了战旗现代农业产业园，其中，合作社建示范基地、种植大户建家庭农场、龙头企业建产业基地。图8—10右侧为战旗农业股份合作社利用确权后的集体资产抵押融资150万元建成的15亩现代育苗基地；左侧为龙头企业榕珍菌业公司，2011年该公司亩均产值达57.5万元、亩利润达14.4万元。这些现代农业项目与传统种植农业每亩收益几百元相比，可谓实现了天翻地覆的变化。

图8—10 战旗村现代农业项目实景图

资料来源：图片来自成都市城乡规划管理局。

(3) 最后来看村民收入变动。确权赋能大大促进了村里各项资产的盘活，村民的收入实现了结构上的多元化以及总量上的明显增长。2011年，村民收入的80%来自务工收入，10%来自集体经济组织的入股保底及二次分红，10%来自其他收入，全村农民年人均纯收入由2007年的5 750元大幅增长到2011年的12 320元。同时，通过城乡一体化公共服务体系的构建，依托新型社区各项配套设施，农民享受到的公共服务（公共资产与公共财政转移支付带来的收入）也实现同步增长，农民享受到城乡均等化公共服务大系统的各项政策（见图8—11）。

图 8—11　战旗村农民享受公共服务照片

资料来源：图片来自成都市城乡规划管理局。

第九章 主要结论与政策建议

第一节 主要结论

城市问题错综复杂，就现象说现象不是科学的态度。中国当前的城市化充满矛盾、挑战，这种现状呼唤理论创新。本书从经济学基础概念和基本原理出发，通过论证城市的合约性质，提供了观察城市发展与城乡问题的新视角。

基于理论研究，本书认为，中国当前城市化水平滞后以及城市发展质量不高的根本原因在于：高效率城市作为一种“产品”，其供给存在严重不足。供给不足的核心障碍是制度，是城乡二元体制造成的“城市生成制度体系”不完善，“供给”城市的组织费用过高，需要通过改进合约结构来实现潜在租值释放。

按照合约结构理论，制度费用是潜在租值的部分消散。实证研究表明，边际上可以确定存在效率损失，这就是当前城市化模式下的制度费用。既然城市可以被视作一组结构性合约，那么重新界定产权、放松合约管制、增强要素竞争、转变政府职能是降低交易费用、促进新型城市化的基本途径。

地方政府是重要的行为主体，城市政府是推进城市发展的“集团军”①。从城市的合约性质来看，地方政府处于一连串合约之中，在竞争资本、土地等要素的边际处，存在从增值中取得分成的激励，而对于普通劳动力的边际增长，其收益可以通过工业领域的间接税得到分成，在房地产领域可以通过土地出让金得到分成。但中国目前的现实情况却是：支撑城市转型升级的人力资本增量所需的公共服务费用由于城乡之间、城市之间彼此割裂的制度安排而供给动力不足，地方政府在劳动力的未来资产增值中没有得到相应的分成激励，反而可能承担高额费用。当前的城乡产权安排、城市合约结构、政府税制体系必然导致城市化率落后于工业化水平的结果。

新型城市化道路是否顺畅，归根结底是由各类市场主体的行为选择所决定的。每个城乡居民及各个市政当局都是直接的决策主体，宏观上的制度创新要创造自由选择的激励条件和规则体系，通过改善合约结构改变各类主体面对的局限条件，引导资源高效配置，实现“以人为核心”的城市化。

第二节　政策建议

一、开展城市设置制度改革，放松城市合约准入管制

从城市的合约性质来看，城市设置制度就是一种准入制度。正如

① 集团军是作战的主体单元。该表述来自 2016 年 3 月与原成都市市长葛红林先生的一次谈话交流。

传统的经济学理论分析一样，若管制准入，必然造成市场的竞争程度削弱。

中国城市设置制度严重滞后。从 1998 年开始，中央政府冻结了设市审批，此后，中国经历了高速的城市化发展，但城市化承载体系中的节点却不升反降，限制了整体承载力的提升，并表现为大城市过度拥挤的住房、环境、交通等问题。

未来，在国家与省的层面应当规范化并大幅放松城市设置审批的门槛与条件，并且，随着理论与实践的进展，要进一步探索城市合约的退出制度，即城市破产制度。

建议中央政府抓紧研究新型城市化背景下的科学设市标准，并尽快颁布执行，赋予达到城市标准的镇以县级市发展权利，扩大其基础设施建设，提高其承载力，为实施“十三五”规划，特别是促进新型城市化健康发展提供空间依托。

二、改进合约结构实现政府职能归位，为城乡要素自由流动创造条件

在城市合约准入制度不断完善的前提下，统筹城乡发展的基础性任务就是以“界定城乡产权、优化市场秩序、均衡公共资源”为总体方向，持续、系统地推动制度创新，改进城市发展的合约结构。推进政府职能转变，明晰各层级政府在宏观合约结构中的定位，构建能够提升城市供给能力的制度安排。

各级政府应将“以人为本”的价值追求落实为具体的制度与政策，找准自身在城乡一体化进程中的定位，实现职能归位，让市场力量在城乡更大范围、更宽领域、更深层次发挥配置资源的决定性作用，解除阻

碍城乡要素自由流动的制度与既定利益格局藩篱。地方政府的作用应全面转向以规划引导全局、提供优质均衡的基本公共服务以及推进基础性制度创新，而非像传统城市化进程中那样过度关注投资建设项目。

在城乡生产要素流动层面，应当以允许竞争、鼓励流动为导向，积极推进农村产权制度改革，构建城乡同权的社会主义产权制度，破除要素有序流动的制度性障碍；深化城市开发制度改革，政府渐次退出要素直接配置环节，税制体系更加注重转向从人而税，直接税的比例要明显提升，城市政府组织职能这一独特要素的价格信号要在更大范围的市场竞争中倒逼出来。

在公共资源配置层面，应当大力完善公共财政制度。在各层级政府各自的行政范围内，规定公共基础设施与公共服务向城乡基本均衡发展，公共财政增量全部投入这一方向，直至达到均衡。同时，稳步推进户籍制度改革，逐步剥离户籍制度所附着的公共服务差别。同步构建城乡共享的社会主义分配制度和社会保障制度，构建城乡统一、跨区接续的劳动就业和社会保障体系。

当务之急在于坚决停止逆向补贴大城市及其资产拥有者的制度安排，避免向超大城市倾斜的财政、金融、资本市场和价格政策，按照边际收益等于边际成本的原则引导城市体系与结构的完善，推进土地资源、金融体制、行政管理体制、城市开发投融资体制的联动改革，创造生产要素向高效的城市层级配置的制度与市场环境。

三、以科学规划为先导稳定城乡发展预期，形成高效承载格局

要全面推进城乡一体化进程及其一系列制度创新，重要前提是先做

好城乡一体布局的科学规划，确定宏观上的空间格局，并且通过城乡规划管理体制改革管住规划，确保现代化城乡形态的形成，从而稳定各方的发展预期，保障在空间上不致出现“野蛮生长”，如无序违法建设以及散点状“村村点火、户户冒烟”的面状生态污染。因而，全域规划可以理解为推进农村产权制度改革，对农村土地等资产进行“确权”的前提和基础。在此基础上，方能促进生产要素在城乡之间双向有序流动，使城市和农村共享现代文明，和谐发展。

在完善统筹城乡科学规划的进程中，首先要构建规划的制度基础，以法律法规奠定城乡规划的统领地位，保障城乡规划的权威性；在制度基础得以确立的基础上，科学规划主要体现在构建统筹城乡规划体制、机制以及创新规划技术手段等方面。

未来，全国特别是作为统筹城乡重要空间单元的市与县应当：

第一，立足全域统筹规划，保障城乡发展的全局利益。逐步实现规划编制、实施、监督工作的全域覆盖。彻底纠正将扶持农村发展和鼓励城市快速发展相对立的错误认识，在制定城市发展战略时充分考虑到如何带动农村发展，在促进农村经济社会发展的同时努力实现对城市繁荣的支持和服务，城乡谋求共赢，实现共荣。

第二，坚持“六大统一”原则，保障城乡发展的整体利益。对城乡发展涉及的各个领域进行空间统一谋划、管理统一架构、政策统一制定、标准统一设立、资源统一配置、生态统一保育，将区县乡规划、部门专业专项规划、技术规划、空间规划有效转变为相互协调的全局性公共政策，使规划真正成为各部门开展合作、增进协调、减少冲突的工作平台。

第三，注重规划公平导向，保障城乡居民的公共利益。随着政府职能转变和依法行政的强化，行政过程的合法性和规范性越来越重要，应当积极调整思路，认清政府职能与市场机制的关系，逐步从“控制”向“引导”转变，规划行政管理要更加突出公共服务的属性。充分尊重城乡居民意见，发挥城乡居民的自主作用，形成与农村产权制度改革及新型基层民主治理机制相适应的规划民主机制。

第四，依托配套改革支撑，保障城乡规划的顺利实施。规划工作虽然是统筹城乡发展的前提和基础，但也只是综合配套改革工作中的一环，其成功与否必须与其他一系列体制机制革新相协调。如规划引导产业集中，还需要相应的财政制度保障才能取得实效。从制度、组织、财力以及空间等方面对劳动就业、医疗卫生、社会保障、基础教育、公共文化等内容着眼进行城乡一体化的统筹规划。

四、全面推进公共服务均等化，形成城乡、官民良性互动格局

各级政府要推进统筹城乡发展，必须一以贯之的工作就是推行基本公共服务均等化，促进公共资源进而带动社会资源在城乡之间均衡配置，并且，在推进过程中要始终注重发挥人民群众的主体作用，不断夯实城乡之间、政府与农村居民之间的良性互动信任格局，为启动农村深层次改革打下良好基础。

这是一项关乎长治久安的工作！如果地方政府领导人依旧按照传统工业化、城市化模式，以城市为中心，牺牲农村补贴城市发展，当然可能在其任期内的经济运行短周期内取得高速增长，进而谋求当前政绩考核体系下的晋升。但是，这也无异于将矛盾继续积累，并承受既有中心城区投资边际收益下降的后果，将风险留给后代，最终走向系统性债务危机。系统性问题必须系统性应对，面对长期积累的矛盾，要舍得去下“笨功夫”。

在操作顺序上，公共资源配置的过程要强调时序性，先补足农村公共服务供给的欠账，后实施城乡公共服务一体化，最后实现城乡公共服务供给水平的同步提升。以社会保障为例，在城市偏向性的公共服务供给制度中，农村基本没有社会养老保险、社会医疗保险制度。在基本公共服务均等化的初建阶段，中国建立了新型农村合作医疗制度和新型农民养老保险制度。在此基础上，各地要各尽所能向前推进，逐步实现城乡居民养老保险全覆盖和保障水平一体化。

五、公共福利与户籍“脱钩”，以人口健康城市化带动城乡要素优化重组

户籍制度改革的核心在于公共服务、社会保障均等化供给制度与户籍制度改革要相互配套、相对并行。随着公共福利均等化水平不断提升，户籍制度同步逐步放开，避免拉美化现象的出现。

根据成都市的数据，2008 年该市农民到城市入户的门槛完全取消后，全市进行入户登记的农民也不足 200 人，并没有出现其他地方实施户籍制度改革后引致大规模人口入户城市，中心城区教育、医疗资源不堪重负的现象，这正是由于采取了相互配套的改革顺序。

未来，随着城乡居民享受的公共服务与社会保障走向均等化，加之农村产权制度改革对农民“还权赋能”，将会使得附着在户籍制度上的公共福利与个人产权两个层面的权利差异基本剥离，从而实现公共服务与人的身份、资产及职业“脱钩”，城乡居民无论居住在何处，其资产有明确的法律表达（并有转让权，实际上是降低了农民进城的一项制度费用，其权属更加明确，转让也更加容易，预期更为稳定），享受的教育、就业、医疗等公共服务趋于一致，那么人口就会主要根据市场信号发挥自

己的比较优势，举家迁移到最适合自身的地方生活、工作，真正解放人力资本中所蕴含的巨大生产力。

六、坚持双轨并进和综合配套，渐进推进农村现代化改革

实现农村全面现代化的前提是重构城乡经济大系统、大循环，创造条件让市场发挥基础性力量带动城乡要素实现自由流动与优化重组。必须跳出农村看农村，跳出农业现代化的视野以更全面的眼光推进农村现代化。坚持以人为本，推进形成“经济高效、政治民主、文化繁荣、社会公平、环境友好”的农村现代化完整格局，为新型城市化提供要素支撑，为“美丽中国”保留田园生态。当前，形成这一格局的难点一方面在于如何加快构建新型城市化的一系列制度安排，吸纳农村转移就业人口，另一方面则在于如何进一步完善市场经济体制，激活农村各项要素的内生潜能。

在统筹城乡发展框架下推进农村现代化的基本思路可以表述为：双轨并进、综合配套、循序渐进。

第一，坚持经济、政治双轨并进，使二者互为支撑、互为补充。经济领域的产权制度改革需要群众自主的智慧和权利表达，政治领域的基层治理机制革新也需要明晰的产权作为对象与“底气”，二者互为条件。农民为新中国的建立与发展作出了巨大的贡献与牺牲，直至今日，这种牺牲不应也无法再持续。

第二，深化农村基础性制度改革不能单兵突进，而应系统推进，综合配套。农村产权制度改革、基层治理机制建设应当始终与城乡规划管理一体化、公共服务均等化、户籍制度改革等领域的改革相互支撑。各级政府要特别重视通过完善城乡规划管理体制管住城乡建设秩序，为推

进农村确权提供前提条件。按照费雪的理论框架，资产是未来收入流的折现。如果城乡建设秩序失控，城乡建设用地总量及布局无法按照规划配置，那么当前的权利就无法得到“可预期”的完整界定。同样，如果城乡公共服务、基层治理机制不健全，农民就可能违反交易合约，同样会提升土地流转实现规模化经营的制度费用。

第三，推进改革并非一步到位，而是应以构建城乡统一大市场与管理格局为方向，以当下制度为出发点，循序渐进推进农村现代化。如在农村产权制度改革与土地流转中，首先通过土地整理将增值收益更多地向农村倾斜；进而作出增减挂钩这样的过渡性安排，通过逐步扩大挂钩范围更高地释放土地级差收益，创造城乡土地市场统一的实践基础；在构建统一市场的过程中，同样应当采取渐进的思路，即先建立土地开发权统一市场，再推进到建设用地使用权统一市场。这样一条因势利导、循序渐进的改革道路，能够降低剧烈改革造成的风险。

七、理清三项基本关系，推进农村产权制度改革

农村各类资产特别是土地要素一直是理论研究与社会关注的热点，本书针对当前认识上的三大迷雾，提出农村产权制度的基本方向。

第一，破除土地财政迷雾，实现政府职能归位。在传统城市化模式下，近郊农民为城市扩张贡献了土地要素，全域农民为城市化贡献了以低福利、低保障为特征的低成本劳动力要素，使得城市化的巨大集聚收益得以实现。然而，在集聚收益的分配环节，农民却以不完整的权利参与其中；地方政府一方面获取城市建设用地一级市场的局部垄断权力，损害了市场主体决策配置资源的基本原则，另一方面通过持续的新形式剪刀差强化了城乡之间巨大的资产鸿沟。政府职能的这种越位行为既造

成了经济效率损失，又造就并持续造就着巨大的社会不公平。政府应积极推动确权，将完整权利还给农村居民，自身则渐次回归社会主义市场经济体制所要求的市场监管、公共服务定位，通过交易税或规范的市政债体系筹集资金提供基础设施与公共服务，如此方能“逐步建立城乡统一的建设用地市场”。

第二，破除涨价归公迷雾，细分、明晰土地资产权属关系。土地“涨价归公”的传统观念是制约土地要素高效利用的又一个迷雾。首先，在当前制度框架下，涨价归公的部分其实并未归公。所谓的归公部分（也就是土地增值收益）只是流量，流量必然转化为资产存量，这一转化过程通过物权法制度安排将“归公”部分界定到了城市资产产权人身上。其次，政府建设和运营基础设施这一职能需要根据其效率（对社会交易成本的节约与其成本）重塑边界。

未来，必须破除所谓土地涨价归公的迷雾，明确土地涨价（集聚经济效益的折现）归功于城乡全体居民的劳动，同时构建相应的制度安排来将与此相关的财产权利合理界定为城乡居民个体产权。

为保障国家粮食安全，中央政府设定 18 亿亩耕地红线，此乃基于全社会利益所设定的总量管制。正如排污权交易能够提升要素配置效率一样，土地开发权（土地用途变性的权利）也可以通过交易实现社会效益提升。其具体流程是：将农村集体建设用地权属界定清晰，并明确这一权利安排中包含土地开发权和土地使用权两种权利要素。那么，就可以通过一定范围的土地开发权交易实现耕地和建设用地的空间位移。偏远地区（集聚收益较低）农村建设用地权利人可以出让全部或部分开发权，相应的建设用地转变为耕地，从而承担了耕地保护责任；购得开发权的权利人可以在城市地区（集聚收益较高）购买耕地使用权并行使开发权，从而将耕地转变为建设用地。此间经济绩效实现帕累托改进：建设用地由低效、低集聚状态转变为高效、高集聚状态。只要各方财产权利明确界定，相关交易环节按照平等、自愿原则进行，那么各方福利均得以提升。

从宏观上看，这一安排能够保证土地开发效益最高、开发权市场竞争能力最强的地点（不排除发展条件良好的村、镇等行政等级较低的区域）获取建设用地集聚机会，进而避免当前计划分配建设用地指标导致的地方政府短期、粗放行为，依靠市场力量提高国土利用效率。与此配套，中央政府根据人口集聚实际情况给予设市等行政资源，并按照以人为本的要求同步构建以常住人口为唯一指标的公共财政转移支付制度，保障各地具有均等化的基本公共服务水平。如此，地方政府方能有动力、有能力接纳流动人口融入城市，降低流动人口涌入超大城市造成城市病的牵引力，促进城市化格局更加均衡、更加可持续。

市场主导的集聚是最可靠的集聚，因其以最具效率的产业来组织要素，而最具效率的产业必然推进技术创新、重视人力资本积累。因而，未来应当积极构建服务土地等要素按照市场信号流动重组的制度安排，政府根据市场选择来给予集聚地相应的行政级别及公共资源，从而真正走向健康的新型城市化道路，避免拉美化现象及中等收入陷阱，这也是转变经济发展方式的题中之义。

第三，破除土地换保障迷雾，推进财产权与保障权相分离。本书所论述的成都农村产权制度改革与国内其他改革模式最大的区别之一在于“农村产权与社会保障‘脱钩’”。城市居民与农村居民同属中华人民共和国公民，理应不分身份、地位、年龄、民族、性别，同样享有政府提供的普惠式社会保障①，这本是现代社会的常识。然而，现实中多地推行

① 相应地，所需财力可依靠巨额国有资产存量的“租”来提供，这一流程已有学者进行了充分论证。参见：刘福垣：《社会保障主义宣言》，北京，社会科学文献出版社，2006。

的所谓统筹城乡发展模式却将这种保障权与农民财产权相挂钩。户籍制度改革不能要求农民进城的同时退出自己的上述权利，必须保障农民的财产权，并使农民有条件带资进城，实现财产权利体系按照市场规则运行。社会保障这一公共轨道则由政府以税收等渠道来解决，实现“两轨分离”，这才是社会主义市场经济体制的题中之义。

附　表

附表 1　　二元经济结构主要理论与分析模型比较

理论模型	基本假设	基本观点	阶段划分	启发	缺陷
刘易斯模型（1954）	（1）两部门经济 （2）无限劳动力供给	经济发展依赖于现代工业部门的扩张，农业部门为工业部门提供丰富的、廉价的劳动力	（1）无限劳动力供给，工资水平停滞 （2）资本供给超过劳动力的供给，工资上涨	（1）首次提出现代部门和传统部门的差异 （2）经济增长、工业化以及人口流动结合分析，认为职业转换与人口空间迁移是同一个过程，避免了城市化滞后和过度城市化问题	（1）劳动力无限供给过于理想 （2）城市部门对劳动力的无限吸纳能力与现实不符 （3）对农业部门的发展不够重视
刘易斯-拉尼斯-费景汉模型（1961）	（1）两部门经济 （2）农业部门存在大量劳动力边际生产率介于0和工业部门边际收入之间的情况	关键在于实现前两个阶段。要保证： （1）工业部门和农业部门生产率平衡增长 （2）劳动力转移速度快于人口增长速度	（1）在工业部门不变工资水平下，劳动力无限供给 （2）迁移导致农业总产出减少，粮价和工资开始上涨，工业部门工资由农业部门收入水平决定 （3）农业商业化阶段。农业劳动边际生产率上升到不变工资以上，工资上升，两部门的工资水平都由市场决定	（1）重视农业部门发展，指出农业剩余与工业部门扩张的互动关系 （2）技术进步生产率提高的途径和经济发展的源泉 （3）强调人口增长对劳动力转移的影响，为发展中国家控制人口增长提供了理论依据	（1）工业部门不存在失业的假设与现实不符 （2）认为工业部门的工资由农业部门的收入水平决定的观点与发展中国家的现实不符

续前表

理论模型	基本假设	基本观点	阶段划分	启发	缺陷
乔根森模型（1961）	（1）两部门经济 （2）农业产出是劳动的函数 （3）工业产出是资本与劳动的函数 （4）两部门生产随时间自动增加	（1）农业剩余是劳动力转移的重要条件 （2）两部门工资水平上升决定于技术进步和资本积累，由于技术进步和资本积累总是提高的，所以工资水平是上升的	（1）人口增长取决于粮食供给，当粮食产出的增长率大于最大人口增长率时，农业剩余产生 （2）农业剩余一旦出现，农业剩余劳动力就向城市工业部门转移 （3）农业剩余是工业部门产生与扩张的充要条件，也是劳动力从农业部门转移到工业部门的充要条件，农业剩余越大，劳动力的转移规模越大，工业部门的发展就越快	（1）更重视农业发展和技术进步 （2）重视市场机制在劳动力转移过程中的作用	（1）对农业物质投资的重视不够 （2）认为粮食需求收入弹性为零的观点与现实不符
托达罗模型（1970）	（1）农业边际生产率始终为正 （2）农业劳动者是否迁入城市取决于城乡收入差异和就业率	城乡实际收入增加会引诱更多的农村劳动者流入城市。增加城市就业机会必须与控制城市收入上升结合，否则失业率很难降下来	（1）农业劳动者根据其所掌握的信息决定是否迁入城市。其计算公式为：$M=f'(d)$，$f'>0$，其中，M 表示农村迁入城市的人口数目，d 表示城乡预期收入差异，$f'>0$ 表示人口流动是预期收入差异的增函数。其中城乡预期收入差异由城乡实际收入差异和就业率决定 （2）农业劳动者迁入或放弃迁入城市	（1）农业劳动者迁入城市的动机取决于城乡预期收入差异 （2）解决发展中国家较高的城市失业率问题不能仅仅依靠工业扩张，需要同步改善农村生活条件，发展农村经济，收窄城乡收入差距预期	（1）农村不存在剩余劳动的假定与现实不符 （2）暗含的农业劳动力可以自由迁移的假设与发展中国家特别是计划经济国家情况不符

附表 2　　现代社会产业结构变动理论比较表

理论	阶段划分	内容
配第-克拉克定理（1940）	三次产业	威廉·配第（1691）指出：工业往往比农业、商业往往比工业的利润多得多，因此，劳动力必然由农业转向工业，再由工业转向商业。后来，英国经济学家科林·克拉克（1940）计量和比较了不同收入水平下就业人口在三次产业中分布结构的变动趋势，证明了“配第假说”，配第的观察以及克拉克的计量结果被称为“配第-克拉克定理”
钱纳里工业化发展阶段论（1958）	六个阶段	第一阶段“传统社会”：产业结构以农业为主，绝大部分人口从事农业，没有或极少有现代化工业，生产力水平很低 第二阶段“工业化初期阶段”：产业结构由以落后农业为主的传统结构逐步向以现代工业为主的工业化结构转变，工业中则以食品、烟草、采掘、建材等初级产品的生产为主 第三阶段“工业化中期阶段”：制造业内部由轻型工业的迅速增长转向重型工业的迅速增长，非农业劳动力开始占主体，第三产业开始迅速发展，这就是所谓的重化工业阶段 第四阶段“工业化后期阶段”：在第一、二产业协调发展的同时，第三产业开始由平稳增长转入持续的高速增长，成为区域经济增长的主要力量 第五阶段“后工业化社会”：制造业内部结构由以资本密集型产业为主导向以技术密集型产业为主导转换，同时生活方式现代化，高档耐用消费品在广大群众中推广普及 第六阶段“现代化社会”：第三产业开始分化，智能密集型和知识密集型产业开始从服务业中分离出来，并占主导地位。人们消费的欲望呈现出多样性和多变性，追求个性
罗斯托经济成长阶段论（1960，1971）	六个阶段	传统社会、起飞前的准备阶段、起飞（take off）阶段、走向成熟阶段、大众高额消费（mass consumption）阶段、追求生活质量阶段。罗斯托在 1960 年出版的《经济增长的阶段——一篇非共产党宣言》中提出前 5 个阶段，其中，第 3 阶段是最有意义的阶段，因为这个阶段是社会发展的“突变”阶段。“投资与储蓄、企业家队伍、主导部门的形成、政治制度的变革是起飞时期的主要特征”。1971 年，在后来的一篇论文《政治与增长阶段》中又补充了第 6 个阶段

附表 3　　发展经济学发展战略主要理论比较表

战略	主要观点	理论
平衡增长战略	主张按同一比例同时投资于国民经济各部门，即通过所谓“临界最小努力”（critical effort）实现经济起飞	**罗森斯坦-罗丹（Rosenstein-Rodan）大推进理论（1943）：** 主张利用相互衔接良好的大型政府投资规划。认为由于发展中国家的结构刚性和协调失灵，现代重工业无法自动发展起来。只有市场规模足够大，现代生产方式才能更有效率。然而，市场规模本身却取决于现代生产方式的采用程度与深度，因此，如果尽快启动大规模现代生产方式，就能同时创造“供给”与“需求”，实现经济增长
		诺克斯（Nurkes）平衡增长理论（1952）： 狭小的国内市场对经济发展起阻碍作用，资本稀缺被认为是制约发展的主要限制条件，只有同时进行一系列新投资，才能创造出所需要的足够需求
非平衡增长战略	关键限制条件并非资本的稀缺，而是企业家才能的稀缺，而这种稀缺正是发展中国家制度条件的反映。由此认为，投资不应平均用力，而应集中于经过仔细挑选的具有较强产业前后关联度的关键产业部门，进而带动其他部门发展	**赫希曼（Albert O. Hirschman）不平衡增长战略（1958）：** 认为由于发展中国家资本匮乏，不能提供平衡发展所需要的“临界最小量”投资，必须对各部门发展的先后作出选择。其基本思路是主张采取“不平衡增长”战略，先发展具有“引致决策或引致投资最大化”效应的直接生产部门；同时，在直接生产部门中先发展具有“联系效应”（前向联系＋后向联系）或“需求弹性”较大的部门
		佩鲁（F. Perroux）发展极理论（1955）： 将发展极（growth pole）定义为在一国经济发展过程中，拥有规模经济效益、自身发展迅速并对周围地区产生强大辐射或带动作用的经济活动中心。在发展中可以让少数地区优先发展，然后通过“辐射作用”或“扩散效应”带动其他地区发展。其过程是：首先，A 地区较高的工资和资本回报率吸引 B 地区劳动力和资本流向 A 地区；进而，A 地区 Lr、K 拥挤过剩，收益率下降，A 地区 K、Lr 回流到 B 地区；最终，两个地区实现均衡
		缪尔达尔（Gunnar Myrdal）地理二元结构论（1957）： 先进地区对落后地区具有两种影响力：“扩散效应”（spread-out effect）和“回波效应”（backwashed effect）。如果“扩散效应”不足，而“回波效应”长期占据主导地位，就会形成发展中国家特有的“地理二元经济结构”，即发达地区与落后地区“两极分化”现象。其关键假设是：在相当长的时期，发达地区的高工资和高资本回报率持续吸引着落后地区的生产要素向其集聚。因而，认为消极等待市场机制发挥作用将加剧区域经济发展不平衡，主张通过政府干预帮助落后地区发展，才能实现区域经济平衡发展

附表 4　　成都市统筹城乡发展制度创新文件列表

领域	内容	措施	政策文件
三个集中	工业向集中发展区集中	科学规划促进集中 招商引资引导集中 资源配置鼓励集中	《中共成都市委成都市人民政府关于印发〈成都市工业发展布局规划纲要（2003—2020年）〉的通知》（成委发［2004］11号） 《成都市人民政府办公厅关于优化工业布局规划促进产业集约集群发展的通知》（成办发［2009］51号） 《成都市人民政府关于印发成都市严格限制工业园区外新上工业项目管理办法（试行）的通知》（成府发［2009］25号）
	农民向城镇和新型社区集中	科学编制城镇和新型社区规划 引导农民向城镇转移 引导农民向新型社区集中	《中共成都市委成都市人民政府关于进一步提高农民集中居住质量的意见》（成委发［2008］5号） 《成都市社会主义新农村规划建设技术导则（试行）》（2009年） 《成都市社会主义新农村规划建设管理办法（试行）》（成府发［2009］37号） 《农村新型社区规划建设标准》（成规管［2009］5号） 《成都市公安局关于推行一元化户籍管理制度实施意见》（成办发［2004］63号） 《中共成都市委成都市人民政府关于深化户籍制度改革深入推进城乡一体化的意见（试行）》（成委发［2006］52号） 《中共成都市委成都市人民政府关于促进进城务工农村劳动者向城镇居民转变的意见 》（成委发［2010］12号） 《中共成都市委成都市人民政府关于加快重点镇建设的意见》（成委发［2004］30号） 《中共成都市委成都市人民政府关于加快优先发展重点镇建设的意见》（成委发［2005］23号） 《中共成都市委统筹委关于确定首批一般场镇试点县和试点镇（乡）的通知》（成统筹［2009］21号） 《成都市人民政府关于全面开展一般场镇改造的实施意见》（成府发［2010］15号）
	土地向适度规模经营集中	支持农民依法自愿有偿流转土地；以多种方式促进土地规模经营；加大政策支持力度	《成都市人民政府关于鼓励非农资金投资农业领域的若干意见》（成府发［2010］23号）

续前表

领域	内容	措施	政策文件
六个一体化	城乡规划一体化	建立城乡一体的规划管理体制 建立“全域成都”规划体系 建立“世界现代田园城市”规划体系	《成都市城乡规划条例》（2009 年 8 月经成都市第十五届人民代表大会常务委员会第十二次会议通过，9 月经四川省第十一届人民代表大会常务委员会第十一次会议批准） 《成都市人民政府关于印发〈成都市乡村规划师制度实施方案〉的通知》（成府发［2010］37 号） 《中共成都市委成都市人民政府关于改革城乡规划管理体制的意见》（成委发［2005］17 号） 《中共成都市委成都市人民政府关于进一步加强城乡规划工作的意见》（成委发［2006］60 号） 《中共成都市委成都市人民政府关于进一步改革全市城乡规划管理体制的意见》（成委发［2007］44 号） 《成都市人民政府关于进一步完善全市城乡规划工作体制和机制的意见》（成府发［2010］25 号） 《成都市人民政府关于印发〈“世界现代田园城市”规划建设导则〉的通知》（成府发［2010］24 号）
	城乡产业发展一体化	优化城乡产业布局；促进三次产业协调发展	《中共成都市委成都市人民政府关于市级战略功能区牵头市领导分工的通知》（成委发［2010］6 号）
	城乡市场体制一体化	促进生产要素在城乡之间自由流动 改革财政对农业的投入方式 创新农村金融体制 培育农村市场主体	《成都市集体建设用地使用权抵押融资管理办法（试行）》 《成都市农村房屋抵押融资管理办法（试行）》 《成都市农村土地承包经营权抵押融资管理办法（试行）》（成办发［2009］59 号）

续前表

领域	内容	措施	政策文件
六个一体化	城乡基础设施一体化	推进城乡一体的现代交通运输体系建设；推进城乡一体的通讯信息设施建设；推进市政公用设施向农村延伸和覆盖；推进农业基础设施建设	《中共成都市委办公厅成都市人民政府办公厅转发〈关于加快推进农村信息服务体系建设的意见〉的通知》（成委办［2005］43号） 《成都市人民政府关于开展农村环境综合整治工作的意见》（成府发［2006］59号）
	城乡公共服务一体化	建立覆盖城乡的就业服务体系 建立城乡一体的社会保险体系	《中共成都市委成都市人民政府关于促进城乡充分就业的意见》（成委发［2005］33号） 《成都市就业实名制管理服务办法》（成劳社发［2006］110号） 《成都市就业实名制动态管理工作标准》（成办发［2007］40号） 《成都市就业和失业登记管理办法》（成劳社发［2009］176号） 《成都市城乡居民基本医疗保险暂行办法》（2008年11月，成都市政府令第155号） 《成都市劳动保障局关于医疗保险关系转移和接续有关问题的通知》（成劳社办［2009］52号） 《关于成都市2010年城乡居民基本医疗保险筹资工作和报销待遇有关问题的意见》（成办函［2009］273号） 《成都市城乡基本医疗保险门诊统筹暂行办法》（成府发［2009］51号） 《成都市大病医疗互助补充保险办法》（成府发［2009］52号） 《成都市劳动保障局关于调整成都市城镇职工、城乡居民基本医疗保险最高支付限额的通知》（成劳社办［2009］468号）

续前表

领域	内容	措施	政策文件
六个一体化	城乡公共服务一体化	完善统筹城乡一体的社会救助制度 推进城乡教育均衡发展 健全城乡基层医疗卫生服务体系 构建城乡一体的公共文化服务体系	《成都市城乡居民养老保险试行办法》（成府发［2009］58号） 《成都市农村居民最低生活保障实施意见》（成府发［2004］86号） 《中共成都市委成都市人民政府关于构建城乡一体化社会救助体系的意见》（成委发［2005］34号） 成都市民政局等四部门《关于进一步完善农村医疗救助工作的实施意见》（成民发［2007］68号） 《成都市人民政府关于构建成都市教育资助体系的实施意见》（成府发［2007］33号） 《成都市人民政府关于发展公共租赁住房的实施意见》（成府发［2010］35号） 《成都市人民政府办公厅转发市教育局关于统筹城乡教育改革和发展的意见》（成办发［2004］142号） 《中共成都市委成都市人民政府关于大力推进基础教育均衡发展的意见》（成委发［2006］37号） 成都市教育局等五部门《关于深化全域成都教育均衡发展的意见》（成教［2009］155号） 《成都市委办公厅转发市教育局关于扩大优质教育资源覆盖面提升城乡教育服务水平的若干意见》（成委办［2009］12号） 《成都市人民政府批转市卫生局等四部门关于农村非建制乡（镇）卫生院改革指导意见的通知》（成府发［2006］20号） 《中共成都市委办公厅成都市人民政府办公厅关于加快农村卫生改革与发展的意见》（成委办［2006］14号） 《成都市乡镇公立卫生院管理暂行办法》（成办发［2007］113号） 《成都市人民政府办公厅关于实施农村乡（镇）公立卫生院标准化建设工程的指导意见》（成府办发［2006］42号） 《关于进一步加强全市基层文化建设的实施意见》（成委办［2003］25号）

续前表

领域	内容	措施	政策文件
六个一体化	城乡公共服务一体化		《成都市文化局关于推进统筹城乡综合配套改革中加强农村文化建设的意见》(成文发［2007］195 号) 《中共成都市委成都市人民政府关于进一步加强基层文化建设的意见》(成委发［2009］17 号) 《成都市人民政府办公厅关于做好基层文化设施建设有关工作的通知》(成办函［2007］303 号) 《成都市文化局关于开展乡镇（街道）综合文化站（活动中心）等级评定的通知》（成文办［2010］5—112 号)
	城乡管理体制一体化	建设规范化服务型政府 推行行政机构改革 建立覆盖城乡的公共财政体系 建立城乡统一的户籍管理制度	《中共成都市委成都市人民政府关于全面推进规范化服务型政府建设的意见》(成委发［2003］38 号) 《成都市行政审批制度改革若干规定》(2000 年 11 月，成都市人民政府令第 81 号) 《成都市人民政府政务服务中心集中办理行政审批事项和其它手续公告通知》(成府发［2004］14 号) 《成都市人民政府办公厅关于加快推进并联审批工作的通知》(成办发［2007］73 号) 《成都市人民政府法制办关于建立和完善行政权力动态管理机制的通知》(成府法［2010］20 号) 《成都市人民政府办公厅关于印发〈成都市行政机关规范性文件清理工作实施方案〉的通知》(成办发［2009］12 号) 《成都市规范行政处罚自由裁量权实施办法》(2010 年 10 月，成都市人民政府令第 169 号) 《成都市市、县（市、区）政府机构改革方案》(2006 年 4 月) 《成都市政府机构改革方案》(2010 年 8 月) 《中共成都市委成都市人民政府关于调整优化我市乡（镇）行政区划工作的意见》(成委发［2004］46 号) 《关于进一步加强乡镇和街道工作目标绩效考核的意见（试行)》 《成都市公安局关于推行一元化户籍管理制度实施意见》(成办发［2004］63 号)

续前表

领域	内容	措施	政策文件
六个一体化	城乡管理体制一体化		《关于深化户籍制度改革深入推进城乡一体化的意见（试行）》（成委发［2006］52 号） 《成都市人民政府批转市公安局关于促进灾后重建和经济发展调整我市部分户口政策暂行意见》（成府发［2008］63 号） 《中共成都市委成都市人民政府关于全域成都城乡统一户籍实现居民自由迁徙的意见》（成委发［2010］23 号）
农村四大基础工程	农村产权制度改革	开展确权颁证工作 创新耕地保护机制 构建农村产权交易服务体系	《中共成都市委成都市人民政府关于加强耕地保护进一步改革完善农村土地和房屋产权制度的意见（试行）》（成委发［2008］1 号） 《成都市耕地保护基金使用管理办法（试行）》（成府发［2008］8 号） 《成都市集体建设用地使用权流转管理暂行办法（试行）》（成国土资发［2008］124 号） 《成都市农村承包经营权流转管理办法（试行）》（成农办［2008］8 号）
	村级公共服务和社会管理改革	推进公共服务到村 村级公共服务的财政保障 村级公共事务村民自主	《中共成都市委成都市人民政府关于深化城乡统筹进一步提高村级公共服务和社会管理水平的意见（试行）》（成委发［2008］37 号） 《成都市公共服务和公共管理村级专项资金管理暂行办法》（成统筹［2009］59 号） 《成都市公共服务和公共管理村级融资建设项目管理办法》（成统筹［2009］60 号）
	农村土地综合整治	坚持规划先行 坚持农民自主 实施综合整治 坚持市场运作	《中共成都市委成都市人民政府关于深化农村工作“四大基础工程”的意见》（成委发［2010］5 号） 《成都市人民政府关于完善土地交易制度促进农村土地综合整治的意见（试行）》（成府发［2010］27 号） 《成都市人民政府办公厅转发〈市国土局等部门关于完善土地交易制度促进农村土地综合整治和农房建设工作实施意见（试行）〉的通知》（成办发［2010］59 号）

续前表

领域	内容	措施	政策文件
农村四大基础工程	农村新型基层治理机制建设	深化基层民主政治建设 构建新型村级治理机制	《中共成都市委关于加强基层民主政治建设的意见》(成委发〔2005〕45号) 《中共成都市委关于进一步加强农村基层基础工作的意见》(成委发〔2008〕36号) 《成都市委组织部关于构建新型村级治理机制的指导意见》(成组通〔2008〕113号)

资料来源：根据成都市统筹城乡综合配套改革试验区建设领导小组报告《成都市统筹城乡发展的探索与实践》整理。来自成都市统筹城乡综合配套改革试验区建设领导小组办公室编：《成都统筹城乡综合配套改革试验区建设总结报告》，2011年3月。

附表 5　　成都市重点镇公共服务和社会管理配置标准

类别	序号	项目	配置标准	供给主体	配置弹性	备注
公共管理服务体系及设施	1	城乡建设规划体系		政府为主	必须配置	
	2	综合性便民服务中心（含★水、电、气等代收代缴网点等）	建筑面积不低于 $100m^2$	政府为主	必须配置	
	3	城市管理队伍		政府为主	必须配置	
	4	农业服务中心	建筑面积不低于 $800m^2$	政府为主	必须配置	
	5	★网络设施	可接入成都市电子政务外网，接入带宽根据实际业务需求进行配置	政府为主	必须配置	
教育设施	6	标准化学校	按照成府办［2012］2号文件执行	政府为主	必须配置	
	7	★幼儿园	生均用地不低于 $13m^2$ 生均建筑面积不低于 $8.8m^2$	政府为主	必须配置	
医疗卫生设施	8	标准化卫生院	建筑面积不低于 $3\ 000m^2$	政府为主	必须配置	
社会福利和保障设施	9	职业技能培训点（应急教育宣传点）	建筑面积不低于 $1\ 000m^2$	政府为主	必须配置	可共享
	10	社会福利院（敬老院）		政府为主	必须配置	可相邻共享
文化体育设施	11	标准化体育设施（田径场、灯光球场、羽毛球场等）	可与镇域学校或其他单位共享	政府为主	必须配置	
	12	全民健身广场	平原镇（乡）地区用地面积不低于 $2\ 000m^2$，丘区、山区根据实际情况配置	政府为主	必须配置	可共享
	13	综合文化活动站（含★青少年空间）	建筑面积不低于 $500m^2$	政府为主	必须配置	可共享
商业服务设施	14	★农贸市场	按场镇规划，根据实际情况配置	市场为主	必须配置	
	15	★市场化商业服务设施（超市、中西药店、出版物发行网点、农资等服务设施）	结合实际需求	市场为主	按需配置	
	16	★特色商业街区或商业综合体	根据条件和结合历史文化遗存建设，发展特色商业或现代服务业	市场为主	必须配置	可与市场化商业服务设施统筹整合

续前表

类别	序号	项目	配置标准	供给主体	配置弹性	备注
市政公用设施	17	污水收集及处理系统	能进管网的全部进管网，未能进管网的污水处理率不低于75%	政府为主	必须配置	
	18	自来水供应系统	城镇自来水供水率不低于85%	政府为主	必须配置	
	19	环卫洒水车	不低于2台	政府为主	必须配置	
	20	★垃圾收运设备	按人口需要配置垃圾运输车或实行外包服务	政府为主	必须配置	
	21	交通客运站（★公共交通站点）	以停车场为依托具有集散旅客、售票和停发客运班车功能的场站，占地面积不低于200m^2	政府为主	必须配置	
	22	公园或公共绿地	结合环境和地形地貌建设	政府为主	必须配置	
	23	公厕	每2 000人配置一座三星级公厕	政府为主	必须配置	
	24	★公共停车场		政府为主	按需配置	可共享
	25	★非机动车公共存放处		政府为主	按需配置	
金融邮电设施	26	★金融服务网点		市场为主	按需配置	可整合
	27	★邮政网点	建筑面积不低于150m^2	政府为主	必须配置	可整合
	28	★电信业务网点	建筑面积不低于30m^2	政府为主	必须配置	可整合

注：带★号项目为2012年新增公共服务和社会管理配置标准项目。

附表 6　　成都一般镇公共服务和社会管理配置标准

类别	序号	项目	配置标准	供给主体	配置弹性	备注
公共管理服务体系及设施	1	城乡建设规划体系		政府为主	必须配置	
	2	综合性乡镇便民服务中心（含水、电、气等代收代缴网点等）	建筑面积不低于 100m^2	政府为主	必须配置	
	3	城市管理队伍		政府为主	必须配置	
	4	农业服务中心	建筑面积不低于 800m^2	政府为主	必须配置	可相邻共享
	5	网络设施	可接入成都市电子政务外网，接入带宽根据实际业务需求进行配置	政府为主	必须配置	
教育设施	6	标准化学校	按照成府办［2012］2号文件执行	政府为主	必须配置	相邻场镇可共享
	7	幼儿园	生均用地不低于 13m^2 生均建筑面积不低于 8.8m^2	政府为主	必须配置	
医疗卫生设施	8	标准化卫生院	建筑面积不低于 2 000m^2	政府为主	必须配置	
社会福利和保障设施	9	职业技能培训点（应急教育宣传点）	建筑面积不低于 1 000m^2	政府为主	必须配置	可与学校共享
	10	社会福利院（敬老院）	毗邻场镇之间可以按片配置共享	政府为主	必须配置	
文化体育设施	11	综合体育设施	田径场、灯光球场、羽毛球场等	政府为主	必须配置	可与单位、学校等相邻共享
	12	全民健身广场	平原镇（乡）地区用地面积不低于 2 000m^2，丘区、山区根据实际情况配置	政府为主	必须配置	可共享
	13	综合文化活动站（含青少年空间）	建筑面积不低于 400m^2	政府为主	必须配置	可共享
商业服务设施	14	农贸市场	按场镇规划，根据实际情况配置	市场为主	必须配置	
	15	市场化商业服务设施（超市、中西药店、出版物发行网点、农资等设施）		市场为主	按需配置	

续前表

类别	序号	项目	配置标准	供给主体	配置弹性	备注
市政公用设施	16	污水收集及处理系统	能进管网的全部进管网，没有进管网的污水处理率不低于70%	政府为主	必须配置	
	17	自来水供应系统	自来水集中供水率不低于85%	政府为主	按需配置	
	18	环卫洒水车	不低于1台	政府为主	按需配置	
	19	垃圾收运设备	按人口需要配置垃圾运输车或实行外包服务	政府为主	按需配置	
	20	交通客运站（公共交通站点）	以道路沿线设立的港湾式车站为主，占地面积不低于100m^2	政府为主	必须配置	
	21	公共绿地	结合环境和地形地貌建设	政府为主	必须配置	
	22	公厕	每2 000人设置一座二星级公厕	政府为主	必须配置	
	23	公共停车场		政府为主	按需配置	可共享
	24	非机动车公共存放处		政府为主	按需配置	
金融邮电设施	25	金融服务网点		市场为主	按需配置	可整合
	26	邮政网点	建筑面积不低于150m^2	政府为主	必须配置	可整合
	27	电信服务网点	建筑面积不低于20m^2	政府为主	必须配置	可整合

附表 7　　成都涉农社区公共服务和社会管理配置标准

类别	序号	项目	配置标准	供给主体	配置弹性	备注
公共管理服务设施	1	警务室		政府为主	必须配置	可相邻共享
公共管理服务设施	2	★社会综合服务管理工作站（劳动保障、就业、残联、便民服务室、物管用房等）	建筑面积不低于 100m²	政府为主	必须配置	可相邻共享
公共管理服务设施	3	★社会组织和志愿者服务办公室	建筑面积不低于 30m²	政府为主	必须配置	可相邻共享
公共管理服务设施	4	★水、电、气等代收代缴网点		政府为主	必须配置	可共享
公共管理服务设施	5	★网络设施	可接入成都市电子政务外网，接入带宽根据实际业务需求进行配置	政府为主	必须配置	
教育设施	6	幼儿园	生均用地不低于 13m² 生均建筑面积不低于 8.8m²	市场为主	按需配置	可相邻共享
医疗卫生设施	7	卫生服务站	乡镇所在地不设。社区建筑面积不低于 200m²	政府为主	必须配置	可共享
医疗卫生设施	8	人口计生服务室	建筑面积不低于 20m²	政府为主	必须配置	可与场镇相邻共享
文化体育设施	9	全民健身设施	室外建筑面积不低于 200m²	政府为主	必须配置	可相邻共享
文化体育设施	10	综合文化活动室（★社区广播站）	建筑面积不低于 200m²	政府为主	必须配置	可相邻共享
文化体育设施	11	★老年/青少年活动中心		市场为主	必须配置	可相邻共享
商业服务设施	12	农贸市场	结合群众需求	市场为主	必须配置	可相邻共享
商业服务设施	13	日用品放心店	建筑面积不低于 20m²	市场为主	必须配置	可相邻共享
商业服务设施	14	农资放心店	参照市农委制定的星级农资店建设标准	市场为主	按需配置	可相邻共享
市政公用设施	15	★污水处理设施及排水配套管网建设	能进管网的进管网，没有进管网的污水处理率不低于 70% 农村生活用水供水入户率不低于 96%，集中供水率不低于 85%	政府为主	必须配置	

续前表

类别	序号	项目	配置标准	供给主体	配置弹性	备注
市政公用设施	16	垃圾收集房(点)	按照市城管局制定的“农村垃圾”收运处置体系建设标准	政府为主	必须配置	
	17	公厕	不低于一座二星级公厕	政府为主	必须配置	可共享
	18	★民俗活动点	结合群众需求	市场为主	按需配置	
	19	★公共停车场(公共交通招呼站点)		政府为主	按需配置	可共享
	20	★非机动车公共存放处		政府为主	按需配置	
金融邮电设施	21	★金融服务站自助设施		市场为主	按需配置	可共享
	22	★村邮站	建筑面积不低于 10m²	政府为主	必须配置	可整合
	23	★电信业务代办点		市场为主	按需配置	可整合

注：(1) 带★号项目为 2012 年新增公共服务和社会管理配置标准项目。

(2) 中心城区涉农社区按照城市标准规划建设。

附表 8　　成都村（农民集中居住区）公共服务和社会管理配置标准

类别	序号	项目	配置标准	供给主体	配置弹性	备注
公共管理服务设施	1	★社会综合服务管理工作站（劳动就业、社保等）	建筑面积不低于 $80m^2$（其中劳动保障站单独建设建筑面积不低于 $50m^2$，与其他部门合建分配面积不低于 $25m^2$）	政府为主	按需配置	与所在村(社区)共享
	2	★社会组织和志愿者服务办公室		政府为主	按需配置	可以共享
	3	★水、电、气等代收代缴网点		政府为主	必须配置	可以共享
	4	★网络设施	可接入成都市电子政务外网，接入带宽根据实际业务需求进行配置	政府为主	必须配置	
教育设施	5	★幼儿园	生均用地不低于 $13m^2$ 生均建筑面积不低于 $8.8m^2$	市场为主	按需配置	相邻共享
医疗卫生设施	6	卫生服务站	建筑面积不低于 $200m^2$	政府为主	必须配置	可所在村(社区)共享
文化体育设施	7	全民健身广场	根据具体居住人口确定面积	政府为主	必须配置	相邻共享
	8	综合文化活动室	根据具体居住人口确定面积	政府为主	必须配置	
商业服务设施	9	农贸市场		市场为主	按需配置	相邻共享
	10	日用品放心店	建筑面积不低于 $20m^2$	市场为主	必须配置	相邻共享
	11	农资放心店	参照市农委制定的星级农资店建设标准	市场为主	必须配置	相邻共享
市政公用设施	12	★污水处理设施及排水配套管网建设	能进管网的进管网，没有进管网的污水处理率不低于 70% 农村生活用水供水入户率不低于 96%，集中供水率不低于 85%	政府为主	必须配置	
	13	垃圾收集房（点）	按照市城管局制定的“农村垃圾”收运处置体系建设标准	政府为主	必须配置	
	14	公厕	不低于一座二星级公厕	政府为主	必须配置	
	15	★民俗活动点	结合群众需求	市场为主	按需配置	
	16	公共停车场所(★公共交通招呼站点)		政府为主	按需配置	
	17	小区物管用房（有线广播电视站）	建筑面积不低于 $40m^2$	政府为主	必须配置	

续前表

类别	序号	项目	配置标准	供给主体	配置弹性	备注
金融邮电设施	18	★金融服务站自助设施		市场为主 政府补贴	按需配置	可整合
	19	★电信业务代办点		市场为主 政府补贴	按需配置	可整合
生产配套设施	20	★工具房	结合群众需求	社区为主 政府补贴	按需配置	
	21	★养殖房	结合群众需求	社区为主 政府补贴	按需配置	

注：带★号项目为新增公共服务和社会管理配置标准项目。

参考文献

［1］叶裕民等．成都新型城市化研究报告．2011年10月．

［2］林毅夫．新结构经济学——重构发展经济学的框架．经济学（季刊），2010(1).

［3］北京大学国家发展研究院综合课题组．还权赋能：奠定长期发展的可靠基础——成都市统筹城乡综合改革实践的调查研究．北京：北京大学出版社，2010.

［4］孙久文．走向2020年的我国城乡协调发展战略．北京：中国人民大学出版社，2010.

［5］叶裕民．中国城市化之路：经济支持与制度创新．北京：商务印书馆，2001.

［6］叶裕民等．中国统筹城乡发展的系统架构与实施路径．北京：中国建筑工业出版社，2013（11）．

［7］杜润生．杜润生自述：中国农村体制变革重大决策纪实．北京：人民出版社，2005.

［8］张五常．新卖桔者言．北京：中信出版社，2004.

［9］张五常．经济解释（四卷本）．北京：中信出版社，2010，2011，2012，2015.

［10］杨小凯，张永生．新兴古典经济学与超边际分析．北京：社会科学文献出版社，2003.

［11］科斯，阿尔钦．产权学派与新制度经济学派译文集．上海：上海三联书店，2003.

［12］奥利弗·威廉姆森．交易费用经济学：契约关系的规制．法律经济学杂志，

1979（10）.

[13] 道格拉斯·C·诺思．制度、制度变迁与经济绩效．上海：上海三联书店，1994.

[14] 诺思．经济史中的结构和变迁．上海：上海人民出版社，1991.

[15] 西奥多·W·舒尔茨．改造传统农业．北京：商务印书馆，1999.

[16] 刘易斯．二元经济论．北京：北京经济学院出版社，1989.

[17] W. W. 罗斯托．经济增长的阶段——非共产党宣言．北京：中国社会科学出版社，2001.

[18] 林毅夫，蔡昉，李周．中国的奇迹：发展战略与经济改革．上海：上海三联书店，上海人民出版社，1994.

[19] 周琳琅．统筹城乡发展理论与实践．北京：中国经济出版社，2005.

[20] 陈锡文主编．中国农村公共财政政策研究．北京：经济科学出版社，2007.

[21] 周其仁．农地产权与征地制度——中国城市化面临的重大选择．经济学（季刊），2004（4）.

[22] 王小鲁，夏小林．优化城市规模，推动经济增长．经济研究，1999（9）.

[23] Au，C. and V. Henderson. Are Chinese Cities too Small. *Review of Economic Studies*，2006（2）：549～576.

[24] 国务院研究室课题组．中国农民工调研报告．北京：中国言实出版社，2006.

[25] 农业部软科学委员会．加快农村劳动力转移与统筹城乡经济社会发展．北京：中国农业出版社，2005.

[26] 华玉武，史亚军等编著．北京城乡一体化发展研究．北京：中国农业出版社，2010.

[27] 程志强，潘晨光主编．中国城乡统筹发展报告（2011）．北京：社会科学文献出版社，2011.

[28] 王伟光主编．中国城乡一体化：理论研究与规划建设调研报告．北京：社会科学文献出版社，2010.

[29] 韩俊主编．中国农村土地问题调查．上海：上海远东出版社，2009.

[30] 杨庆育主编．统筹城乡理论与实践．重庆：重庆大学出版社，2012.

[31] 蒋省三，刘守英，李青．中国土地政策改革：政策演进与地方实施．上海：上海三联书店，2010.

[32] 李剑阁主编．中国新农村建设调查．上海：上海远东出版社，2007.

[33] 人力资源和社会保障部农民工社会保障专题组．关于农民工社会保障问题研究报告．工人日报，2009-02-03.

[34] 茆荣华．我国农村集体土地流转制度研究．北京：北京大学出版社，2010.

[35] 樊继达．统筹城乡发展中的基本公共服务均等化．北京：中国财政经济出版社，2008.

[36] 李杰，周松编著．中国样本：对重庆和成都建设“全国统筹城乡综合配套改革试验区”的思考．桂林：广西师范大学出版社，2008.

[37] 徐同文．城乡一体化体制对策研究．北京：人民出版社，2011.

[38] 陆学艺．城乡一体化的社会结构分析与实现路径．南京农业大学学报，2011 (6).

[39] 厉以宁．“双向城乡一体化”是改革新思路．财经网，2011-03-14，http://www.caijing.com.cn/2011-03-14/110664870.html.

[40] 姜绍华．统筹城乡发展重点是推进城市化．经济研究参考，2004 (47).

[41] 党国英．对“城乡一体化”要有前瞻性研究．中国改革论坛，2012-01-30，http://www.chinareform.org.cn/people/d/dgy/Article/201201/t20120131_133260.htm.

[42] 曹殿义，李闽榕，曾业松．以保护和发展农民利益为导向破解城乡二元结构．发展研究，2009 (3).

[43] 温铁军．城乡二元结构的长期性．中国改革论坛，2008-07-18，http://www.chinareform.org.cn/people/W/wtj/Article/200807/t20080718_19887.htm.

[44] 叶裕民，李晓鹏．统筹城乡发展是对完善社会主义市场经济体制的有效探索．城市发展研究，2012 (3).

[45] 叶裕民．统筹城乡发展三大误区．凤凰城市周刊，2012 (3).

[46] 魏后凯．论中国城市转型战略．城市与区域规划研究，2011 (1).

[47] 曹萍．新型工业化、新型城市化与城乡统筹发展．当代经济研究，2004 (6).

[48] 陈锡文．解读新农村建设．中国改革论坛，2006－03－08，http：//www.china-reform.org.cn/people/C/cxw/Article/200603/t20060308_41108.htm.

[49] 张培刚．发展经济学教程．北京：经济科学出版社，2007.

[50] 张培刚．农业与工业化．武汉：华中科技大学出版社，2002.

[51] 杨治．产业经济学导论．北京：中国人民大学出版社，1985.

[52] 姜作培．制度创新是城乡统筹发展的关键．经济体制改革，2003（5）．

[53] 陈锡文．城乡统筹发展是一个制度创新和改革的过程．农村工作通讯，2004（11）．

[54] 赵保佑．制度创新：统筹城乡协调发展的关键．中州学刊，2004（6）．

[55] 黄立新．统筹城乡发展实现制度一体化．科学与管理，2004（4）．

[56] 于秀丽．城乡统筹发展与农村社会保障制度建设．甘肃社会科学，2004（4）．

[57] 中共成都市锦江区委党校课题组．健全社会保障制度，推进城乡统筹发展——对成都市锦江区农村社保工作的调查与思考．四川行政学院学报，2004（3）．

[58] 黄兴国．统筹城乡发展 保障农民利益——试论建立统筹保障制度．求是，2004（3）．

[59] 朱登兴．统筹城乡发展急需户籍制度改革．经济经纬，2004（1）．

[60] 刘炜，黄忠伟．实施城乡社会统筹发展战略的制度构建．理论参考，2005（4）．

[61] 张雪妮．制度创新：统筹城乡发展的根本途径．经济论坛，2005（20）．

[62] 陈桂华．城乡义务教育统筹发展的财政制度安排．中央财经大学学报，2005（12）．

[63] 全广明．城乡统筹发展视角的农村制度创新．浙江学刊，2005（5）．

[64] 曹明华，李德粲．城乡统筹发展的制度创新研究．农村经济，2005（9）．

[65] 庞凤仙．我国城乡统筹发展中的制度创新和制度供给．生产力研究，2005（6）．

[66] 杜漪．城乡统筹协调发展的比较制度分析．当代经济研究，2005（7）．

[67] 张丽艳，李雪艳，高翠珍．论统筹城乡发展的制度障碍及对策．辽宁工程技术大学学报（社会科学版），2005（3）．

[68] 曹莉莉．统筹城乡发展要建立六大统一制度．领导决策信息，2005（4）．

[69] 石林．转型经济中农村富余劳动力流动与城乡统筹发展的制度障碍．四川行政学院学报，2005（1）．

[70] 郭小学．统筹城乡发展关键在于制度创新．求知，2006（2）．

[71] 张丽艳．统筹城乡发展与完善农村土地流转制度的思考．辽宁工程技术大学学报（社会科学版），2006（6）．

[72] 陈国富，倪春华．城乡统筹发展的路径选择与制度构建．理论界，2006（12）．

[73] 韩俊．建立统筹城乡发展的制度体系．经济与管理研究，2006（11）．

[74] 岳德松．试论我国城乡经济统筹发展中的户籍管理制度改革．理论与改革，2006（3）．

[75] 王莉，杨雪．构筑有利于城乡统筹发展的制度支持系统．西北人口，2006（2）．

[76] 杨晓达．制度建设：统筹城乡发展的第一要务．财经理论与实践，2006（1）．

[77] 李娟．统筹城乡发展制度创新不足的原因与对策．农村·农业·农民（B版），2007（9）．

[78] 刁孝堂，刘明月，李明其．土地流转是统筹城乡发展的关键——江津区创新土地流转制度的调查．探索，2007（6）．

[79] 杨松涛．统筹城乡社会保障制度发展的必要性与可行思路．法制与社会，2007（10）．

[80] 高梁．统筹城乡发展制度创新需要研究的几个问题．宏观经济管理，2007（9）．

[81] 张艳萍，朱敏．论县域经济的发展与城乡统筹的制度创新．理论导刊，2007（5）．

[82] 林梅．城乡统筹发展与农村社会保障制度建设．科学社会主义，2007（2）．

[83] 席总胜，李运广．从城乡二元经济结构到城乡统筹发展——基于制度演化理论的分析．新西部（下半月），2008（12）．

[84] 蒋贵凰．统筹城乡发展需制度政策与内部机制的结合．当代经济管理，2008

(12).

[85] 陈伟国，樊士德．论统筹城乡非正规金融发展的制度创新．西部金融，2008 (12).

[86] 尹蔚民．统筹城乡 完善制度 努力实现中国社会保障的科学发展．中国人才，2008 (23).

[87] 王东强，田书芹．统筹城乡发展中的土地规模经营和制度安排．乡镇经济，2008 (7).

[88] 唐礼彬．统筹城乡发展土地制度改革的思考．特区经济，2008 (4).

[89] 张季．用制度创新统筹城乡发展．求是，2008 (9).

[90] 王慧娟．制度体系创新——统筹城乡发展的新思路．河北青年管理干部学院学报，2008 (3).

[91] 郭春丽．统筹城乡发展制度建设的思路和建议．宏观经济管理，2008 (3).

[92] 袁铖．城乡统筹发展背景下的农村土地征用制度改革．中南财经政法大学学报，2008 (1).

[93] 郭葆明．统筹城乡发展的制度背景及其实现途径．经济与社会发展，2009 (12).

[94] 甘肃省委新农村建设工作领导小组办公室．统筹城乡发展 探索制度创新——全省新一轮新农村建设市县乡村试点工作全面启动．党的建设，2009 (7).

[95] 邱凤林．统筹城乡发展的制度对策——以贵州省为例．中共贵州省委党校学报，2009 (6).

[96] 蔡继明．统筹城乡发展中的土地制度改革．重庆工商大学学报（西部论坛），2009 (6).

[97] 高洁，阎星，李霞．统筹城乡发展与农村土地产权制度改革研究．农村经济，2009 (12).

[98] 余胜伟．创新集体产权制度 推动城乡统筹发展．农村经营管理，2009 (12).

[99] 罗进华，柳思维．长株潭城乡统筹发展中的农村土地制度创新．求索，2009 (10).

[100] 田春华，郑荣．创新土地管理制度、促进城乡统筹发展——成都市统筹城乡

土地管理制度改革纪实．资源与人居环境，2009（14）．

[101] 肖冉超，蒋朦慷，刘丹．城乡统筹下多层次全方位农村资金运营体制构建——对美国农村发展中的资金运营制度的思考．中小企业管理与科技（上旬刊），2009（6）．

[102] 杨建光．构建农地金融制度的思考——统筹城乡发展的另一视角．天府新论，2009（3）．

[103] 谭莹，张丽娟．浅谈统筹城乡发展中的制度创新．改革与战略，2009（4）．

[104] 肖万春．建立有利于农业工业化发展的城乡统筹化管理制度．经济师，2009（4）．

[105] 孙中叶．布罗代尔钟罩与制度收益共享——一个分析城乡统筹发展的新视角．江汉论坛，2009（3）．

[106] 徐玮．关于医疗保障制度城乡统筹发展的思考．中国卫生资源，2009（1）．

[107] 杨一帆．中国农村社会养老保险制度的困境、反思与展望——基于城乡统筹发展视角的研究．人口与经济，2009（1）．

[108] 张浩淼．从城乡分治到城乡统筹：中国最低生活保障制度的发展．社会保障研究，2010（2）．

[109] 徐强．探索户籍制度改革 促进城乡统筹发展．中国乡村发现，2010（4）．

[110] 中央党校中青一班“重庆统筹城乡发展研究”社会调研课题组．以民生为导向的统筹城乡发展试验——重庆市户籍制度改革调查报告．重庆行政（公共论坛），2010（6）．

[111] 李翠霞．城乡统筹发展的制度基础．西南科技大学学报（哲学社会科学版），2010（6）．

[112] 唐智彬，刘晓，石伟平．论统筹城乡职业教育发展的制度创新．职业技术教育，2010（34）．

[113] 王钊，张应良．统筹城乡发展的制度屏障及综合配套改革的路径——以重庆为例．科学咨询（科技管理），2010（9）．

[114] 石传延．统筹城乡发展要着力推进制度建设．农业经济，2010（9）．

[115] 何立胜．城乡统筹发展的土地流转制度改革．中国浦东干部学院学报，2010

(4).

[116] 郭建辉.城乡差距、制度创新与统筹发展.广东农业科学，2010 (6).

[117] “山东城乡社会保障一体化研究”课题组.统筹发展城乡社会保障制度研究.东岳论丛，2010 (3).

[118] 李海鑫.统筹城乡发展中的制度创新研究.新西部（理论版），2011 (10).

[119] 胡朝晖.建立集体建设用地流转制度 促进城镇化和统筹城乡发展.宏观经济管理，2011 (12).

[120] 王习明.统筹城乡发展与创新农村土地制度——成都市农村产权制度改革试点研究.西南交通大学学报（社会科学版），2011 (5).

[121] 王勇.户籍制度改革：统筹城乡发展的重要突破口.中国城市经济，2011 (20).

[122] 严金明，王晨.基于城乡统筹发展的土地管理制度改革创新模式评析与政策选择——以成都统筹城乡综合配套改革试验区为例.中国软科学，2011 (7).

[123] 蔡继明.统筹城乡发展中的土地制度改革.学习论坛，2011 (4).

[124] 仇丽萍.城乡统筹发展视角下农村社区管理体制改革与制度创新.理论与当代，2011 (1).

[125] 杨洁，田甜.城乡统筹发展视角下的土地制度改革路径.改革与战略，2012 (3).

[126] 贾海薇，朱正威.广东促进城乡统筹发展的政府治理变革制度创新的启示——基于制度生态视角的个案分析.中国行政管理，2012 (4).

[127] 许坚.城乡统筹发展与深化土地制度改革——2011年中国土地学会学术年会重要观点集粹.中国国土资源经济，2012 (1).

[128] Rosenstein-Rodan, P. N. “Industrialization of Eastern and South Eastern Europe.” *Economic Journal*, 1943 (53).

[129] Lewis, W. A. “Economic Development with Unlimited Supply of Labor.” *The Manchester School of Economic and Social Studies*, 1954 (5): 139～191.

[130] Fei, C. H., and Rains, G. “A Theory of Economics Development.” *American Economic Review*, 1961 (9): 533～565.

[131] Jorgenson, D. W . "The Development of a Dual Economy." *Economic Journal*, 1961 (11): 309~334.

[132] Harris, J. R. , and Todaro, M. P. "Migration Unemployment and Development: A Two-Sector Analysis." *American Economic Review*, 1970 (3) .

[133] Kuznets, S. "Economic Growth and Income Inequality." *American Economic Review*, Vol. 45, March 1955.

[134] Chenery, H. "The Role of Industrialization in Development Programmes." in Agarwala, A. and S. Singh (eds.) . *The Economics of Underdevelopment*. Bombay: Oxford University Press, 1958.

[135] Chenery, H. "Patterns of Industrial Growth." *American Economic Review*, 1960 (4): 624~654.

[136] Michael, P. Todaro, *Economic Development in the Third World*. New York: Longman Inc. , 1985.

[137] Nurkse, R. "Some International Aspects of the Problem of Economic Development." *American Economic Review*, May 1952.

[138] Hirschman, A. O. *The Strategy of Economic Development*. New Haven, Conn. : Yale University Press, 1958.

[139] Justin Yifu Lin. *New Structural Economics: A Framework for Rethinking Development and Policy*. World Bank Publications, 2012-01-06.

[140] Sen, Amartya. "Democracy as a Universal Value." *Journal of Democracy*, 1999 (10): 3~17.

[141] McGee, T. G. "Managing the Rural-urban Transformation in East Asia in the 21st Century." *Sustainability Science*, 2008 (4): 155~167.

[142] Coase, Ronald. "The Problem of Social Cost." *Journal of Law & Eeonomics*, 1960 (3): 1~44.

[143] Williamson, Oliver E. *The Economic Institution of Capitalism*. New York: Free Press, 1985.

[144] Wallis, J. J. and North, D. C. "Measuring the Transaction Sector in the A-

merican Economy：1870－1970.” in：Engerman and Gallman（eds.），*Long Term Factors in American Economic Growth*. Chicago：University of Chicago Press for NBER，1987.

［145］Schultz，T. W. “Institutions and the Rising Economic Value of Man.” *American Journal of Agricultural Economics*，Dec. 1968.